Offert à la Bibliothèque
de l'Arsenal par son
nouvel Administrateur,

J.M. de Heredia

15. mars 1901.

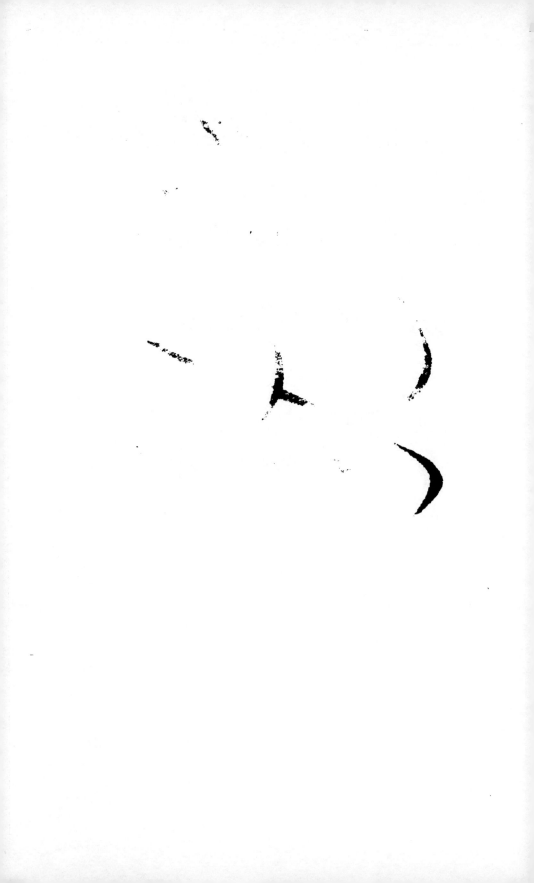

VÉRIDIQUE HISTOIRE

DE LA CONQUÊTE

DE LA

NOUVELLE-ESPAGNE

c

IL A ÉTÉ TIRÉ

Vingt-cinq exemplaires sur papier de Chine

Tous ces exemplaires sont paraphés par l'Éditeur

VÉRIDIQUE HISTOIRE

DE LA CONQUÊTE

DE LA

NOUVELLE-ESPAGNE ·

PAR LE CAPITAINE

BERNAL DIAZ DEL CASTILLO

L'un des Conquérants

Traduite de l'espagnol avec une introduction et des notes

PAR

JOSÉ-MARIA DE HEREDIA

TOME PREMIER

PARIS

ALPHONSE LEMERRE, ÉDITEUR

27-31, PASSAGE CHOISEUL, 27-31

1877

AVERTISSEMENT

DU TRADUCTEUR.

N sait peu de chose de Bernal Diaz. Son père, Francisco Diaz del Castillo, dit le Galan, fut Regidor de la Très-Noble et Insigne ville de Medina del Campo. Sa mère se nommait Maria Diez Rejon. Bernal naquit sans doute peu d'années après la découverte de l'Amérique. En 1514, tout jeune encore, il suivait Pedro Arias de Avila vers le Nouveau-Monde. Il mourut, très-vieux, à Santiago de Guatemala dont il était Regidor Perpétuel. Nous ignorons ces deux dates extrêmes, la naissance, la mort. Ce long espace est occupé par une vie bien remplie. Le Conquérant vieilli ne voulut pas laisser à d'autres le soin de la conter. Il prit la plume. Il l'a maniée en soldat.

Né dans un temps fertile en prodiges, Bernal Diaz

*fut un témoin actif. Il a tracé d'une main naïve et
rude le tableau de la grande aventure Mexicaine.
Nous en donnons au public français une copie exacte.*

*A mesure que nous traduisions cette chronique et
que nous recherchions dans les historiens contemporains des documents propres à éclaircir le texte,
nous nous prenions pour notre sujet d'un intérêt
grandissant. De cette longue intimité avec l'aventurier héroïque est sortie une œuvre nouvelle. Nous
avons voulu le faire revivre. Nous avons tenté de
peindre, autour de lui, l'Espagne aux premières
années du XVIᵉ siècle, tout un peuple halluciné, la
croisade cupide qui le précipita vers l'Amérique,
une nature vierge, la civilisation brillante et barbare
des Aztèques, l'écroulement de leur vaste empire.
Nous détachons de ce livre, encore inachevé, quelques
pages d'histoire.*

*Hernando Cortès avait trente-quatre ans, quand
Bernal Diaz le connut. Le soldat-historien, trop
prolixe d'ordinaire, est avare de détails sur l'existence antérieure de son illustre compagnon d'armes.
Nous avons dû écrire, d'après Argensola, las Casas
et Gomara, un récit rapide de la jeunesse de Cortès.*

*Ce volume était terminé, lorsque nous furent gra-
cieusement offerts les deux tomes d'une traduction
de Bernal Diaz, par M. D. Jourdanet. N'est-ce pas
chose singulière que deux hommes d'étude se soient*

rencontrés, après trois cents ans, sur une chronique oubliée? Il est à regretter que le remarquable travail de M. Jourdanet n'ait été imprimé qu'à un trop petit nombre d'exemplaires. Nous sommes heureux de partager avec un savant distingué l'honneur d'avoir, pour la première fois, traduit en français la Véridique Histoire *du vieux Conquistador, Bernal Diaz del Castillo.*

J. M. H.

ESPAGNE

1513 — 1514

E mercredi 26 novembre 1504, dans
la cinquante-quatrième année de son
âge et la trentième de son règne, la
grande Reine Catholique Ysabel de
Castille mourut dans le château de Medina del
Campo. La vertu et la religion quittent la terre
avec elle, dit son fidèle serviteur Pierre Martyr.
Elle fut singulière et très-vertueuse dame, écrivait, vingt ans plus tard, le Magnifique Andrea
Navagiero. Dans tous ces pays, ajoute l'ambassadeur de Venise, on en parle bien davantage que
du Roi son mari, encore qu'il fût des plus pru-
dents. Fille chaste, épouse vaillante et dévouée,
Ysabel joignit à toutes les grâces de la femme les
vertus d'un courage viril, un cœur vraiment royal.

Son esprit fut supérieur à son temps. Elle aima les
livres. Reine intrépide et sagace, elle conquit
Grenade, elle devina Colomb. De son lit de mort,
avec le calme d'un sage antique, elle dicta ses
dernières volontés. Ce testament célèbre, débor-
dant de foi, d'amour, d'intelligence et de magna-
nimité, met le sceau à cette noble vie. Ysabel était
bonne. Jusque dans les affres de la mort, elle fut
tourmentée, en songeant à son peuple de Castille,
à ses enfants Indiens, d'une inquiétude mater-
nelle. L'Espagne entière pleura cette femme in-
comparable. Elle avait été le meilleur et le plus
grand de ses Rois. La nature, elle-même, parut
s'émouvoir. Le sol trembla. Le ciel prêta une
pompe lugubre à la simplicité de ses funérailles.
Elle voulait reposer dans la terre qu'elle avait
gagnée. C'est à travers la tempête, les éclats du
tonnerre, les eaux débordées et grondantes, que
le char funèbre l'emporta vers Grenade. Le règne
d'Ysabel fut l'aurore de la gloire espagnole dont
le soleil, après avoir illuminé deux mondes,
s'abîma dans l'Océan où sombrait avec l'Invincible Armada le rêve de monarchie universelle
qu'avait poursuivi Philippe II.

Dès lors, Ferdinand gouverna seul. Il oublia
vite. Sa seconde femme, la jeune et frivole Ger-
maine de Foix, se tint à ses côtés dans le lit royal

et sur le trône d'Aragon, mais elle laissa vide la place que la grande Ysabel occupait dans les conseils de la Couronne et dans le cœur des peuples. De tous les rejetons de cet illustre mariage qui avait fondé l'unité de la monarchie, il ne restait, le prince don Juan, la douce Reine de Portugal et l'Infant don Miguel étant morts, qu'un faible enfant, qu'une femme en démence. L'enfant, fils de l'Autrichien Philippe le Beau, était né, avait été nourri hors de Castille. C'était presque un étranger. On le nommait don Carlos. Il fut Charles-Quint. Sa mère, la Reine Propriétaire doña Juana, par le moyen d'une mélancolie qui la prit, dit Brantôme, après la mort de son mari l'Archiduc, devint perdue de son sens et entendement. Tout s'assombrissait. Le désastre de Ravenne épouvanta l'Espagne. La fortune semblait avoir abandonné le Roi Catholique. Il se détermina à renvoyer en Italie Gonzalo Hernandez de Cordova y Aguilar que sa royale méfiance laissait éloigné des armées. Ce nom victorieux fut salué par un enthousiasme tel que la noblesse castillane engagea ses majorats afin de se mettre en état de paraître dans les triomphes du Grand Capitaine. Ferdinand ne lui en donna pas le loisir. Cet Aragonais cauteleux, avare et jaloux, n'avait jamais aimé le vainqueur de Cérignole et du

Garigliano, le triomphateur acclamé de Rome, de
Naples et de Burgos, ce beau prince des cheva-
liers qui ne marchait qu'entouré d'une pompe
impériale, menant des armées si richement accou-
trées que ses soldats avaient des airs de Capitaines,
tant ils étaient empanachés, couverts de velours,
d'armures dorées et damasquinées. Cette magnificence offusquait l'orgueil du prince et sa parci-
monie. L'aigle de la maison d'Aguilar avait trop
longtemps tenu dans ses serres les foudres de la
puissance espagnole; ses grandes ailes jetaient
trop d'ombre sur la majesté de ce roi d'Aragon
qui n'était régent de Castille que par la volonté
d'une femme. Ferdinand ne pouvait non plus
oublier que, dans Savone, il avait vu Gonzalve
soupant à la table des Rois, traité en égal par le
Très-Chrétien Louis XII de France. Bref, il ne se
fiait point à ce soldat astucieux, à ce rusé preneur
de villes qui portait comme emblème une grande
arbalète de passe, de celles qu'on ne bande que
par des poulies, avec cette devise inquiétante :
Ingenium superat vires. Il rompit donc brusquement l'entreprise commencée. Le Grand Capitaine
se retira dans sa maison de Loxa. Il y mourut de
dépit.

Cependant le Catholique n'était pas homme à
ne point profiter des préparatifs déjà faits en vue

du voyage d'Italie. En bon politique, il essaya
d'en tirer un double fruit. Désireux de se défaire
d'une noblesse turbulente et ruinée par la retraite
du Grand Capitaine, il voulut, du même coup, en
finir avec les dissensions et les partialités qui
amoindrissaient l'autorité royale dans la Terre-
Ferme des Indes. Les choses y allaient mal. Les
entreprises d'Alonso de Ojeda n'avaient été
qu'une longue suite de disgrâces. L'expédition
que commandait son chevaleresque et infortuné
rival, Diego de Nicuesa, venait de se terminer
par un désastre mystérieux. Le Bachelier Martin
Fernandez de Enciso, lancé par la folie des découvertes et des conquêtes dans l'orbite aventu-
reuse de ces deux Capitaines, avait porté le
trouble dans la naissante colonie de Darien. Ce
jurisconsulte belliqueux était doué d'un génie
brouillon. En échangeant la verge contre l'épée,
il devint agressif et dominateur. Las de ses intrigues, Vasco Nuñez de Balboa l'avait fait violemment embarquer pour l'Espagne. Du jour qu'i
toucha la terre de Castille, Enciso se mit à la
suite de la Cour et du Conseil des Indes. Il les
fatigua de ses récriminations passionnées. Non
content d'accuser Vasco Nuñez du tragique
abandon de Nicuesa, le vindicatif Bachelier s'in-
géniait, dans ses discours et ses mémoriaux, à le

présenter comme un usurpateur sans foi qui ne
cherchait qu'à se tailler quelque principauté
dans ces nouveaux domaines où les droits de la
Couronne étaient encore mal affermis. Ferdinand
s'émut. L'envoyé de Balboa, l'Alcalde Zamudio,
dut s'enfuir de la Cour. Le Conseil le décréta de
prise de corps. On ne put l'avoir. C'est alors que
le Roi résolut d'envoyer au Darien un armement
considérable.

Le choix d'un Capitaine Général était chose
délicate. Un gentilhomme de haute naissance,
signalé dans la guerre, politique habile, d'un
esprit à la fois conciliant et ferme, joignant à
l'expérience des années une fougue brillante, pouvait seul imposer à de vieux aventuriers dont
l'intrépidité était sans bornes et l'audace sans
frein. Ce chef devait remédier aux maux existants,
avancer la découverte, ménager les premiers
Conquérants sans mécontenter les nouveaux,
rendre justice à Enciso et faire son procès à Balboa qui ne semblait pas un homme ordinaire. Le
Roi fit, tout d'abord, mander à Logroño, où la
Cour se tenait en cette saison, le Commandeur
Diego del Aguila. Malgré l'importunité des in-
stances royales, le Commandeur refusa. Sur ce
refus, l'évêque de Burgos, Juan Rodriguez de
Fonseca, qui avait alors l'oreille du prince, lui

proposa, pour cette charge, un de ses familiers, Pedro Arias de Avila. Ce Cavalier, que l'on nommait plus brièvement Pedrarias, sortait d'une noble maison. Il était né à Ségovie, la ville des fins draps et des gens avisés. Il ne mentait pas à cette origine. Il était fils de Pedro Arias, jadis Capitaine Général des armées du roi don Enrique, frère du premier comte de Puñoenrostro, neveu de Diego Arias, Grand Trésorier de Castille et du Conseil, homme prudent. Enfin il avait eu la fortune d'épouser doña Ysabel de Bobadilla et de Peñalosa, l'honneur de son sexe, dont les vertus étaient encore rehaussées par la précieuse qualité de nièce de la marquise de Moya, amie particulière des Rois catholiques. Des dehors séduisants, un air de grandeur, de la somptuosité, une grâce inconsciente et naturelle qui s'alliait par un contraste plein d'attrait à l'arrogante gravité du courtisan, faisaient de Pedrarias, au dire d'un pieux contemporain, l'un des plus accomplis parmi les hommes mondains d'Espagne. On le nommait le Justador à raison de l'adresse singulière dont il faisait montre dans les joutes de cannes et les tournois. Il avait aussi gagné, sur le théâtre de la Cour, le magnifique surnom de Galan. Bien qu'il passât pour avoir plus longuement vieilli sous le harnois doré du courtisan que sous le buffle militaire, il avait néanmoins le renom d'être expert aux choses de la guerre et d'être aimé du soldat. Pedrarias avait soixante ans.

Le choix du nouveau Capitaine Général était à peine publié, lorsque les Procurateurs Juan de Queicedo et Rodrigo de Colmenares arrivèrent du Darien. Ils venaient annoncer l'existence d'une mer vers le Sud, révélée par les Indiens. On y pêchait avec des filets l'or que les pluies entraînaient des montagnes. Le fond de ce nouvel Océan foisonnait de perles. Ces fables irritèrent l'avarice du Catholique, qui n'aimait rien tant que ce bel or dont il faisait de beaux doublons. L'armement projeté ne suffisait plus. Il fallait, par un colossal coup de filet, draguer les ruisseaux, les rivières, les fleuves, les mers de cette Chersonèse qu'avait rêvée Colomb. Ferdinand voulut équiper une Armada, la plus magnifique qui fût jamais sortie des ports de la Péninsule. Il y employa cinquante-quatre mille ducats, somme à considérer pour un prince aussi tenant en sa dépense. Dès lors, la vieille appellation de Darien lui parut vide de sens, insipide. Par provisions royales, le nouveau gouvernement fut nommé Castille d'Or. Ce nom en disait assez. L'enthousiasme fut immense. L'Espagne, depuis vingt ans, s'était faite aux pro-

diges. L'inouï, l'incroyable ne l'étonnaient plus,
mais la charmaient toujours. L'effrayante Mer
des Ténèbres qui enfermait l'univers ancien s'était
ouverte. Le Cathay, Mangi, Cipango, les îles des
Epices, l'or Salomonique, Ophir, tous ces rêves
du Grand Amiral, peuplaient les esprits de visions
éblouissantes. L'ordre des choses semblait renversé. L'antique Chimère revivait. La Vierge et
l'apôtre Saint-Jacques l'avaient domptée, bap-
tisée, ployée à la bonne volonté du Ciel. A côté des
Notre-Dame du Rosaire ou du Pilier, la bête
multiforme s'allongeait aux proues sculptées des
caravelles et des galions, sirène, hippogriffe ou
licorne blanche. Elle n'était rebelle qu'aux lâches.
Le brave pouvait monter sur sa croupe. Elle l'emporterait par delà l'Océan, vers l'Ouest, au pays
des merveilles.

Presque toute la Castille se leva pour aller à
cette pêche de l'or. Il est aisé d'imaginer jusqu'où
s'égara la crédulité populaire, par l'exemple de ce
clerc, homme de sens rassis et d'âge raisonnable,
qui s'en alla à ces pêcheries miraculeuses, abandonnant un bénéfice dont il tirait cent mille maravédis de rente, dans la conviction, écrit un grave
historien, qu'il reviendrait bientôt avec un coffre
rempli de pépites d'or de la grosseur d'une orange
ou d'une grenade, et même plus grosses. Toute

la noblesse qui s'était ruinée pour accompagner le
Grand Capitaine considéra cette occasion, qui lui
était offerte de remédier à sa misère, comme une
marque signalée de la bonté divine. La Cour,
suivant l'énergique parole de Las Casas, bouil-
lonnait de convoitise. Pedrarias, qui avait paru
suffisant alors qu'il ne s'agissait que de rétablir
l'ordre dans le Darien, fut trouvé subitement
incapable de gouverner la Castille d'Or. Il fut si
soigneusement desservi, si habilement décrié,
que le Roi commença à le voir de mauvais
œil. Il était plus qu'à demi supplanté, quand
l'évêque de Burgos intervint. L'Évêque représenta
à Ferdinand l'outrage immérité qu'on lui voulait
faire infliger à l'un des plus anciens domestiques
de la maison royale; il exalta la personne et la
valeur de Pedrarias; les services qu'il avait
rendus, tant aux guerres de Grenade qu'en
Afrique, à la prise d'Oran et de Bougie, où il
commandait, en qualité de Colonel, l'infanterie
espagnole; ses ennemis, à vrai dire, l'accusaient
d'être dur envers les petits, souple avec les
grands; mais Son Altesse pouvait-Elle lui savoir
mauvais gré de montrer, en même temps que
l'honorable fierté qui sied à un homme de poids,
la noble déférence que tout gentilhomme doit à
son prince? Pedrarias, outre qu'il avait l'expé-

rience militaire, s'entendait au bon gouvernement des choses de la paix; enfin il avait été,
dès son enfance, nourri dans la maison de Son
Altesse, d'où Elle pouvait justement préjuger
qu'il La servirait en toute fidélité comme avaient
fait ses ancêtres. Ferdinand fut touché des raisons de l'Évêque. Pedro Arias de Avila fut main-
tenu dans la charge de Capitaine Général et de
gouverneur de la Castille d'Or. Et plût à Dieu,
s'écrie Las Casas, que cet homme n'y eût jamais
abordé, car son passage fut une traînée de flammes
qui embrasa et consuma toutes ces provinces!

L'évêque de Burgos reçut ordre d'expédier
aussitôt les provisions et pouvoirs du nouveau
Capitaine Général. Avant tous autres officiers, le
Catholique, animé d'un saint zèle pour la dilatation de la Foi et la conversion des infidèles,
nomma le prédicateur de sa chapelle, fray Juan
de Quevedo, premier évêque de la Castille d'Or.
Ce prélat devait mener en sa compagnie quelques
religieux de l'ordre de Saint-François dont il
portait l'habit. Ses provisions ayant été deman-
dées au pape Léon de Médicis qui tenait alors la
chaire de Saint-Pierre, l'éloquent franciscain fut
sacré évêque de Santa-Maria del Antigua de
Darien. Cette ville, devenant par ce fait métro-
politaine, reçut avec le glorieux titre de Cité, bon

nombre de faveurs, immunités et priviléges. Les quatre Grands Officiers nommés pour percevoir les droits de la Couronne furent : Alonso de la Puente, créé Trésorier ; Diego Marquez, Receveur ou Contador ; Juan de Tabira, Factor et Juan de Queicedo, Veedor ou Contrôleur des fonderies d'or. Le Bachelier Enciso fut fait Alguazil-Mayor.

Les instructions qu'emportait Pedrarias étaient minutieuses, prolixes, munies de force considé-rations théologiques. Fray Bartolomé de Las Casas et Antonio de Herrera, nous en ont conservé tout le détail. D'après l'historien des Indes, Gonzalo Hernandez de Oviedo, elles pouvaient se réduire à quatre points principaux. Le Capitaine Général devait : 1° s'employer très-diligemment à la conversion et au bon traitement des Indiens ; 2° ne laisser passer en cette terre aucun légiste, avocat ou procureur, vu que l'on savait, par fâcheuse expérience, combien de tels hommes sont préjudiciables, inventeurs de noises, artisans de litiges, grands maîtres de chicane ; 3° avoir soin, avant tout conflit, et pour se mettre la conscience à couvert, de faire lire aux Indiens, par le Notaire Général, une, deux, trois fois et même davantage, si besoin était, le Requirimiento ou sommation royale dont le texte était dû à la plume savante du vénérable docteur Palacios Rubios ; 4° s'entendre, au préalable, en toute chose d'importance, avec l'Évêque et les Officiers de la Couronne. Pedrarias devait toucher aux Canaries, prendre les vaisseaux Portugais et châtier les corsaires Français qu'il pourrait rencontrer, ravager les îles des Caraïbes, instruire, dès son arrivée, le procès de Balboa, fonder un hôpital, faire charger du bois de brésil sur les navires parce qu'il était meilleur à la Terre-Ferme que dans l'Ile Espagnole, distribuer équitablement les terres, veiller à ce que les maisons eussent cent pas de longueur et quatre-vingts de largeur, prohiber l'usage des cartes, des dés et autres jeux, empêcher la vente des cartes et de tous engins de profits illicites et hasardeux, faire exécuter les édits somptuaires destinés à réfréner le luxe des habillements, défendre de jurer le Saint Nom de Dieu et tous autres jurements, donner passage aux femmes aussi bien qu'aux hommes, par déférence pour le précepte divin : *Crescite et multiplicamini,* interdire l'entrée de la Castille d'Or aux fils de ceux que la Sainte Inquisition avait réconciliés avec l'Église en leur faisant porter le san-benito, et aux petits-fils des juifs, hérétiques et relaps qu'elle avait dû brûler. Enfin il rechercherait si Christophe Colomb avait découvert cette terre, afin que le rapport de cette enquête fut joint à la

cause du procès pendant entre la Couronne et les
hoirs de l'Amiral.

La solde du Capitaine Général fut fixée à trois
cent soixante et six mille maravédis par an. Il
fut, en outre, pour l'aider à couvrir ses frais
extraordinaires, gratifié de deux cent mille maravédis, et autorisé à passer sur la flotte des
esclaves, de l'argent ouvragé et quelques autres
choses. On lui alloua pour un médecin cinquante
mille maravédis, soixante mille pour un barbier-
chirurgien et un apothicaire. Hernando de Fuenmayor, comme Mestre-de-Camp, eut cent mille
maravédis. Le Lieutenant du Capitaine Général
devait toucher par mois six mille maravédis, les
Capitaines, quatre mille, les Officiers de guerre,
trois castillans d'or et les soldats deux ducats,
avec ordre de leur payer deux mois d'avance à
leur arrivée à Séville. Enfin l'office de Grand-
Maître des Filets et des Rêts, qui était fonction
d'importance dans ce pays de pêcheries d'or et
de perles, fut donné à Juan de Albornoz.

Le Conseil hâtait les préparatifs. On armait, à
San-Lucar, dix-sept nefs, galions et caravelles.
Avant toute chose, Ferdinand commanda au
Pilote-Mayor en titre Juan Daiz de Solis, et à Jean
Vespuce, de s'assembler, et, les avis des per-
sonnes compétentes dans la matière ayant été

pris et mûrement discutés, de confectionner un
patron de carte marine, routier général, véridique
et certain qui serait exposé dans la Casa de Con-
tratacion de Séville, et auquel tous pilotes pourraient avoir recours pour connaître les vrais
chemins de la mer, vu qu'ils erraient le plus
souvent dans la hauteur et le calcul, par manque
d'usage du quadrant et de l'astrolabe.

Aussitôt ses dépêches expédiées, Pedrarias alla
prendre congé du Roi. Ferdinand lui fit accueil,
lui recommandant, en prince soucieux des intérêts
du Ciel, de ne pas oublier d'emporter des cloches
pour les églises, des ornements sacerdotaux et du
vin pour célébrer le sacrifice de la messe et de la
fine fleur de farine dont on ferait des hosties. Le
Capitaine Général ayant ployé le genou, jura foi
et hommage entre les mains de son seigneur et
prêta le serment de remplir fidèlement sa charge.
Puis, ayant baisé la dextre royale, il se leva et
annonça à Son Altesse la détermination où était
sa femme, doña Ysabel de Bobadilla qui, en ma-
trone virile, par amour de son époux et de la
gloire, avait résolu de le suivre au-delà des mers.
Le Roi loua hautement ce mâle courage. Il déclara que les ordonnances somptuaires ne regar-
deraient ni Pedrarias ni sa femme, ne voulant
pas, disait-il, ôter au velours, au drap d'or, à la

toile d'argent, l'occasion unique qui leur était
donnée de faire paraître, dans la personne d'une
si généreuse Dame, la vertu plus éclatante et plus
agréable à voir. Animés par cet exemple, les volontaires s'offrirent en si grand nombre, qu'on
eût pu embarquer dix mille hommes. A la Cour,
Pedrarias reçut quantité de noblesse, jeune,
ardente, splendidement équipée. Et, sans plus de
délais, en compagnie du nouvel Evêque, fray
Juan de Quevedo, il s'achemina vers Séville où
se faisait le gros de l'armée.

L'année 1481 avait apporté dans Séville deux
fléaux, la peste et l'Inquisition. Du jour qu'on put
lire sur la façade de la forteresse de Triana cette
inscription : *Exsurge, Domine, judica causam tuam,*
la terreur régna dans la cité royale. Le saint tri-
bunal était installé. En 1483, le prieur de Santa
Cruz, fray Tomas de Torquemada fut, par deux
brefs de Sixte IV, nommé Inquisiteur Général.
Capite nobis vulpes! tel est son cri. Aussitôt la
meute des familiers se jette sur la piste, traque
la bête immonde, le Juif, le More infortuné. La
fuite est l'unique refuge. Des gardes sont posés
aux douze portes de la ville. La peur recula les
bornes de la lâcheté. Le mari dénonça la femme,
le père son fils. Le poisson, écrit Montanus, entrait dans le saint filet des inquisiteurs. Pendant

dix-huit longues années, plus de six mille personnes par an furent brûlées soit effectivement, soit en effigie, ou réconciliées par la prison perpétuelle, la torture, les verges et la confiscation. L'émigration fut inouïe. Dans Grenade, d'où le Saint-Office était alors exclu, s'entassaient les exilés. Sous l'archevêque Deza, le feu du zèle sacré s'était fort ralenti. Il n'allumait plus guère que trente-deux bûchers annuels. Néanmoins Séville restait déserte. Longtemps après, Navagiero la vit encore inanimée, vide de peuple.

L'arrivée de Pedrarias y ramena momentanément la vie. Son renom l'avait précédé. On entrait à peine dans l'hiver de 1513, et plus de deux mille hommes étaient déjà rassemblés dans la capitale de l'Andalousie. Chaque jour, sur toutes les routes, se pressaient des files de chariots, des convois de mules, des litières, des cavaliers. Le premier soin des nouveaux arrivants, qu'ils entrassent par la porte de la Macarena où aboutit le chemin d'Estremadure ou par celle de Carmona, était d'aller baiser les mains au Capitaine Général. Dans la hâte de prendre langue et de satisfaire leur curiosité, les volontaires se répandaient à travers la ville, poussés par cette inquiétude des lieux nouveaux qui presse le voyageur. La cathédrale, merveille de la merveilleuse Séville, les

attirait. Par l'arcade moresque de la porte du
Pardon, plaquée de bronze, ou par la porte du
Lézard, ils entraient dans ce sanctuaire fameux,
dont un des chanoines, alors qu'on le bâtissait,
s'écria : Faisons une église si grande, que ceux
qui la verront achevée nous tiennent tous pour
fous ! Après avoir admiré le cierge pascal pesant
deux mille cinquante livres et les deux rangées de
piliers énormes qui soutiennent les cinq nefs et
qui, dans l'immensité du vaisseau, semblent de
frêles colonnettes, ils s'agenouillaient devant la
Madone des Rois, sculptée par les Anges, près des
tombeaux où reposent Ferdinand le Saint, son fils
Alfonse le Savant et la reine doña Béatrix. Ils
adoraient la sainte Épine teinte d'une goutte du
précieux sang. La tour de pierre blanche et de
briques roses, élevée par Gueber et que l'on ne
nommait pas encore la Giralda, leur offrait son
escalier d'une pente si douce, qu'on y peut monter à mule, à cheval ou en chaise roulante. Ce
beau campanile avait perdu son toit de carreaux
vernissés et les quatre globes d'or qui, suivant la
chronique de San Fernando, renvoyaient à plus
de huit lieues les rayons du soleil. Mais son sommet gardait à l'œil un spectacle éblouissant. En
bas, toute blanche, ayant pour couronne les tours
des remparts, les clochers, les dômes de l'Alcazar,

des églises, des couvents, s'étendait, dans une
plaine à perte de vue, la reine de l'Andalousie,
que le Guadalquivir embrasse. Au delà de ses
eaux jaunes que franchit un pont de bateaux, le
faubourg de Triana, repaire de gitanes, de ruffians,
de danseuses et de sorcières. Ses masures sordides
semblent se serrer, se tapir dans l'ombre sévère
du palais de l'Inquisition, comme pour mieux s'y
dérober à sa justice. Plus loin, le couvent des
Chartreux de las Cuevas dont les jardins baignent
dans le fleuve, si délicieux, dit Navagiero, que les
moines qui y vivent semblent n'avoir qu'un pas
à faire pour entrer en Paradis. De toutes parts, les
champs cultivés, les bois d'orangers, de citronniers
et d'oliviers mêlant leurs feuillages sombres, leurs
chevelures argentées. L'aqueduc romain de Carmona. De nombreux villages, Alcalà, Santi Ponce,
Coria, Alfarache, et au loin, fermant l'horizon,
à travers l'air limpide, d'un côté la haute Sierra
Morena, et, de l'autre, les montagnes bleues ou
violettes de Gibrain, de Zahara et de Moron.

Derrière la cathédrale, l'Alcazar, miracle de
pierre ouvragée, bâti par les Mores pour le Roi
chrétien Cruel et Justicier, leur ouvrait ses allées
pavées de briques assemblées en point de Hongrie,
ses bosquets de grenadiers et de myrtes, ses
jardins embaumés où mûrissent les cédrats, les

limons doux et les poncires, ses cours que se
partagent le soleil et l'ombre, rafraîchies par des
jets d'eau vive, bordées de colonnes de marbre
aux chapiteaux dorés, son bain des Sultanes où la
belle Maria de Padilla entrait nue, devant les
courtisans, ses chambres et ses salles où la pote-
rie, les stucs, le cèdre et le mélèze odoriférants,
dans les plafonds sculptés et peints, les carreaux
émaillés, les entrelacs et les lettres ornementales,
semblent avoir épuisé tous les caprices, toutes les
combinaisons de la couleur, de la lumière et de
la ligne.

La vie tumultueuse qui animait alors l'Arraval
et le Port devait assurément charmer davantage
ces âmes peu contemplatives. Du pont de bateaux
jusqu'à la tour de l'Or, un peuple affairé et curieux
encombrait la berge du fleuve. On y débarquait
des vivres, des tonneaux de vin, des barils de
farine, de l'artillerie venue de Malaga, des canons
de bronze et des fauconneaux, de la poudre, du
nitre, du soufre, des hoües, des pioches, des
bêches et autres outils aratoires destinés aux laboureurs qu'on avait tirés d'Antequera pour ensemen-
cer, disait-on, la terre fertile de Darien et conver-
tir les Caraïbes aux arts pacifiques de Triptolème.
Ces paysans, arrachés brusquement à la glèbe où
ils avaient pris racine comme les plantes qu'ils y

cultivaient, regardaient avec étonnement s'agiter
sur les bords du Guadalquivir toute la multitude
vile que traîne après elle une armée heureuse.
Laquais, estafiers, revendeurs juifs, filles de vertu
suspecte, goujats et baratiers, se mêlaient à des
moines de tous ordres, à des gueux de toute
sorte, aux barbiers désœuvrés, aux gitanes maqui-
gnons ou tondeurs de mules, à tous ces vaillants
fils, aussi bons pipeurs de dés qu'escrimeurs
de couteaux, dont est faite une plèbe anda-
louse. Le rude marinier y coudoyait le bourgeois
paisible, le seigneur. Les forçats, Africains ou
Mores, ployés sous les fardeaux, allaient et venaient au milieu des cris, des coups de fouet et
des éclats de rire. Les nègres, demi-nus, mon-
traient leurs épaules athlétiques marquées au feu
d'un S et d'un clou. Ce rébus barbare (es clavo)
attestait leur condition. Des formes blanches se
glissaient silencieusement à travers la foule.
C'étaient des femmes moresques, fidèles à leurs
mœurs antiques, en dépit du Saint-Office. Navagiero a décrit minutieusement leur habit fantas-
tique, leurs pantalons froncés, leurs chemisette,
courtes, leurs vestes superposées, la teinture noire
et nauséabonde de leurs cheveux, leurs ongles
rougis par le k'hol, leurs longs voiles blancs.
Toutes ces femmes, ajoute le grave ambassadeurs

se tirent à tout rompre les mamelles, afin de les
avoir très-grandes et pendantes, ce qui, au dire
du Magnifique, était réputé chose belle, chez les
Mores.

A l'arsenal, l'activité n'était pas moindre. On y
amassait des approvisionnements de toute espèce,
tant pour le voyage que pour ravitailler ceux de
Darien ; des caisses d'ornements sacerdotaux, des
cloches, des armes et des munitions de toute
sorte, des arbalètes avec leurs noix de rechange,
leurs vergettes et leurs cordes, des escopettes,
espingardes ou espingardines qui sont une manière
d'arquebuses, des épées, des lances, des piques,
des casaques de coton matelassées, d'un usage
plus commode, en ces climats ardents, que les
lourdes cuirasses d'acier, des rondaches ou ron-
delles de Naples, qui étaient alors tenues pour les
meilleures, des boucliers légers de bois des Canaries, propres à résister aux flèches empoisonnées
des Caraïbes, du plomb, des cordes, du fer et
quantité d'autres choses congruentes, tant aux
besoins de la paix qu'aux nécessités de la guerre.

Ces spectacles nouveaux, ces apprêts dont la
hâte sentait l'aventure prochaine, étaient faits
pour tenir en éveil les désirs, les volontés impa-
tientes des braves gens assemblés dans Séville.
D'autre part, le Capitaine Général ne négligeait

rien de ce qui pouvait entretenir cette ardeur.
Chaque jour, la foule se pressait au logis de Pedrarias. On y voyait quantité d'hidalgos ruinés,
de pauvres soldats, débris des guerres d'Italie ou
d'Afrique, la vieillesse cupide et chagrine, une
jeunesse exaltée par les romans de chevalerie,
avide d'égaler Amadis, de surpasser Esplandian,
d'acquérir de la gloire, de se charger d'or. On y
commentait la fin singulière de l'un des Grands
Officiers de la Couronne récemment nommés, du
Contrôleur des fonderies, Juan de Quecicedo. Il
était mort brusquement, tout gonflé, jaune
comme l'or qu'il allait chercher. On le plaignait
peu. Celui-là, du moins, n'aurait point de part au
trésor des Hespérides occidentales. On entourait
fort son successeur. C'était un ancien domestique
du prince don Juan, Gonzalo Hernandez de
Oviedo y Valdès. Il était complimenté, fêté, jalousé.
Les récits fabuleux volaient de bouche en bouche.
Dans toutes ces âmes une convoitise héroïque et
brutale semblait avoir absorbé les autres passions.
Pedrarias se plaisait à attiser cette flamme. Avec
l'orgueilleuse familiarité qui lui était naturelle,
il se mêlait aux soldats, distribuait les paroles
flatteuses, enchérissait sur les merveilles. Il était,
écrit Oviedo qui le connaissait bien, homme de
bouche dorée et qui ne craignait pas de dire ce

qu'il ne savait point. Dans cette noble langue
castillane qui semble propre à représenter les
choses plus grandes qu'elles ne sont, il disait la
beauté sans égale de la Castille d'Or. Les grandes
îles tant célébrées par Colomb, Juana, Hispaniola,
la Jamaïque, Puerto-Rico, tout l'archipel délicieux, n'étaient plus que le portique superbe qui
menait à ce Chanaan nouveau. L'or y coule du
flanc des montagnes dans le lit des fleuves. La terre
y est toujours verte comme l'Andalousie au mois
d'avril. Les fleurs et les arbres exhalent les odeurs
les plus suaves, et le chant des oiseaux est si doux,
leur plumage si splendide qu'on ne voudrait jamais
quitter ce paradis. Il contait aussi les coutumes
des Indiens pacifiques, de race inconnue, au visage
cuivré, nus et sans barbe ; les Caraïbes féroces,
de haute taille, belliqueux, peints de couleurs
éclatantes, idolâtres et sodomites. Puis il dénom-
brait les Conquérants qui, depuis le premier
Amiral, avaient agrandi les domaines des Rois
Catholiques en gagnant de l'honneur ou des
richesses. Ojeda, Rodrigo de Bastidas, Juan de
la Cosa, Alonso Pero Niño, Christoval Guerra,
Ovando, Juan Ponce, Nicuesa dont il pleurait le
destin tragique, et tant d'autres. Ces intrépides
Cavaliers, suivant les traces de Colomb, avaient
conquis toutes les îles, reconnu la Terre-Ferme,

l'isthme de Darien, découvert la Venise des Indes
qu'ils nommèrent Venezuela et le golfe des Perles.
Franchissant la formidable Boca del Drago, ils
avaient côtoyé le Paria et poussé leur course
jusqu'aux embouchures des grands fleuves qui
font refluer l'Atlantique devant la masse de leurs
eaux. Et malgré tant de travaux excessifs, coloni-
sateurs aussi bien que guerriers, ils avaient bâti
de nombreuses cités dans les îles et fondé San-
Sebastian, Nombre de Dios et Santa-Maria de la
Antigua, dans la Castille d'Or. Et qui donc oserait
douter de ses paroles? Leur illustre Alguazil-
Mayor, leurs braves officiers, Enciso, Colmenares,
n'en étaient-ils pas de vivants témoins? Ces héros
laissaient à leurs successeurs un héritage digne
d'eux. El Dorado, la source de Santé, Doboyba,
les tombeaux de Zenu, l'empire des Amazones
restaient à conquérir. Enfin l'océan nouveau, la
Mer Pacifique, leur ouvrait l'Inde orientale, le
Cathay, les îles des Épices, Ophir, des royaumes
ignorés resplendissants d'or, de perles et de pierreries.

Fray Juan de Quevedo et ses franciscains ne
restaient pas en arrière du Capitaine Général.
Partout retentissaient leurs prédications enflam-
mées. L'Évêque lui-même ne dédaignait pas de
prêcher la croisade, d'animer le zèle, d'échauffer

les courages. Il contait dans ses sermons, dit
Oviedo, des choses inouïes, promettant des trésors dont il ne savait rien. Les contemporains
nous ont conservé des traits, des exemples frap-
pants de ces homélies singulières. Tantôt l'ora-
teur prenait pour thème un texte de l'Écriture,
tel que celui de Job : *Militia est vita hominis
super terram*; tantôt, mêlant le profane au sacré, il
expliquait et commentait l'antique prédiction du
Cordouan Sénèque :

> Venient annis
> Sæcula seris, quibus Oceanus
> Vincula rerum laxet et ingens
> Pateat tellus, Typhisque novos
> Detegat orbes, nec sit terris
> Ultima Thule.

N'était-ce pas à l'Espagne qu'il appartenait de
conquérir ce nouveau monde, après en avoir
annoncé la découverte? Cette gloire lui était due.
Le vaillant pape Alexandre, un Espagnol aussi,
avait, par ses bulles, confirmé les droits de la
couronne de Castille et débouté les Portugais de
leurs prétentions insolentes. Alors le savant Frayle,
glissant subtilement du spirituel au temporel,
disait la richesse métallique, les trésors cachés,
l'exubérance de la terre de Darien, ses fleuves, ses
forêts immenses où rôdent les léopards, les chats

sauvages, les loups-cerviers, les tigres, les lions
sans crinière, moins hardis et furieux que ceux
de Barbarie, le nombre épouvantable des guenons
et des singes, les cerfs, les chevreuils et les
daims, dont le pelage est couleur de gris d'argent
et qui n'ont point de cornes, les lézards mons-
trueux, et, parmi d'autres animaux inconnus,
une bête qu'ils nomment Anta, laquelle a la taille
d'un bœuf, la tête d'éléphant, le poil de vache et
les ongles de cheval. Sous l'ombre des forêts
d'arbres incorruptibles aussi vieux que le monde,
qu'entrelacent des plantes volubiles aux fleurs
éclatantes, au bord des eaux, tout cela chasse,
crie, rugit, pullule, au milieu du ramage discor-
dant des perroquets innombrables et variés,
des aigles noirs, des éperviers, des hérons, des
flamants roses, des oies, des canards, des faisans
et des paons ocellés. Puis il vantait la fertilité du
terroir : les courges, les melons, les laitues et
autres herbes potagères d'Espagne, y mûrissent
vingt jours après avoir été semés. Il y croît
quantité de fruits naturels à la terre, exquis au
goût, de plantes salutaires, de bois d'essence
précieuse et rare. Les serpents, non plus, n'y
manquent point. Il en est de gigantesques, sans
venin, de tout petits, fort nuisibles. Ne semble-
t-il pas qu'on ait retrouvé, dans cette Castille

d'Or, le vrai jardin de Paradis ? Là, comme pour
insulter à la bonté divine, vivent en liberté les
Caraïbes sauvages. Ils sont tous adonnés à l'abominable péché contre nature. Ils mangent la chair
humaine, ignorent la justice et ne se font aucun
scrupule de tuer. Ils vont tout nus, sans vergogne,
comme des ânes, abêtis, affolés, insensés, men-
teurs, inconstants, ingrats et rebelles. Ces brutes
pratiquent l'ivrognerie, tirant du vin de divers
fruits, racines et graines. Par un maléfice étrange,
ils s'enivrent de la fumée de certaine herbe qui
leur ôte le peu de jugement qu'ils ont. Ce sont
créatures bestiales. Le jeune homme ne porte
point de respect au vieillard, ni le fils au père.
Ils n'ont aucune pitié pour les malades et aban-
donnent leurs parents au moment de la mort, les
portant dans les bois, sur les montagnes où ils les
laissent mourir sans autre assistance qu'un peu
de pain et d'eau. Ils sont incapables de doctrine,
de culture, de police ou de correction, traîtres,
cruels, vindicatifs, ennemis de religion, paresseux,
voleurs, d'esprit bas. Ils ne se gardent aucune
foi entre maris et femmes. Ils sont devins,
enchanteurs et nécromanciens, plus lâches que
des lièvres, plus sales que des pourceaux, mangeant des poux, des araignées et des vers tout
crus, quand ils en trouvent. Ils n'ont point de

barbe, et si, par aventure, il leur en vient, ils
l'arrachent. Bref, ils n'ont rien d'humain, car ils
se refusent à changer de coutumes et de dieux.

De tels discours, de plus extravagants encore
dont il nous est malaisé de concevoir toute l'é-
trange folie, redoublaient cette fièvre religieuse
et guerrière qui brûlait un peuple. De nouveaux
volontaires se présentaient chaque jour. On en
comptait plus de trois mille. Les pluies et les
tempêtes d'hiver retardant le départ de l'Armada,
Pedrarias ne voulut pas laisser refroidir l'enthousiasme. Il fit une revue solennelle de ses
troupes. Il y parut, vêtu d'une de ces splendides
armures de joute italiennes sous lesquelles il avait
gagné tant d'applaudissements dans les tournois
et les carrousels. Sa suite était celle d'un Roi. Il
était accompagné des Officiers de la Couronne, du
Grand-Maître des Filets et des Rêts et de son
Alcalde Mayor, le Licencié Gaspar de Espinosa,
natif de Medina de Rioseco, homme des mieux
entendus. Le Bachelier Martin Fernandez de
Enciso tenait en main la verge d'Alguazil-Mayor.
Derrière eux, venait la maison de Pedrarias : chapelain, maîtres d'hôtel, écuyers de salle, som-
meliers, argentier. Puis les pages, laquais,
estafiers, valets d'éperons ou d'écurie et tous
autres domestiques. Hernando de Fuenmayor,

en qualité de Mestre de Camp, se tenait à la
tête des troupes avec le Lieutenant du Capitaine
Général. C'était un hidalgo de Cordoue, nommé
Juan de Ayora, frère du chroniqueur Gonzalo
de Ayora, grand humaniste, dont on disait,
comme du marquis de Santillane, que les lettres
n'émoussaient point sa lance. Chaque compagnie
de cent hommes avait son capitaine. Oviedo
nous a conservé les noms de ces braves : Luis
Carrillo, Diego de Bustamante, Contreras, Francisco Vazquez Coronado de Valdès, Atienza,
Rodrigo de Colmenares, Gonzalo Fernandez de
Llago, Francisco de Avila, Antonio Tellez de
Guzman, Juan de Zorita, Meneses, Gamarra,
Villafañe et Gaspar de Morales. Le neveu du
Capitaine Général, Pedrarias le Jeune, menait
l'artillerie. De ces capitaines, les six premiers
avaient été nommés directement par le Roi.
Tous les autres tenaient leur charge de Pedrarias. La noble ordonnance de ces compagnies
était relevée par la splendide diversité des
accoutrements et des armes. Les seigneurs
formaient un corps de cavalerie. Ils montaient
des genets de Xerez ou de Marchena, richement
caparaçonnés. On ne voyait parmi eux que harnois de guerre, clairs comme escarboucles, cordouans figurés, argentés, éperons d'Ajofrin ou

d'Ocaña, faits à la morisque, courroyés de soie incarnadine ou vermeille, étriers à la genette, dorés de fin or, panaches de plumes, écharpes multicolores, gants parfumés que l'on nommait gants de fleurs ou d'ambre, enseignes de chapeau, ciselées à vignettes, en émail d'Aragon, ayant leur devise latine autour d'une image de Saint. Ce n'était que velours, satins, brocarts, déchiquetés, tailladés, piqués, agrémentés de cannetilles, de passements, de broderies de semence de perles et de point de Milan. Les gens de pied rivalisaient de magnificence avec les cavaliers. Et tel pauvre hidalgo avait vendu ses dernières fanègues de bonne terre à semailles, pour se pourvoir d'un habit de fin drap d'écarlate, de gorgaran couleur de rose sèche ou de peluche colombine. Armures brunies, engravées, dorées, casques, morions, salades de toute forme, épées de toute façon, argentées, incrustées, damasquinées, vernissées, de cette nuance changeante que l'on nommait alors paonnée. Toutes ces belles armes avaient été forgées et trempées dans quelqu'une des cent villes où s'ouvrageait en ce temps le noble acier d'Espagne, de Tolède jusques à Calatayud qu'arrose le Jalon, *armorum Salo temperator.* Plus d'une de ces épées brandies par de vaillantes mains portait dans l'évidement de sa gorge la

marque illustre de Juanès de la Horta ou le
grand S couronné dont Alonzo Sahagun poin-
çonnait ses lames, et plus d'un Sévillan pacifique,
bourgeois ou docteur, en voyant défiler toute cette
triomphante armée de Conquérants, au fracas des
tambours et des trompettes, sous les plis des
étendards où se mêlaient les châteaux de Castille
et les pals d'Aragon, ne put se défendre de jeter
avec orgueil parmi les acclamations du peuple
enivré ces fières paroles de l'historien Florus :
Viris, armisque nobilem Hispaniam!

Séville vécut alors dans une longue fête. Doña
Ysabel de Bobadilla avait formé une petite cour
de gentilles femmes, de matrones et de damoi-
selles. La fleur de l'armée s'empressait à les
servir. Nous traduisons du latin de Jean-Louis
Vivès un tableau animé de cette vie d'intrigues
et de plaisirs : Il fait bon voir, dit l'agréable
pédagogue, comme entrent et sortent de la
chambre des femmes, ainsi qu'abeilles de leur
ruche, de jeunes amoureux, esclaves de Cupidon,
parfois même des vieillards, doublement puérils.
Il n'est chose plus plaisante au monde que d'ouïr
leurs discours et leurs poésies délicatement
imaginés, les chansons, les sérénades, les devis
avec les filles; que de voir les danses, les promenades, la variété de couleurs, de façons et de

modes dans les habits. Ils ont des pages, des
laquais par lesquels les messages sont envoyés et
renvoyés. Il fait bon voir, de par Dieu! avec
quelle industrie, quelle diligence et quelle poli-
tesse, tête nue, le jarret ployé et même à deux
genoux, ils portent et remettent les missives.
C'est, chaque jour, quelque chose de singulier,
d'inopiné, ingénieusement, subtilement, hardi-
ment, dextrement ou librement inventé, parlé,
exécuté ou joué!

Les femmes, dit Salazar, sont les rêts dont
Satan lie les cœurs. Armes du diable, ainsi les
définit la *Célestine*, ce bréviaire d'amour tant de
fois imprimé à Séville. Les Andalouses, s'il faut en
croire les vieux moralistes, ont toujours été singulièrement douées de cette antique malice qui
voua la race d'Adam aux flammes de l'enfer.
Leurs maris, qui sont des plus jaloux d'Espagne,
avaient beau jeu à les tenir sous des verrous
solides, derrière des fenêtres savamment grillées.
Mais il n'est point, d'après le commun proverbe,
de porte de fer que ne brise un marteau d'argent. Les Sévillanes avaient dès lors le renom
de préférer aux galants qui allaient chercher fortune aux Indes, ceux qui en revenaient avec les
galions. Elles ne voulaient déjà plus de Galaors
ni d'Adonis. Les mains pleines de dons avaient

plus d'efficace près d'elles que les sourires et les
promesses. Elles ne cherchaient plus, suivant le
mot d'un judicieux grammairien, qu'à mesurer
l'amour avec l'aune de l'intérêt. L'ardente jeunesse qui avait suivi Pedrarias dut l'éprouver à
ses dépens. La profusion et la curiosité dans les
festins étaient alors excessives. Vivès emploie
plus d'un de ses Dialogues au fastueux dénom-
brement de ces somptuosités. Les Sévillanes
aimaient les promenades à la prairie de l'Alameda.
Elles y allaient, en allègres compagnies, faire
collation sur l'herbe de confitures et de pâtis-
series que l'on servait dans ces belles terres
émaillées de Valence, de Triana et de Malaga où
la lumière fait chatoyer des reflets de saphir, de
cuivre rouge ou d'or pâle, dans la concavité éblouis-
sante, sur l'ombilic armorié des plats. Elles se plai-
saient à goûter les vins blancs, rouges, paillets, de
Candie, de Ribadavia, de Guadalcanal et de
Manzanilla, dans ces frêles verreries de Cada-
halso où persiste la nerveuse gracilité des formes
orientales. Les assignations secrètes se donnaient
alors volontiers dans la calle de Chicarreros, qui
est la rue des Orfévres, ou dans la galerie des
Merciers. L'argent des patrimoines vendus et des
majorats engagés fondit vite. Le jeu, le trente
par force, la prime, les alburs, le chilindron, la

triomphe, le reynado, les dés, prirent le reste.
Les aventuriers insoucieux encore voyaient sans
inquiétude s'épuiser leurs bourses. La prévoyance
du Roi leur avait assuré le passage gratuit, des
vivres ; et puis, au delà des mers, El Dorado ne
les attendait-il pas ?

L'année 1514 était commencée. Le Capitaine
Général avait reçu de la cour l'ordre de réduire
son effectif à quinze cents hommes. L'Armada ne
pouvait en transporter davantage. Malgré la
rigueur des injonctions royales, Pedrarias ne se
sentit pas le courage de congédier tant de braves
gens. Par prières, importunités ou faveurs, il en
retint plus de deux mille. Cependant les jours
suivaient les jours. Le temps passait. La flotte
n'appareillait pas. L'impatience commençait à
gagner les meilleurs esprits. Sous les portiques du
couvent de Saint-François, le long des Gradas
qui entourent la cathédrale et qui, suivant Navagiero, sont le plus beau réduit de Séville, une
foule désœuvrée s'assemblait chaque jour, s'arrêtant autour des encans qui se font sur la place,
s'interrogeant avec mélancolie. Les soldats se
contaient leur misère. Ils avaient vu depuis
longtemps disparaître leur dernier castillan d'or.
Des deux mois de solde qui leur avaient été payés.
à leur arrivée, il ne restait plus une blanque, plus

un maravédi. Ils étaient en train, comme dit
énergiquement Oviedo, de manger leurs capes
dans les auberges et les hôtelleries. L'enchan-
teresse Séville n'avait plus de charmes pour eux.
Ils avaient tout vu : les processions de pénitents
danseurs et de flagellants, les promenades des
Pasos, groupes de haut-relief peints et dorés,
figurant des scènes sacrées, les christs les plus
sanglants, les vierges les plus miraculeuses, les
mieux vêtues d'orfévrerie, tenant dans leurs bras
les plus précieux Jésus. Les combats de taureaux
ne duraient qu'un jour. Les auto-da-fé étaient
rares. Le pauvre soldat n'avait même plus, pour
distraire son ennui, le plaisir de voir mener avec
la pompe voulue, à travers la ville, vers la place
de Triana, quelque vieille sorcière de celles qui
font souffler le vent contraire, des Mores polyga-
mes et nécromanciens, des Juifs trois fois relaps,
convaincus d'avoir balayé leur chambre à rebours, de la porte au foyer, d'avoir mis du linge
blanc le samedi ou jeûné le jeûne de la reine
Esther. C'était, certes, un passe-temps agréable à
Dieu et à la sainte Église, que de regarder lier
ces mécréants, sur l'échafaud de pierre, aux sta-
tues des quatre saints apôtres, tout réjouis de
cette aubaine, que de les entendre hurler, à
travers la fumée, par-dessus les prières des

confréries, que de les voir enfin mourir impéni-
tents, privés de la consolation d'être étranglés
avant que la flamme pieuse eût achevé son office.

Les menues exécutions étaient néanmoins de
quelque divertissement. La trompette du crieur
avait le pouvoir de réveiller les curiosités, d'assembler la populace. Le héraut s'avançait, précé-
dant la Justice à cheval. Derrière, au milieu des
alguazils, venait, monté sur un âne, quelque
misérable, vagabond, voleur, meurtrier, de ceux
que l'on nomme gens de vie encolérée, trop
prompts à tirer le couteau, quelque entremet-
teuse ou fille de joie, bien enduite de miel, tout
emplumée. Le héraut disait à voix haute : C'est
la punition que Son Altesse et Sa Justice en Son
Royal Nom commandent être faite de cet homme
ou de cette femme. Puis, il disait le méfait et le
nombre de coups de verge qui lui devait être
appliqué. On sonnait derechef de la trompette
et le bourreau fouettait le criminel. Il en était
ainsi sur chaque place, à chaque carrefour. Lorsque le patient était monté à rebours sur l'âne et
lui tenait la queue au lieu de licol, le cas étant
plus grave, l'intérêt grandissait. Il y aurait assurément au bout de la promenade, une main, un
nez, une et peut-être deux oreilles à voir couper.
Quelquefois même la pendaison s'ensuivait. La

f

foule oisive est aisément cruelle et libertine. Elle
accompagnait le cortége, grossissant à chaque
rue, huant les alguazils, applaudissant à la
vigueur du bourreau, injuriant, encourageant
le héros de la cavalcade, suivant qu'il jouait
on rôle avec le piteux abattement d'un no-
vice ou l'élégante indifférence d'un acteur con-
sommé.

De tels plaisirs sont malsains. Les déceptions
d'une trop longue attente aigrissaient les volontés.
Il faut aux gens de guerre, pour se délasser d'une
discipline qui doit être inflexible, le relâche du
combat, les courts excès de la bataille. Le désœu-
vrement mène vite à la licence. Quelques-uns des
volontaires, la plupart des laboureurs, pris du
regret de la terre et de la vie paisible, avaient
déserté. Les autres, au contact de la soldatesque,
se rendirent en peu de temps plus effrénés et
tumultueux que les soudards des vieilles bandes
qui, sous le comte Pedro Navarro et don Diego
Quiñones, s'étaient le mieux débauchés à la
grande école d'Italie. Les Sévillans sont d'humeur
colérique, mutine et jalouse. Les rixes devinrent
fréquentes.

Les danseuses d'Andalousie n'avaient point dé-
généré depuis le temps de Martial et de Pline où
elles emplissaient de leur folie lascive les festins

consulaires et les voies impures de Suburra. Elles
avaient, comme alors, dans leurs cheveux d'un
noir d'enfer, une fleur d'œillet ou de grenadier
insolemment piquée au-dessus de la conque de
l'oreille, des lèvres rouges que gonfle une séve
luxurieuse, les paupières sombres, l'œillade fur-
tive et fulgurante, des reins onduleux, *lascivos
docili tremore lumbos*. A toutes ces promesses de
paradis diaboliques, s'ajoutait un charme nouveau,
irrésistible. Le danger les faisait plus désirables.
Le soir, les soldats s'égaraient volontiers, au delà
du Guadalquivir, dans les faubourgs obscurs et
mal famés. Ces rues tortueuses, les taudis qui les
bordent, s'animent, après le coucher du soleil,
d'une vie étrange. L'alguazil s'y hasarde peu. Des
vieilles femmes crient des boudins, des beignets
frits a l'huile, du vin noir. D'autres, assurément
plus sorcières que matrones, font commerce
d'amulettes, et, à voix basse, de philtres équivo-
ques. Elles savent aussi lire dans une paume ouverte les pensées les plus secrètes, l'espoir, la
fortune future. Des hommes passent rapidement,
embossés dans leur cape. Plus loin, des éclats de
voix, des rires, des battements de mains. Une
porte s'ouvre. C'est une cour moresque tapissée
d'arbustes et de plantes comme on en voit tant à
Séville. Des lampes fumeuses, de forme antique,

l'éclairent. Là, au milieu d'un cercle de figures
farouches, brigands de la Sierra, contrebandiers,
bravaches, vauriens, dont les yeux ardents l'enve-
loppent de leurs effluves, quelque fringante fille,
mal vêtue de haillons éclatants, se cambre dans
une pose hardie. Le claquement sec des casta-
gnettes, le râle des guitares, les tambours bour-
donnants, les cris gutturaux, l'odeur capiteuse
des orangers fleuris, le vertige d'une danse en-
ragée, la nuit, des vins brûlants, des bouffées
chaudes, le vent des jupes envolées sifflant autour des hanches, troublent, énervent, font courir dans les veines de ces hommes à demi africains, toute la flamme, tous les frissons d'une
ivresse furieuse, sanguinaire et bestiale. Un mot,
un geste, et tous les couteaux sont à l'air, cher-
chant des gaînes neuves. Le rêve de plus d'un
Conquérant s'acheva dans la boue fétide et san-
glante des ruelles de Triana. Les ruffians de Séville, dit Ambrosio de Salazar, dans son *Miroir
général de la Grammaire*, ont toujours été réputés
vaillants mâles, plus lestes qu'aucun moine à expédier un chrétien avec le viatique d'un blas-
phème et du sang frais en guise d'huiles saintes.

   Le jour du départ, si longtemps désiré, se leva.
L'allégresse fut générale. Les Sévillans n'eurent
sans doute que peu de regret à se séparer de ces

aventuriers turbulents et nécessiteux. L'armée descendit à travers le paysage désolé des maremmes du Guadalquivir où paissent des chevaux indomptés, des taureaux farouches. De longs cris saluèrent San-Lucar. C'était la première étape sur la route qui menait à la terre promise. La ville étageait ses églises, ses maisons peintes d'où s'élancent des palmiers, sur une plage sablonneuse et brûlée, au bord oriental du grand fleuve qui s'élargit aux approches de l'Océan. Dans une vaste rade, la flotte se balançait sur ses ancres. Le Capitaine Général ne laissa guère aux soldats le temps ni l'occasion de vérifier l'exactitude du refrain populaire :

> Pour les vases de terre, Chiclana,
> Pour le froment, Trebujena
> Et pour les jolies filles,
> San-Lucar de Barrameda.

L'embarquement fut prompt. Le dimanche de carême-prenant de l'an 1514, le Pilote Mayor Juan Serrano, marin fameux qui périt depuis avec Magellan, donna le signal d'appareiller. L'Armada, forte de vingt-deux nefs et caravelles, au milieu des applaudissements du peuple assemblé sur la côte, au chant joyeux des mariniers, hissa ses voiles. La Nef Capitane, la première, franchit

triomphalement la barre du Guadalquivir. Elle
était déjà à quatre ou cinq lieues en mer, lorsqu'elle fut assaillie par un furieux coup de vent
de sud-ouest. Le navire du contador Diego Marquez fut le seul qui ne démarra pas. Son pilote
avait flairé le grain. La caravelle que montait
l'historien Oviedo, auquel nous empruntons ce
récit, sortait à peine du port. Elle dut virer en
toute hâte et, repassant la barre, talonna si rude-
ment qu'elle faillit chavirer. Le reste de la flotte
rentra dans la plus extrème confusion. Les vaisseaux chassaient sur leurs ancres, se mettant par
le travers, s'entrechoquant au risque de se couler.
Durant deux jours, le vent souffla en tempète. Le
troisième, il mollit, et Pedrarias ayant débarqué,
fit mettre à terre toutes ses troupes, afin de ne
pas gaspiller les vivres.

L'armée resta deux mois à San-Lucar. Deux
siècles d'ennui, de désespoir, de morne famine.
Nombre de volontaires, dégoûtés de l'entreprise,
laissèrent là le voyage et s'en allèrent à leurs
maisons, trop heureux d'employer le demeurant
de leur vie à racheter les majorats engagés. Leur
lot fut le meilleur. Quant à ceux qui n'avaient
plus rien, force leur fut de persévérer. Il y eut
même des retardataires fous abandonnés de la
Vierge et des Saints qui rejoignirent alors l'ex-

pédition. Au cours de ce long carème, les soldats firent cruellement pénitence de leurs péchés, et ceux, dit Oviedo, qui avaient laissé leurs capes dans les auberges de Séville, mangèrent à San-Lucar leurs pourpoints et le reste.

Enfin Dieu voulut bien ramener le beau temps avec la semaine sainte. Le mardi 11 avril 1514, la flotte remit à la voile et, par un vent favorable, cingla rapidement vers Gomère, l'une des îles Fortunées.

Le futur historien des Indes, Gonzalo Hernandez de Oviedo y Valdès, montait un des vaisseaux de cette magnifique Armada en qualité de Contrôleur des fonderies d'or de Darien. Après avoir dépensé sa jeunesse au service des Rois, des ducs et des princes, dans le commerce des hommes illustres, Oviedo s'expatriait à trente-sept ans, soucieux, comme tant d'autres, de rétablir sa fortune abîmée dans la disgrâce du Grand Capitaine.

Avec le Tite-Live espagnol, la même flotte, peut-être le même navire, entraînait vers l'Amérique, perdu dans la foule des volontaires inconnus, un jeune homme, presque un enfant. Il avait à peine vingt ans. Il était né, sans doute peu après la grande découverte de Colomb, dans la maison d'un hidalgo pauvre ou ruiné de la Castille-Vieille.

Son enfance, au lieu de contes de fées et de gé-
nies, avait été bercée par les fables de ce monde
nouveau. Nourri en soldat, il avait grandi dans la
certitude qu'il ne devait rien attendre que de la
valeur de son bras et de la force de son âme. La
Castille d'Or le tente. Il part, n'emportant pour
tout bien que l'épée, la rondache et la cape. Mais
il a une foi intacte et robuste, toutes les convoi-
tises, une curiosité héroïque, l'heureuse virginité
de la vie. Le destin lui garde une fortune rare. Il
sera le compagnon d'armes, l'ami de ces Capitaines
légendaires : Balboa, Alvarado, Sandoval, Cortès.
Mêlé à la plus prodigieuse des aventures, il con-
templera, dans sa pompe hiératique et guerrière,
l'empire d'Anahuac, la Cité reine des plateaux et
des lagunes et son redoutable seigneur. Il verra
Montezuma mort, Mexico toute en cendres, princes
esclaves, chefs égorgés, femmes captives, leurs fils
peut-être à jamais asservis. Dans les forêts maré-
cageuses des Higueras, il assistera, témoin indigné, au supplice du dernier des rois Aztèques.
Enfin, après avoir pris part, comme l'empereur
Henri IV, à cent dix-neuf batailles et rencontres
de guerre, demeuré presque seul des premiers
Conquérants, il emploiera ses vieilles mains, lasses
de l'épée, à acquérir une gloire nouvelle, plus
durable. Il sera le Xénophon barbare de la conquête

des Cinq Cents. Soldat vraiment antique, il écrira ses commentaires, et c'est à bon droit que, aux dernières lignes de sa *Véridique Histoire*, il pourra se rendre témoignage dans cette apostrophe naïvement glorieuse : O excellente et illustre Renommée, parmi les bons et les vertueux tant désirée et louée, j'ai composé cette relation afin que les hommes, dans les temps à venir, disent, lisant le récit de ces actions héroïques : Voilà ce qu'a fait Bernal Diaz del Castillo !

LA JEUNESSE DE CORTÈS

 ous le règne des Catholiques, don Fernando et doña Ysabel, l'an 1485, Hernando Cortès naquit à Medellin d'Estremadure. Las Casas dit de son père Martin Cortès de Monroy : C'était un écuyer que j'ai connu passablement pauvre et humble, quoique Vieux Chrétien ; on dit qu'il était hidalgo. Il y a loin du pauvre écuyer à Narnès Cortès, roi de Lombardie et de Toscane que Leonardo de Argensola, dans ses *Annales d'Aragon,* a donné pour ancètre au conquérant du Mexique. Il est certain, néanmoins, que les parents de Cortès étaient gens d'extraction et de mœurs honnètes. Son père, Martin Cortès, avait été lieutenant d'une compagnie de cavaliers montés à la genette. Sa mère, Catalina Pizarro Altamirano, était des bons lignages de la province. L'enfance de Hernando fut maladive. On conte que sa nourrice Maria de Esteban, le voyant en péril de mort, tira au sort les douze apôtres. Saint Pierre fut désigné par le hasard pour être avocat de l'enfant qui, à la suite des oraisons et messes qui furent dites, guérit. Telle est l'origine de la dévotion que le grand capitaine garda toujours à ce glorieux apôtre.

Lorsqu'il eut quatorze ans, Hernando fut envoyé à Salamanque pour y étudier les lois. L'illustre cité de Salamanque était, en ce temps, la mère de toutes les vertus et des arts libéraux. Sept mille étudiants s'y pressaient aux leçons de Pierre Martyr et de Lucio Marineo Siculo qui apportait d'Italie la doctrine de Pomponius Lætus. Le traducteur de la Bible, Nuñez de Guzman, le célèbre Antonio de Lebrija que l'on nommait Nebrissensis et son rival le Portugais Arias Barbosa, disciple de Politien, y professaient la poésie, la rhétorique, les langues grecque et latine. Les plus nobles Cavaliers, don Gutierre de Toledo, fils du duc d'Albe et cousin du Roi, don Luis Fernandez de Velasco, des comtes de Haro, se faisaient gloire de commenter, du haut de la chaire, Pline, Ovide ou Juvénal. Une femme, doña Lucia de Medrano, expliquait publiquement les classiques. Dans cette nouvelle Athènes, on enseignait non-seule-

ment les langues mortes, mais la théologie,
la jurisprudence, les mathématiques, l'astrono-
mie, la géographie et la médecine. Il semble
que le jeune Cortès ait été plus épouvanté que
séduit par cette longue nomenclature. La science
le tentait peu. C'est tout au plus s'il apprit la
grammaire dans la maison de Francisco Nuñez
de Valera. Il s'appliqua sans doute davantage
à tourner, non sans quelque agrément, au dire
d'un chroniqueur, il est vrai trop partial, des
coplas et des redondillas destinées à charmer la
solitude des belles Salamantines et à faire le désespoir des veilleurs de nuit de la cité universitaire.

Après deux années de cette vie scolastique, las
de l'étude ou plutôt manquant d'argent, il rentra
dans la maison paternelle. Don Martin reçut assez
mal l'étudiant picaresque, ferrailleur et brouillon
qui lui revenait au lieu du grave docteur en qui
il avait fondé l'espoir de sa maison. Aussi lui
octroya-t-il sans difficulté la licence d'aller s'en-
rôler sous les enseignes de Gonzalve de Cordoue
qui guerroyait en Italie, ou d'entrer au service
du commandeur de Larez frey Nicolas de Ovando
qui préparait un armement pour les Indes occidentales. Le jeune Hernando n'hésita pas. L'Amérique avait encore tout le merveilleux attrait de
l'inconnu pour un esprit qu'enivraient des rêves

de gloire, d'aventures et de richesse. Mais tandis
que Ovando équipait sa flotte, le jeune Cortès, qui
était, paraît-il, un cavalier de bonne mine et fort
bien vu des dames de Medellin, voulant entrer,
une nuit, dans la maison de celle qui l'occupait
alors, se mit en devoir d'escalader un mur de
basse-cour. La muraille était vieille et s'écroula
avec grand fracas, entraînant le galant qui,
pour cette expédition nocturne, avait endossé ses
armes et embrassé sa rondache, comme un héros
de Cervantès. La chute fut doublement rude. Un
mari jaloux, attiré par le bruit, maltraita fort
l'amoureux qui se mit au lit, tremblant la fièvre.
Ovando partit sans lui. Cette aventure, que narre
complaisamment Gomara, est résumée en une
ligne par Argensola qui la juge, sans doute, indigne
d'un grand homme. Cortès ne partit pas, dit-il,
parce qu'il était amoureux et avait les fièvres
quartes.

Cette leçon ne profita guère au jeune Hernando.
Dès qu'il se vit sur pied, dispos et gaillard, la
gravité paternelle lui pesa vite. Sous prétexte de
gagner l'Italie, qui était alors le champ-clos de
l'Europe, il prit le chemin de Valence. Dans ce
jardin de l'Espagne, il mena la vie vagabonde de
ses anciens compagnons de Salamanque et cueillit,
suivant l'expression de Gomara que nous tradui-

sons librement, plus d'une fleur de Bohême. Au
bout d'un an, l'enfant prodigue revint au logis.
Le digne don Martin, profitant de ce retour de
sagesse, se hâta de lui donner, avec une vieille
bourse plus gonflée de réaux que de castillans
d'or, sa bénédiction paternelle, et l'embarqua sur
un navire de commerce qui partait de San-Lucar
de Barrameda pour l'Amérique. Cortès avait dix-
neuf ans (1504).

Après une navigation dont les accidents et les
tempêtes, heureusement évités, apparaissent au
naïf Gomara comme autant d'événements mira-
culeux, quelques jours après Pâques, le navire qui
portait Cortès entra dans le port de Santo-Domingo.

Cortès fut sans doute peu touché par la magnificence de la terre tropicale. Les hommes d'ac-
tion sont rarement sensibles à la beauté des
choses. Le fleuve Ozama, qui coulait vers la mer
au milieu des cultures, des vergers fleuris, des
bois d'orangers et de cassiers, dut lui paraître
sans grandeur. Il ne roulait pas d'or dans son eau
profonde. D'ailleurs, Santo-Domingo n'était pas
alors la métropole américaine qui, trente ans plus
tard, pouvait rivaliser avec les plus insignes et
nobles cités de la Péninsule. Fondée en 1494 par
l'Adelantado don Bartolomé Colomb, la ville venait

d'être transplantée sur l'autre rive de l'Ozama.
La cathédrale ne dressait pas sur la place carrée
sa masse imposante de tuf jaune : don Diego
Colomb n'avait pas encore creusé les fondations
du château de l'Amiral. Les rues, droites et bien
alignées, n'étaient bordées que de huttes revêtues
de spathes de palmier et couvertes de feuilles.
Tout sentait la conquête et la guerre. Francisco
de Garay et frey Alonzo del Viso, de l'ordre
chevaleresque de Calatrava, édifiaient les premières maisons dignes de ce nom. Les Conquérants, fatigués et enrichis par leurs courses guer-
rières, n'avaient pas encore bâti dans cette belle
plaine, comme ils firent depuis, des palais de
pierre et de marbre, aux fenêtres grillées de fer
ouvragé, aux portes monumentales dont le linteau
sculpté montrait l'écu des plus fières maisons
d'Espagne qui ne dédaignaient point d'envoyer
leurs cadets tenter fortune en Amérique.

Lors du débarquement de Cortès, le gouverneur
Nicolas de Ovando était absent. Son secrétaire
Medina reçut à merveille le jeune homme, lui
donna l'hospitalité, le mit au fait de l'état de la
colonie et lui offrit des terres. Cortès qui, selon
le mot énergique d'un vieux chroniqueur, avait
hâte de se charger d'or, accueillit avec froideur
cette ouverture. Ovando revint. Ce Cavalier, qui

fut depuis Grand Commandeur d'Alcantara, était homme de bonnes façons et de beau langage, affable et libéral. L'autorité de ses conseils calma cette soif d'or qui alternait, chez Cortès, avec les fièvres d'amour. Le jeune aventurier se contenta, pour le moment, d'un bon repartimiento d'Indiens et de la place de notaire de la ville d'Azua. Ces graves fonctions, qu'il garda cinq ou six ans, ne pouvaient l'absorber tout entier. Il s'en délassait en courtisant les filles, les femmes et les veuves, en pourfendant les pères, les frères et les maris, et Bernal Diaz dit lui avoir vu, sous la lèvre, à travers la barbe, la cicatrice d'un coup d'épée, souvenir de quelque galant exploit de sa jeunesse à Santo-Domingo. Cortès fut bientôt las de cette vie oisive ; il accompagna Diego Velazquez, lieutenant d'Ovando, dans plusieurs de ses expéditions contre Anacaona, la Sémiramis indienne. Son esprit aventureux se réveilla. Dès lors le repos lui devint insupportable. Il se décida à prendre part à la fatale expédition de Nicuesa en Terre-Ferme. Une apostume qui lui vint au jarret droit contraria son dessein et lui sauva la vie.

En 1511, Velazquez reçut du second Amiral don Diego Colomb la charge de conquérir l'île de Cuba. Cortès saisit avec empressement cette

h

occasion d'aller tenter plus loin une nouvelle fortune. Il partit en qualité d'employé du trésorier
Miguel de Pasamonte. Il rendit d'importants services, car, lors de la répartition des terres, Diego
Velazquez lui donna les Indiens de Manicarao de
compte à demi avec un certain Juan Juarez ou
Suarez. Le futur conquérant de l'empire aztèque
vécut alors à Santiago de Baracoa, élevant, un
des premiers dans l'île, des bœufs, des moutons
et des chevaux et faisant habilement valoir l'or
que ses Indiens lui tiraient des mines. Son naturel avenant et sa cordiale humeur l'avaient mis
fort avant dans la familiarité du Gouverneur.
L'amour tourna vite cette faveur en disgrâce. Son
associé, Juan Juarez, avait fait venir à Cuba sa
famille : sa mère et trois ou quatre sœurs. Gens
pauvres, dit, non sans quelque mépris, Las Casas.
Les filles étaient jolies, insinue le chapelain Gomara. La mère savait beaucoup, ajoute-t-il. Elle
avait sans doute appris un peu d'astrologie dans
les tanières des gitanes du Sacro-Monte. Les
filles avaient le charme naturel de la jeunesse et
de la beauté. Elles étaient Grenadines. Peut-être
coulait-il dans leurs veines quelques gouttes du
sang amoureux des Mores. Elles avaient quitté
Grenade, sa Vega, théâtre de combats chevale-
resques, sa vallée du Paradis, ses eaux jaillis-

santes, l'horizon de ses montagnes bleues, ses
Tours Vermeilles, son palais rouge qu'Al-Hamar
avait bâti sur la sierra du Soleil et qu'animait encore
le souvenir tragique et la magnificence des kha-
lifes. Elles étaient venues, à la suite de la vice-reine
doña Maria de Toledo, chercher un riche établissement aux Indes. Les Espagnoles y étaient rares.
Elles eurent une petite cour. Baltazar Bermudez,
deux Velazquez, parents du Gouverneur, et un
certain Villegas les pressaient fort. Cortès avait
alors vingt-sept ans. Il était de belle taille, cam-
bré, sec, dispos et bien fait. Sa barbe brune et
clair-semée encadrait un visage trop court, triste
et couleur de cendre, mais éclairé par deux yeux
amoureux. L'habitude du cheval avait un peu
déformé ses jambes. Il était excellent écuyer,
habile aux armes, adroit à tous ces exercices
violents qui charment les femmes aux époques
héroïques.

Le souvenir de la patrie, l'orgueil de la victoire exalté par les désirs que nourrit une solitude
oisive, de savantes flatteries, l'influence volup-
tueuse de cette nature qui le pénétrait à son insu,
tout, écrit un vieil historien, conspirait à enivrer
un cœur déjà trop ardent. L'amour de Catalina
Juarez triompha aisément des faciles amours indiennes. La belle Grenadine sut résister assez

longtemps pour exaspérer son amant. Cortès
vaincu promit tout. Dans son bonheur, il oubliait
volontiers sa parole, quand Velazquez intervint.
Ce vieux Cavalier ne méprisait point les femmes,
et l'une des sœurs de Catalina, de détestable
réputation, écrit le vertueux Gomara, avait,
semble-t-il, quelques droits sur son cœur. Elle
intercéda chaudement. Les anciens rivaux de
Cortès appuyèrent malignement ces requêtes passionnées. Velazquez se rangea à leur parti. Cortès,
mis en demeure de s'exécuter, résista. Le Gouverneur, furieux, après avoir publiquement mal-
traité en paroles le fiancé récalcitrant, le fit mettre
en prison. Cortès n'y resta pas longtemps. Il brisa
ses fers, prit l'épée et la rondache de son geôlier
Cristobal de Lagos, força une fenêtre, escalada
un mur, et, se réfugiant dans une église, en
réclama les priviléges. Velazquez entoura l'église
d'un cordon d'alguazils. L'un d'eux, nommé Pedro
Escudero, eut le fatal bonheur d'arrêter l'impru-
dent aventurier qui respirait l'air sous le portail.
Cet Escudero fut, quelques années plus tard,
pendu au Mexique, par ordre de Cortès.

Le prisonnier rebelle fut jeté au fond de la
cale d'un navire qui devait, disait-on, l'emmener
à Santo-Domingo ou même jusqu'en Espagne.
Cortès, connaissant la justice espagnole et déses-

pérant de sa liberté, essaya de retirer son pied
de la chaîne. Il y parvint après d'horribles efforts,
sortit par la pompe, se laissa couler le long du
navire, tomba dans le canot, et, brisé de fatigue,
se mit à ramer vers la terre. Il faisait nuit noire,
la mer était houleuse et le courant de la rivière
de Baracoa si violent, qu'il ne se sentit pas la
force de le remonter. Craignant de se noyer si le
bateau chavirait, il ôta ses habits, y enveloppa
ses écritures d'employé de la Trésorerie, et, les
attachant sur sa tête, se jeta à la mer. Ayant
gagné péniblement la côte, il alla à sa maison,
prit ses armes et rentra dans l'église.

Ses réflexions furent courtes. Résolu d'épouser
Catalina, il prévint Juan Juarez, son frère, de
l'attendre hors de la ville avec une lance et une
arbalète. A la nuit, Cortès quitta l'église, sortit
de Baracoa, et, en compagnie de son beau-frère,
l'arbalète au poing, gagna une métairie où Diego
Velazquez se trouvait alors seul avec quelques
domestiques. Le Gouverneur était occupé à examiner son livre de dépense. On frappe à la porte,
elle s'ouvre, Cortès entre. Velazquez, assez peu
rassuré en voyant chez lui, à pareille heure, son
ennemi armé, l'invita à souper et à se reposer,
sans rancune. Cortès lui répondit qu'il venait
s'expliquer loyalement avec lui. Là-dessus ils se

donnèrent la main, et, après avoir quelque peu
devisé, ils se couchèrent dans le même lit où les
trouva, au matin, Diego de Orellana qui venait
annoncer au Gouverneur la fuite de son prisonnier.

Las Casas, il faut l'avouer, qualifie ce récit de
fable ridicule. Bien qu'affable et courtois à l'ordinaire, dit-il, Velazquez était si fier que pas un
homme, quelque bon hidalgo qu'il fût, n'osait
s'asseoir en sa présence, et si colérique que son
courroux faisait tout trembler autour de lui.
L'apôtre des Indes laisse volontiers entendre que
Cortès, devenu marquis et se plaisant à trancher
du demi-dieu, fit écrire, sous sa dictée, ce joli
conte par son chapelain Gomara.

Quoi qu'il en soit, la réconciliation est certaine.
Velazquez, ayant accepté d'être le parrain de
Cortès lors de son mariage, ou, pour mieux dire
à la mode castillane, lorsqu'il se voila avec Catalina Juarez, le gratifia d'un considérable repartimiento d'Indiens, et le fit nommer Alcalde de
Santiago. Cortès vécut sur sa plantation, cher-
chant, par les travaux de l'agriculture, à occuper
son esprit inquiet. La belle Catalina réussit mieux
sans doute à lui faire oublier quelque temps ses
rêves ambitieux. Las Casas, qui le connut à cette
époque, rapporte ces paroles de Cortès : Je suis

aussi content avec elle que si elle était fille d'une duchesse.

Telle était la condition de Hernando Cortès lorsque Alvarado revint à Cuba rapportant sur sa caravelle les premières dépouilles de l'empire Mexicain. La renommée s'en répandit dans toutes les îles, en Terre-Ferme et jusqu'en Castille. Velazquez résolut alors d'armer une nouvelle expédition. Cortès la commanda. Ici finit la jeunesse de l'aventurier. Du jour que l'occasion lui est offerte, le Héros apparaît, politique plus encore que guerrier. Il ne s'embarrasse point de scrupules vulgaires. Il sait brusquer les volontés, mûrir vite un plan, précipiter une résolution. Le génie de Cortès est d'une trempe rare. Il a l'éclat froid, la souplesse, la rigidité, le ressort d'une bonne lame. Il plie aisément. Il se redresse sans effort. Moins sublime que Colomb, plus heureux et non moins grand que Balboa, Cortès eut la faculté suprême qui manqua toujours à son rival, le grossier Pizarre : il sut grandir avec sa fortune.

JOSÉ-MARIA DE HEREDIA.

NOTE DE L'INTRODUCTION

Nous donnons ici la liste des ouvrages que nous avons cités dans les deux études qui précèdent :

Historia general y natural de las Indias, por el capitan Gonzalo Hernandez de Oviedo y Valdès. Publiée par la royale Académie de l'Histoire, avec notice, notes, etc. par don José Amador de los Rios. Madrid, 1851-1855, 4 vol. in-4°.

Historia de las Indias, por Fray Bartolomé de las Casas. Publiée pour la première fois par le marquis de la Fuensanta del Valle et don José Sancho Rayon. Imprenta de Miguel Ginesta. Madrid, 1875-1876, 5 vol. in-8°.

Historia general de los hechos de los Castellanos en las Islas y Tierra-Firme del mar Oceano, escrita por Antonio de Herrera, *Cronista Mayor*. En Madrid, en la emplenta Real, 1601, 4 vol. in-4°.

Francisco Lopez de Gomara. *Conquista de Mexico,* au tome Ier des *Historiadores primitivos de Indias.* Collection de Rivadeneyra. Madrid, 1863.

Leonardo de Argensola. *Anales de Aragon.* Zaragoza, 1632.

Pierre Martyr. *De rebus Oceanicis et Novo Orbe.* Cologne, 1574. — *Opus epistolarum.* Amsterdam, 1670.

Ambrosio de Salazar. *Espejo general de la Gramatica.* Rouen, 1627.

Jo. Vivis Valentini. *Opera.* 2 vol. in-folio. Bâle, 1555.
Brantôme. *Capitaines étrangers.* Tomes IV et V des Œuvres. La Haye, 1740.

Martial. *Épigrammes.* Lib. IV, ep. LV ; lib. V ep. LXXVIII.
Llorente. *Histoire de l'Inquisition.* Paris, 1818.

César Oudin. *Dialogos muy apacibles.* Anvers, Velpius, 1611, et Paris, Antoine de Sommaville, 1650.

Inventaire général des plus curieuses recherches du royaume d'Espagne. A Paris, chez Toussainct du Bray, 1615. Ce livre est traduit de l'*Almoneda general de las mas curiosas recopilaciones de Espana,* par Ambrosio de Salazar.

Il viaggio fatto in Spagna et in Francia dal Magnifico

messer Andrea Navagiero fu oratore del illustrissimo Senato Veneto, alla Cesarea Maestá di Carlo V. In Vinegia, appresso Domenico Farri, 1563.

Ces deux derniers ouvrages nous ont été gracieusement communiqués par M. le baron Ch. Davillier, auteur du *Voyage en Espagne*, publié avec des dessins de Gustave Doré, dans le *Tour du Monde* et chez Hachette (1874). Nous devons beaucoup à cet excellent livre, érudit, spirituel, d'une saveur tout espagnole.

A LA CATHOLIQUE MAJESTÉ

DU PLUS GRAND DES MONARQUES

DON PHILIPPE IV

Roi des Espagnes et Nouveau-Monde,

NOTRE SEIGNEUR

S. C. R. M.

---

ux pieds de *Votre Majesté je dépose hum-*
blement la véridique histoire de la Conquête
de la Nouvelle-Espagne que, conformé-
ment aux évènements, écrivit (comme
témoin oculaire) le Capitaine Conquérant Bernal Diaz
del Castillo, et que, dans son affectueuse indulgence,
le P. M. Fray Alonso Remon, chroniqueur général de
Votre Sacrée et Royale Famille, animé d'un saint
zèle pour la renommée de notre Espagne (dépréciée
dans les histoires par l'envie étrangère), produisit
au grand jour, la tirant des ténèbres d'un retrait
soigneux. C'est en son nom que je supplie Votre Majesté

*de souffrir d'être informée de cette histoire, quand Lui
en donneront lieu de plus hauts soucis. Elle verra, si
Elle y fixe son esprit ambitieux de victoires, qu'Elle
possède en ses Espagnols valeur pour la guerre, pru-
dence pour la paix, patience pour endurer les misères,
prévoyance pour les prévenir, souffle pour conquérir,
intrépidité pour entreprendre, mains pour exécuter,
sang à verser, et Apôtres pour évangéliser. Etant, pour
tout le temporel et humain, exemple prodigieux (à
quiconque lira sans passion) l'illustre et valeureux
Cavalier don Fernando Cortès et les autres Conquérants
qui l'accompagnèrent, et, pour le spirituel et divin, le
vénérable P. Fr. Bartolomé de Olmedo, de votre sain
Ordre Religieux et fils de la province de Castille,
homme véritablement apostolique et qui sut unir à la
ferveur de son zèle sacré la maturité et l'adresse d'une
prudente sagacité. Donnant, en tout, modèle à ses frères
et enfants de votre Ordre Royal de la Merci qui, depuis
lors et jusqu'à ce jour, lui ont succédé dans le ministère
de la prédication et dilatation de l'Église et de votre
Auguste Empire, aux dépens de leur sang, comme en
témoignent chaque jour auprès de Votre Majesté les
Vice-Rois et Audiences de ce Nouveau-Monde. Ensemble
ils partirent pour la conquête, ensemble ils arrivèrent
et ensemble l'accomplirent, donnant à Dieu des âmes,*

à l'Église des fils, à leur Roi des vassaux, du lustre à l'Espagne, de l'occupation à la Renommée et à Votre Majesté des victoires. Que le ciel les multiplie et nous garde Votre Royale Personne avec l'agrandissement de ses royaumes et la paix en ses domaines.

De notre couvent de Madrid, ce 8 de Novembre 1632.

De Votre Majesté Catholique
  l'humble sujet et chapelain indigne,

FRAI DIEGO SERRANO,
M. Général de la Merci.

A DON LORENZO

RAMIREZ DE PRADO

Chevalier de l'Ordre de Santiago, Conseiller de Sa Majesté dans le Royal Conseil des Indes et Junte de guerre, du Conseil de la Sainte Croisade et de la Junte des conflits, Ambassadeur du Roi notre Seigneur auprès du Très-Chrétien Louis XIII de France.

---

 peine est-il possible d'ajouter à la librairie de V. S. un livre qu'elle ne possède, tant elle est grandement nombreuse et rarement choisie, et rien ne peut être donné à son maître que sa libéralité n'ait déjà donné. C'est ainsi qu'à V. S. l'ouvrage qu'elle me communiqua manuscrit, revient imprimé, pour l'honneur des miséricordieux Offices de mon saint Ordre Religieux, et pour l'éclaircissement des notables faits et incroyables événements qui se virent aux premières conquêtes de la Nouvelle-Espagne. Et afin que V. S. ne manque point de quoi exercer son généreux courage, j'espère que ma diligence méritera que, par son entremise, le

Très-Excellent Seigneur duc de Medina de las Torrès reçoive à gré cette histoire, et la veuille mettre aux mains de Sa Majesté, à qui elle est dédiée; et Son Excellence gouvernant le Royal Conseil des Indes et tenant en si grande faveur les lettres et V. S., j'ose me promettre sûrement sa protection.

Le Maestro Frai Alonzo Remon.

L'AUTEUR

oi, Bernal Diaz del Castillo, Régidor de
cette cité de Santiago de Guatemala, auteur
de cette très-véridique et claire histoire, ai
achevé de mettre en lumière, depuis la
découverte, toutes les conquêtes de la Nouvelle-Espagne,
et comment fut prise la grande cité de Mexico et
d'autres nombreuses cités et villes, jusqu'à ce que, les
ayant pacifiées et peuplées d'Espagnols, nous les donnâmes et remîmes, comme y étions tenus, à notre Roi
et Seigneur.

Et l'on trouvera en ladite histoire choses fort notables et dignes d'être sues. Et y sont également recti-
fiés de nombreux mensonges et erreurs d'un livre de
Francisco Lopez de Gomara, qui, non-seulement erre
en ce qu'il écrivit de la Nouvelle-Espagne, mais aussi
fit errer deux fameux historiens qui suivirent son
histoire, le docteur Illescas et l'Evêque Paul Jove. Et
pour ce, je dis et affirme que le contenu de ce livre
est très-véridique, m'étant, comme témoin oculaire,

trouvé à toutes les batailles et rencontres de guerre.
Et ce ne sont point de vieux contes, ni histoires de
Romains de plus de sept cents ans. C'est hier, pour
ainsi dire, que s'est passé ce que l'on verra en mon
histoire et comme, et quand, et de quelle manière. Et
de ce fut bon témoin le très-brave et valeureux Capitaine don Hernando Cortès, Marquis del Valle, qui en
fit relation en une lettre qu'il écrivit de Mexico au
Sérénissime Empereur don Charles-Quint, de glorieuse
mémoire, ainsi que le vice-roi don Antonio de Mendoza. Les preuves ne manquent donc point. Et d'ailleurs, mon histoire, dès qu'elle aura été lue, en fera
foi. Laquelle histoire ai achevé de mettre au net, à
l'aide de mes notes et souvenirs, en cette très-loyale
cité de Guatemala, où siége la Royale Audience, le
vingt et sixième jour du mois de février de l'an mil
cinq cent soixante et huit. Il me reste encore à écrire
certaines choses qui manquent, n'étant point achevées.
En beaucoup d'endroits il y a des ratures qui ne
doivent pas se lire. Je demande en grâce à Messieurs
les Imprimeurs de ne retrancher, ajouter ou remplacer
aucune lettre de ce que j'ai écrit, &a.

VÉRIDIQUE HISTOIRE

DES

ÉVÈNEMENTS DE LA CONQUÈTE

DE LA

NOUVELLE-ESPAGNE

CHAPITRE PREMIER.

*En quel temps je sortis de Castille
et de ce qui m'advint.*

N l'an mil cinq cent et quatorze, je sortis de Castille en compagnie du gouverneur Pedro Arias de Avila, à qui pour lors venait d'être donné le gouvernement de Terre-Ferme. Et venant par la mer, tantôt avec bon vent, tantôt avec vent contraire, nous arrivâmes à Nombre de Dios. Et en ce temps il y eut une pestilence dont moururent beaucoup de nos soldats. En outre nous tombâmes tous malades, et de mauvaises plaies nous venaient aux jambes. Et, à la même époque, le Gouverneur eut des démêlés avec

2

un hidalgo qui était Capitaine en cette province, qu'il avait conquise, et se nommait Vasco Nuñez de Balboa, homme riche, avec qui Pedro Arias de Avila maria une sienne fille vierge. Et, après l'avoir mariée, sur soupçons qu'il eut que son gendre voulait se lever contre lui, vers la mer du Sud, avec quantité de soldats, par sentence il lui fit trancher la tête.

Et voyant ce que j'ai dit et autres troubles entre Capitaines et soldats, et apprenant que l'île de Cuba était nouvellement conquise et avait pour Gouverneur un hidalgo nommé Diego Velazquez, natif de Cuellar, nous convînmes entre hidalgos, soldats et personnes de qualité qui étions venus avec Pedro Arias de Avila, de lui demander licence pour nous en aller à l'île de Cuba. Et il nous l'octroya de bonne grâce, n'ayant pas besoin d'autant de soldats qu'il en avait amené de Castille pour faire la guerre, parce qu'il n'y avait rien à conquérir, et que tout était en paix, Vasco Nuñez de Balboa, son gendre, ayant conquis, et la terre n'étant par elle-même ni grande ni peuplée.

Et, aussitôt la licence obtenue, nous nous embarquâmes en un bon navire et, par un bon temps, arrivés à l'île de Cuba, nous allâmes baiser les mains à son Gouverneur qui nous témoigna grand amour, et promit qu'il nous donnerait les premiers Indiens vacants. Et comme trois ans s'étaient déjà passés, tant en Terre-Ferme qu'à l'île de Cuba, dans l'attente qu'il nous confiât quelques Indiens, comme il nous l'avait promis, et comme nous n'avions rien fait qui soit digne d'être conté, nous nous réunîmes au nombre de cent et dix compagnons, de ceux qui étions venus de Terre-Ferme et de ceux qui, dans l'île de Cuba, n'avaient pas d'Indiens, et choisîmes pour notre Capitaine un hidalgo nommé Francisco Hernandez de Cordova, homme riche et qui avait dans cette île des pueblos d'Indiens, dans le but de tenter l'aventure de chercher et découvrir de nouvelles terres, pour y employer nos personnes. Et nous achetâmes trois navires, dont deux de bon port; l'autre était une barque que nous eûmes à crédit du même gouverneur Diego Velazquez, à condition que nous nous engagerions tous à aller, armés en guerre, à des îlots situés entre l'île de Cuba et Honduras, et qui maintenant se nomment les îles des Guanajes, et à y charger les navires d'Indiens de ces îles pour payer avec eux le prix de la barque et s'en servir comme d'esclaves. Et voyant que ce que demandait le Diego Velazquez n'était point juste, nous lui répondîmes que Dieu n'ordonnait point, ni le Roi, de faire des gens libres esclaves. Et, dès qu'il connut notre intention, il dit que le projet que nous avions de découvrir de nouvelles terres était meilleur que le sien, et depuis nous aida d'approvisionnements pour notre voyage.

Et nous voyant avec trois navires et provision de pain cassave qui se fait d'une racine qu'ils nomment yuca, nous achetâmes des porcs qui nous coûtaient, en ce temps, trois pesos, parce que, à cette époque, il n'y avait à l'île de Cuba ni bœufs ni moutons. Et ayant réuni d'autres pauvres approvisionnements et des verroteries pour troquer, que nous achetâmes entre tous les soldats, nous engageâmes trois pilotes dont le principal, celui qui commandait notre Armada, se nommait Anton de Alaminos, natif de Palos. L'autre pilote se nommait Camacho, de Triana, et l'autre Juan Alvarez le Manchot, de Huelva. Et, de la même manière, nous réunîmes les mariniers dont nous avions besoin, et les meilleurs apparaux que nous pûmes, câbles et cordages et ancres et pipes d'eau, et autres choses convenables pour suivre notre voyage, le tout à nos frais.

Et les soldats ayant été rassemblés au nombre de cent et dix, nous nous rendîmes à un port qui se nomme, dans la langue de Cuba, Jaruco, et qui est, dans la bande du Nord, distant de huit lieues d'une ville que l'on venait alors de fonder, nommée San-Christoval, et qui, deux ans plus tard, fut transportée où est maintenant établie la Havana. Et pour qu'avec un bon fondement fût mise en chemin notre Armada, nous résolûmes d'emmener un Clerc qui demeurait en la même ville de San-Christoval, et se nommait Alonzo Gonzalez et qui, par bonnes paroles et promesses que lui fîmes, s'en vint avec nous. Et, en outre, nous élûmes pour Contrôleur, au nom de Sa Majesté, un soldat nommé Bernardino Iñiguez, natif de Santo-Domingo de la Calzada, afin que si la volonté de Dieu nous permettait de toucher terres qui eussent or ou perles ou argent, il y eût personne capable de garder le Quint Royal. Puis, tout étant ainsi réglé et messe ouïe, après nous être recommandés à Notre-Seigneur Dieu et à la Vierge sainte Marie,

sa mere bénie, nous commençâmes notre voyage de
la façon que plus avant dirai.

CHAPITRE II.

*De la découverte de Yucatan et d'une rencontre
de guerre que nous eûmes avec les naturels.*

L E huitième jour du mois de février de l'an mil cinq
cent et dix-sept, nous sortîmes de la Havana, et
fîmes voile vers le port de Jaruco (ainsi nommé parmi
les Indiens), qui est de la bande du Nord, et le douzième jour nous doublâmes la pointe de Sant-Anton
qui, d'un autre nom, dans l'île de Cuba, s'appelle la
terre des Guanataveys, Indiens à peu près sauvages.
Et, cette pointe doublée et une fois en haute mer,
nous naviguâmes à l'aventure du côté où se couche
le soleil, sans connaître les bas-fonds, ni les courants,
ni les vents qui règnent habituellement à cette hauteur, avec de grands risques de nos personnes, parce
que, en cette conjoncture, nous assaillit un ouragan qui
dura deux jours et leurs deux nuits, et si terrible que
nous fûmes pour nous perdre. Et dès qu'il fit calme,
ayant changé de route, et vingt-un jours après notre
départ de l'île de Cuba, nous vîmes terre, ce dont nous
nous réjouîmes beaucoup en rendant bien des grâces à
Dieu. Car cette terre n'avait jamais été découverte,
et personne n'en avait eu connaissance jusqu'alors.

Et, du bord, nous vîmes un grand pueblo qui paraissait être éloigné d'environ deux lieues de la côte.
Et, comme c'était une grande peuplade et que nous
n'avions vu dans l'île de Cuba aucun pueblo aussi
considérable, nous lui donnâmes pour nom le Grand-
Caire. Et nous résolûmes, avec le navire de moindre
tirant d'eau, de nous approcher le plus possible de la
côte, pour reconnaître quelle terre c'était, et s'il y
avait fond afin de mouiller.

Et un matin, qui fut le quatre de mars, nous vîmes
cinq grandes canoas pleines d'Indiens, naturels de ce
pueblo, qui venaient vers nous à la rame et à la voile.
Ces canoas en forme de huche, fort grandes, sont
faites de gros arbres creusés, et toutes d'un bois
massif. Et il en est beaucoup qui peuvent contenir
quarante ou cinquante Indiens debout. Je reviens à
mon sujet. Les Indiens étant arrivés dans les cinq
canoas près de nos navires, nous leur fîmes des signes
de paix, les appelant avec les mains et agitant nos
capes, pour qu'ils vinssent nous parler, car nous n'a-
vions à cette époque personne qui comprît la langue de
Yucatan et la Mexicaine. Ils abordèrent sans aucune
crainte, et plus de trente d'entre eux entrèrent dans la
Nef Capitane. Nous leur donnâmes à manger de la cassave et du porc salé, et à chacun un cordon de patenôtres à grains verts, et ils restèrent un bon moment
à regarder les navires. Et leur chef, qui était Cacique,
dit par signes qu'il voulait se rembarquer et retourner à son pueblo, et que le lendemain il reviendrait
avec un plus grand nombre de canoas, afin de nous

transporter à terre. Et ces Indiens étaient vêtus de
jaquettes de coton, et leurs parties honteuses couvertes d'étroites couvertures, qu'entre eux ils nomment mastates, et nous les tînmes pour gens de plus
de raison que les Indiens de Cuba, parce que ceux de
Cuba allaient avec leurs parties honteuses à découvert, à l'exception des femmes qui portaient des
étoffes de coton appelées naguas, leur descendant jusqu'aux cuisses.

Revenons à notre conte. Le jour suivant, dans la
matinée, le même Cacique revint aux navires et
amena douze grandes canoas montées de nombreux
Indiens rameurs, et invita par signes le Capitaine, avec
des démonstrations de paix, à venir à son pueblo et
qu'ils nous donneraient à manger, et tout ce dont
nous aurions besoin, et que dans ces douze canoas
nous pouvions descendre à terre. Et quand il disait
cela en sa langue, je me souviens qu'il répétait : Con
escotoch! con escotoch! Ce qui signifie : venez à ma
maison. Et pour ce, nous donnâmes dès lors à cette
terre le nom de pointe de Cotoche, et elle est ainsi
désignée dans les cartes de marine. Alors, notre Capitaine, ainsi que tous les autres soldats, voyant les
nombreuses caresses que nous faisait le Cacique pour
nous attirer à son pueblo, tint conseil avec nous, et il
fut convenu de mettre les bateaux à la mer, et, dans
le plus petit des navires et dans les douze canoas, de
descendre à terre tous ensemble d'une seule fois,
parce que la côte était couverte d'Indiens venus de ce
pueblo. Et nous descendîmes tous en un seul voyage

Et quand le Cacique nous vit à terre, et que nous
n'allions pas à son pueblo, il dit une seconde fois, par
signes, au Capitaine de venir à sa case, et il faisait tant
de démonstrations amicales, que le Capitaine, prenant
notre avis pour savoir si nous irions ou non, il fut
décidé entre tous les soldats d'y aller aussi parfaitement armés que possible, et en bon ordre. Nous emportâmes quinze arbalètes et dix escopettes (c'est ainsi
qu'on nommait tant escopettes qu'espingardes en ce
temps), et nous commençâmes à marcher par un chemin où nous guidaient le Cacique et nombre d'Indiens
qui l'accompagnaient. Et allant de la manière que j'ai
dit, près d'un bois montagneux, le Cacique commença
à crier et à appeler, afin que les escadrons de gens de
guerre, qu'ils tenaient en embuscade pour nous tuer,
se jetassent sur nous. Et aux cris que fit le Cacique,
les escadrons s'élancèrent avec grande furie et commencèrent à nous lancer des flèches si roidement, que,
à la première volée, ils nous blessèrent quinze soldats.
Et ils avaient des armures de coton et lances et rondaches, arcs et flèches et frondes et pierres en
quantité et leurs panaches en tête. Et aussitôt les
flèches lancées, ils vinrent se joindre avec nous, pied
contre pied, et frappant à deux mains de leurs lances,
nous faisaient grand mal. Mais nous les fîmes bientôt
fuir, lorsqu'ils eurent senti le bon fil de nos épées et
le mal que nos arbalètes et escopettes leur faisaient,
de manière que quinze d'entre eux restèrent morts.

Un peu plus en avant de l'endroit où ils nous don-
nerent cet assaut, s'élevaient, dans une petite place,

trois cases de chaux et de pierre. C'était des temples où ils avaient un grand nombre d'idoles de terre, les unes à visages de démons, les autres de femmes, de haute taille, et d'autres vilaines figures en telle manière que des images d'Indiens paraissaient les uns avec les autres faire des sodomies. Il y avait dans l'intérieur de petits coffres maléfiques en bois, contenant d'autres idoles de gestes diaboliques et de petites médailles de demi-or et des pendants et trois diadèmes et d'autres petites pièces en façon de poissons ou de canards, en or bas. Et à la vue de l'or et des cases de chaux et de pierre, nous ressentîmes grand contentement d'avoir trouvé une telle terre, parce que à cette époque le Pérou n'était pas encore découvert et ne se découvrit que seize ans plus tard.

Et tandis que nous étions à batailler avec les Indiens, comme je l'ai dit, le Clerc Gonzalez, qui venait en notre compagnie avec deux Indiens de Cuba, chargea les coffres et l'or et les idoles et les porta au navire. Et dans cette escarmouche nous prîmes deux Indiens qui depuis furent baptisés et devinrent chrétiens, et l'un fut nommé Melchor et l'autre Julian, et tout deux avaient les yeux de travers. Et cette alarme passée, nous résolûmes de nous rembarquer et de suivre les côtes en avant, du côté où se couche le soleil. Et, les blessés étant pansés, nous remîmes à la voile.

CHAPITRE III.

De la découverte de Campèche.

COMME nous avions résolu de suivre la côte vers le
Ponent, découvrant pointes et bas-fonds et havres
et récifs, dans la croyance que c'était une île, comme
nous le certifiait le pilote Anton de Alaminos, nous
allions avec force précautions, naviguant de jour, et
de nuit en observation, et nous arrêtant. Et après
avoir ainsi marché quinze jours, nous vîmes du bord
un pueblo d'apparence assez considérable et autour
s'étendait un grand golfe et baie. Nous crûmes qu'il y
aurait là rivière ou ruisseau où nous pourrions faire de
l'eau, qui nous faisait grandement faute ; celle de nos
pipes et vases s'épuisait, car ils n'étaient pas en bon
état. Notre Armada étant composée d'hommes pauvres,
nous n'avions pas l'argent nécessaire pour acheter de
bonnes pipes. L'eau manqua, et il nous fallut descendre
à terre près du pueblo. Et ce fut un dimanche de
Lazare et pour cette raison il fut ainsi nommé, quoique nous ayons su que, d'un autre nom particulier aux
Indiens, il est dit Campèche.

Et pour descendre tous en un seul voyage, nous
résolûmes d'aller dans le plus petit navire et dans les
trois bateaux, les armes bien en état, pour qu'il ne
nous arrivât pas comme à la pointe de Cotoche. Et

comme en ces hâvres et baies la mer découvre beaucoup, les navires mouillèrent à plus d'une lieue de
terre, et nous allâmes débarquer près du pueblo dans
un endroit où il y avait un bon puits de bonne eau
dont les naturels de cette peuplade buvaient et se
servaient, parce que en ces terres, d'après ce que nous
avons vu, il n'y a pas de rivière. Et les pipes furent
tirées pour les remplir d'eau et nous en retourner aux
navires. Elles étaient déjà pleines et nous allions nous
embarquer, lorsque vinrent du pueblo environ cinquante Indiens, vêtus de bonnes couvertures de coton
et d'apparence pacifique et, à ce qu'il semblait, ils devaient être Caciques, et nous demandaient par signes
ce que nous cherchions. Et nous leur fîmes entendre
que nous voulions prendre de l'eau et nous en aller
aussitôt à nos navires. Et ils nous demandèrent, en
faisant signe avec la main, si nous venions du côté où
se lève le soleil, et disaient : Castilan! Castilan! et
nous regardaient attentivement en répétant : Castilan!
Castilan!

Et après ces entretiens que j'ai dit, ils nous enga-
gèrent par signes à les accompagner à leur pueblo, et
il fut tenu conseil pour savoir si nous irions, et nous
résolûmes d'y aller en bon ordre et très sur nos
gardes. Et ils nous menèrent à des cases très-grandes
qui étaient les temples de leurs idoles, fort bien construits en chaux et pierre, et les murs en étaient
couverts de force figures de serpents et couleuvres et
autres peintures d'idoles à l'entour d'une espèce d'autel tout dégouttant de sang très-frais, et, d'autre part,

se voyaient des images en forme de croix, peintes de
figures d'Indiens. Et de tout ce nous nous émerveillâmes grandement, comme de chose oncques vue ni
ouïe. Selon toute apparence, ils venaient alors de sacrifier un certain nombre d'Indiens à leurs idoles pour
qu'elles leur donnassent victoire contre nous.

Et une grande foule d'Indiens et d'Indiennes nous
entourait, tous riant et d'apparence très-pacifique,
comme s'ils ne venaient que pour nous admirer. Et il
s'en attroupait tant, que nous craignîmes quelque
embûche comme celle de Cotoche. Et sur ces entrefaites vinrent beaucoup d'autres Indiens vêtus de
fort méchantes couvertures et chargés de roseaux
secs qu'ils déposèrent dans un endroit plat, et derrière
eux, deux escadrons d'Indiens archers, avec lances et
rondaches et frondes et pierres et avec leurs armures de coton et rangés en bon ordre et, dans chaque
escadron son capitaine, qui se retirèrent à peu de
distance de nous. Et, en ce même instant, d'une autre
case qui était leur temple, sortirent dix Indiens vêtus
de robes de coton longues et blanches et les cheveux
pleins de sang et si enchevêtrés, qu'on ne peut ni les
démêler ni les peigner sans les couper. C'était les
prêtres des idoles que, dans la Nouvelle-Espagne, on
nomme communément Papas. Je répète que dans la
Nouvelle-Espagne on les nomme Papas, et ainsi les
nommerai-je dorénavant. Et ces Papas, jetant une
sorte de résine parfumée, qu'entre eux ils nomment
copal, dans des braseros de terre pleins de feu, commencèrent à nous encenser, en nous disant par signes

de sortir de leurs terres avant qu'on ne mît le feu à ce bois et qu'il n'achevât de se consumer, sinon qu'ils nous attaqueraient et nous tueraient. Et aussitôt, ils firent mettre le feu aux roseaux qui commencèrent à flamber, et les Papas se retirèrent en silence sans plus nous parler. Et ceux qui y étaient proposés dans les escadrons commencèrent à siffler et à jouer de leurs trompettes et timbales. Et, les voyant ainsi et de mine très-farouche, et nos blessures reçues à la pointe de Cotoche n'étant pas encore guéries, et deux soldats en étant morts qui avaient été jetés à la mer, et sentant sur nous ces grandes bandes d'Indiens, la peur nous prit, et nous résolûmes de nous retirer en bon ordre à la côte, nous avançant par la plage, jusqu'en face d'un haut rocher qui baigne dans la mer. Et les bateaux et le petit navire rasant la côte suivirent avec les pipes d'eau, et nous n'osâmes pas nous embarquer près du pueblo où nous avions pris terre, à cause du grand nombre d'Indiens qui s'étaient rassemblés, tenant pour certain que pendant l'embarquement ils nous attaqueraient. Enfin l'eau étant transportée à bord, et nous étant embarqués dans une baie qui formait là un petit port, notre navigation se continua pendant six jours et six nuits avec bon temps, et le vent sauta au nord soufflant par le travers de cette côte, et fut sur le point de nous y jeter, ayant duré quatre jours et quatre nuits. La tempête était si rude qu'il nous fallut mouiller et deux de nos câbles se rompirent et le navire allait à la dérive.

Oh! quelle fut notre angoisse! Si le dernier câble

s'était brisé, nous étions perdus, et Dieu permit qu'on pût s'aider d'autres vieilles cordes et guinderesses. Puis, le temps s'étant remis, nous suivîmes notre côte en avant, nous tenant le plus près possible de terre afin de reprendre de l'eau, nos pipes (comme je l'ai dit) étant fort ouvertes et l'usage n'en étant point réglé, car, côtoyant toujours, nous pensions en pouvoir prendre, en quelque lieu que l'on descendît, des xagueys et puits que nous creuserions.

Or, continuant notre route en avant, un pueblo fut signalé, distant d'une lieue environ d'une baie où l'on pensa devoir trouver rivière ou ruisseau. Il fut donc résolu de mouiller près de ce pueblo et, comme sur cette côte, la mer découvre beaucoup et laisse les navires à sec, à plus d'une lieue de terre nous passâmes dans le plus petit navire et dans tous les bateaux. Il fut convenu que nous descendrions dans cette baie, et, emportant nos vases, en très-bon ordre et en armes, avec les arbalètes et escopettes, nous sautâmes en terre un peu après midi, et il doit y avoir une lieue du pueblo jusqu'à l'endroit où nous débarquâmes. Il y avait là des puits, des cultures de maïs et des bâtisses de chaux et pierre. Ce pueblo se nomme Champoton. Les pipes furent bientôt remplies, mais nous ne pûmes ni les emporter ni les mettre dans les bateaux, à cause des nombreux gens de guerre qui nous chargèrent. Restons-en là, et, plus loin, je dirai l'assaut qu'ils nous donnèrent.

CHAPITRE IV.

Comment nous débarquâmes dans une baie où il y avait des champs de maïs, près du port de Champoton, et de l'assaut qu'on nous y donna.

E T tandis que, au milieu de ces estancias et champs de maïs par moi déjà mentionnés, nous faisions notre eau, de nombreux escadrons d'Indiens du pueblo de Champoton (tel est son nom) vinrent par la côte, revêtus d'armures de coton qui leur tombaient jusqu'aux genoux et avec arcs, flèches, lances rondaches et épées faites en manière d'espadons à deux mains et frondes et pierres, et coiffés de leurs panaches accoutumés et la figure peinte de blanc et de noir, et barbouillés de rouge. Et, s'avançant en silence, ils marchèrent droit à nous, comme s'ils venaient nous voir pacifiquement et par signes nous demandèrent si nous venions du côté où se lève le soleil, répétant exactement les mêmes paroles que ceux de Lazaro : Castilan! Castilan! Et nous répondîmes par signes que de là où se lève le soleil nous venions. Et ensuite en songeant à ce que pouvaient signifier ces paroles que ceux de San-Lazaro nous avaient dites aussi, il ne nous fut pas possible de comprendre pourquoi ils les disaient.

Quand ceci se passa et au moment où se rassemblaient les Indiens, il était à peu près l'heure de l'Ave

Maria, et ils se retirèrent vers les métairies. Des sentinelles furent aussitôt placées aux écoutes, ce rassemblement ne nous promettant rien de bon.

Or, pendant cette veillée, nous ouïmes venir, avec le grand bruit et fracas qu'ils menaient par le chemin, un grand nombre d'Indiens des autres estancias et du pueblo et tous en armes. Et, les entendant, nous eûmes pour bien assuré qu'ils ne se réunissaient pour nous faire aucun bien, et nous tînmes conseil avec le Capitaine pour savoir ce que nous ferions. Les uns, parmi les soldats, opinaient pour nous aller aussitôt embarquer, et comme il advient d'ordinaire en telle conjoncture, où les uns disent blanc, les autres noir, il y eut avis que, dans ce cas, les Indiens étant fort nombreux, nous attaqueraient, à grands risques de nos vies. Mon sentiment et celui d'aucuns de mes compagnons, était de leur tomber dessus, cette nuit même, car, comme dit le proverbe, qui entreprend triomphe. Et, d'un autre côté il était clair que pour chacun de nous il y avait trois cents Indiens. Et pendant ces délibérations, le jour parut, et nous nous dîmes les uns aux autres d'avoir confiance en Dieu et de braves cœurs pour combattre, et, après nous être recommandés à Dieu, de faire chacun son possible pour s'en tirer la vie sauve.

Il était déjà grand jour quand nous vîmes venir par la côte beaucoup plus d'escadrons guerriers, bannières déployées, panaches en tête, tambours battants, et armés d'arcs et flèches et lances et rondaches, qui se joignirent aux premiers venus pendant la nuit.

Et, aussitôt leurs escadrons formés, nous entourant de tous côtés, ils nous lancèrent une telle grêle de flèches, bâtons et pierres avec leurs frondes, qu'ils nous blessèrent plus de quatre-vingts soldats, et nous joignirent pied contre pied, à coups de lances, à coups de flèches, à coups d'épées courtes faites en façon de coutelas, de sorte que la chose commençait à mal tourner pour nous, malgré la bonne distribution d'estocades et de taillades que nous leur faisions, et les escopettiers et arbalétriers n'arrêtant pas, les uns d'armer, les autres de tirer. Et s'ils s'éloignaient quelque peu de nous quand ils sentaient nos grands coups d'estoc et de taille, ce n'était jamais bien loin, et ce pour mieux lancer les flèches et tirer comme à la cible. Et durant cette mêlée, les Indiens s'appelaient et criaient en leur langue: Al Calachioni! Al Calachioni! Ce qui veut dire: Tuez le Capitaine! Et ils lui baillèrent douze coups de flèches et à moi trois, et l'un d'eux bien dangereux, dans le côté gauche, et qui me traversa de part en part. Et d'autres de nos soldats reçurent de grands coups de lance, et les Indiens en prirent deux vivants dont l'un se nommait Alonso Bote. L'autre était un vieux Portugais.

Or, notre Capitaine voyant que notre courage ne suffisait pas et que de nombreuses bandes nous entouraient et qu'il venait des troupes fraîches du pueblo et qu'on leur portait à manger, à boire, et force flèches, et que nous étions tous blessés, plusieurs soldats ayant la gorge traversée, et qu'ils nous en avaient tué déjà plus de cinquante et que nous n'étions

pas en force, il fut résolu de nous faire très-brave-
ment jour à travers leurs escadrons et de nous
retirer vers les bateaux qui étaient à la côte, ce qui
nous fut d'un bon secours. Et nous étant tous formés
en carré, nous nous précipitâmes au milieu d'eux. Il
aurait fallu ouïr les cris, les sifflements, les vocifera-
tions avec lesquels ils nous criblaient de flèches et
nous frappaient à deux mains de leurs lances.

Pour comble de disgrâce, comme nous nous jetions
tous ensemble et en grand nombre dans les bateaux,
ils coulaient. Et le mieux que nous pûmes, accrochés
aux bordages et nageant entre deux eaux, nous
gagnâmes le petit navire qui était là près et qui venait
déjà en grande hâte à notre secours. Et dans l'embarquement, beaucoup de nos soldats, principalement ceux
qui étaient cramponnés aux poupes des bateaux, furent
blessés par les Indiens qui les tiraient comme à la
cible, et qui, entrant dans l'eau, les frappaient à deux
mains de leurs lances. Et Dieu nous fit la grâce de
nous échapper à grand'peine, la vie sauve, du pouvoir
de ces gens.

Quand enfin nous fûmes embarqués dans les navires,
on trouva qu'il manquait cinquante-sept compagnons
avec les deux qu'ils avaient pris vivants et cinq qui
furent jetés à la mer, étant morts de leurs blessures et
de la grande soif qu'ils souffrirent. Cette bataille dura
un peu plus d'une demi-heure. Ce village se nomme
Champoton et dans les cartes de marine les pilotes et
matelots lui ont donné le nom de baie de Mala Pelea.
Et, nous voyant hors de cette mêlée, nous rendîmes

bien des grâces à Dieu. Et pendant qu'on pansait les blessures, les soldats se plaignaient beaucoup de la douleur qu'elles leur causaient, parce qu'elles étaient refroidies par l'eau salée et très-enflées et envenimées ; et quelques-uns des soldats maudissaient le pilote Anton de Alaminos et ses découvertes et voyages, parce qu'il s'obstinait toujours à soutenir que ce n'était pas la Terre-Ferme, mais une île. Je les laisserai là pour l'instant et dirai ce qui de plus nous advint.

CHAPITRE V.

Comment nous résolûmes de nous en retourner à l'île de Cuba, et de la grande soif et autres misères que nous endurâmes jusqu'à notre arrivée au port de la Havana.

Nous voyant enfin embarqués dans les navires de la manière que j'ai dit, nous en rendîmes bien des grâces à Dieu, et après avoir pansé les blessés (et de tous ceux qui se trouvèrent là, il n'y en eut aucun qui n'eût reçu deux ou trois ou quatre blessures, le Capitaine pour son compte avait douze coups de flèches, et un seul soldat s'en tira sain et sauf), nous résolûmes de nous en retourner à l'île de Cuba. Et comme tous les mariniers qui saillirent en terre avec nous et prirent part à la bataille étaient aussi blessés, nous n'avions personne pour manœuvrer les voiles. Il nous fallut donc abandonner le plus petit navire et y mettre

le feu après en avoir retiré voiles, ancres et agrès.
Les mariniers sans blessures furent répartis entre les
deux plus grands navires.

Or, pour comble de disgrâce, l'eau nous faisait
grandement faute. Car les pipes et vases que nous
avions emplis à Champoton, à raison de la grande
bataille que l'on nous y donna, ne se purent emporter et
y restèrent, nous laissant sans eau. Notre soif fut telle
que sur la langue et dans la bouche nous avions des
crevasses produites par la sécheresse, car il n'y avait
rien pour nous rafraîchir. Oh! quelle pénible chose que
d'aller découvrir des terres nouvelles et de la manière
que nous nous y aventurâmes! Nul ne se peut figurer
notre état, à moins d'avoir passé par ces travaux
excessifs. Nous allions donc naviguant très-rapprochés
de terre, espérant nous trouver dans les parages de
quelque rivière ou baie pour faire de l'eau. Et au
bout de trois jours fut signalé une sorte de hâvre qui
avait apparence de rivière ou estuaire. Et, comptant
y avoir de l'eau douce, quinze matelots de ceux qui
étaient restés dans les navires, et trois soldats qui
n'étaient plus en péril des coups de flèche qu'ils
avaient reçus, sautèrent en terre, emportant des
bêches et trois barils pour mettre de l'eau. Et l'estuaire
était salé. Et ils creusèrent des puits dans le rivage
et l'eau en était aussi amère et salée que celle de
l'estuaire. De sorte que, mauvaise comme elle était, ils
en rapportèrent les barils pleins et il n'y avait homme
qui la pût boire, à cause de l'amertume et du sel, et
deux soldats qui en burent, en demeurèrent le corps

et la bouche fort endommagés. Cet estuaire était rempli de nombreux et grands lézards, et depuis lors il fut nommé el Estero de los Lagartos et il est ainsi désigné dans les cartes de marine.

Laissons cela, et je dirai que, cependant que les bateaux étaient allés pour l'eau, il se leva un vent de nord-est si furieux qu'il nous poussait vers la terre et, comme le nord et le nord-est soufflent par le travers de cette côte et y règnent toujours, le péril fut très-grand, faute de câbles. Et les mariniers qui étaient allés chercher de l'eau, le voyant, accoururent en grande hâte avec les bateaux et eurent le temps de jeter d'autres ancres et cordages, et les navires demeurèrent fermes deux jours et deux nuits, et aussitôt après l'ancre fut levée et nous mîmes à la voile, suivant notre voyage pour nous en retourner à l'île de Cuba. Il paraît que le pilote Alaminos, de concert avec les deux autres pilotes, résolut de nous faire traverser, des parages où nous nous trouvions, jusqu'à la Floride; les cartes, dégrés et hauteurs indiquant qu'elle devait être à environ soixante lieues. Et ils assurèrent que, une fois arrivés à la Floride, le voyage était meilleur et la navigation plus courte pour aller à la Havana que par la route que nous avions suivie en venant. Et il en fut ainsi que le pilote l'avait dit, car, d'après ce que je compris, il était déjà venu avec Juan Ponce de Leon découvrir la Floride, il y avait dix ou douze ans passés.

Revenons à notre sujet. Après avoir traversé ce golfe en quatre jours de navigation, nous vîmes la

terre de ladite Floride et je dirai plus loin ce qui nous
y advint.

CHAPITRE VI.

*Comment débarquèrent en la baie de la Floride vingt
soldats et avec eux le pilote Alaminos, pour chercher
de l'eau, et de l'assaut que nous y donnèrent les
naturels de cette terre et de ce qui nous advint en
outre jusqu'à notre retour à la Havana.*

A rrivés à la Floride, vingt soldats de ceux qui
étaient le mieux guéris de leurs blessures descendirent à terre et je fus en leur compagnie ainsi que le
pilote Anton de Alaminos, emportant vases et bêches
et nos arbalètes et escopettes. Et comme le Capitaine
était fort mal en point de ses blessures et très-affaibli
de la grande soif dont il souffrait, il nous supplia pour
l'amour de Dieu de lui trouver en tout cas de l'eau
douce, car il se desséchait et mourait de soif, notre
eau, comme je l'ai déjà dit, étant très-salée et ne se
pouvant boire.

Après avoir pris terre, proche un estuaire qui tou-
chait à la mer, le pilote reconnut la côte et nous conta
que dix ou douze ans auparavant il était venu en ces
parages, lorsqu'il accompagna Juan Ponce de Leon en
ses découvertes, et que les Indiens de cette terre les
avaient attaqués en ce même lieu et leur avaient tué
nombre de soldats. Il nous engagea donc à nous tenir

très sur nos gardes, parce que, alors qu'ils le défirent,
les Indiens étaient venus bien subitement. Et aussitôt
nous mîmes deux soldats en sentinelle sur une plage
fort large et, ayant creusé des puits très-profonds,
l'eau nous en parut douce, car à ce moment la
marée était basse, et Dieu permit que l'eau fût très-
bonne, et de la joie que cela nous causa, et pour
nous en rassasier et laver des linges à panser les
blessures, nous demeurâmes là l'espace d'une heure.
Et au moment où nous voulions nous embarquer avec
notre eau, très-joyeux, un des soldats que nous avions
postés sur la plage accourut, poussant de grands cris
de : Aux armes! aux armes! voici que beaucoup d'Indiens de guerre viennent par terre et d'autres en canoas
par l'estuaire! Et le soldat se précipitait en criant. Et
les Indiens arrivèrent sur nous presque en même
temps. Ils étaient armés d'arcs très-grands et de bonnes
flèches et de lances et d'une sorte d'épée, et vêtus
de peaux de cerfs, et étaient de haute stature. Et ils
vinrent droit à nous pour nous lancer leurs flèches et
blessèrent aussitôt six de nos compagnons et me baillèrent un coup de flèche dans le bras droit, de peu de
gravité. Mais nous leur servîmes une telle quantité
d'estocades et de taillades et de coups d'escopette et
d'arbalète qu'ils nous laissèrent auprès des puits pour
courir à la mer et à l'estuaire aider ceux qui arrivaient
dans les canoas à l'endroit où était notre bateau. Là,
nos mariniers combattaient aussi pied à pied avec les
Indiens venus par mer qui déjà avaient pris notre bateau et l'emmenaient vers le haut de l'estuaire à l'aide

de leurs canoas, après avoir blessé quatre mariniers et
fait au pilote Anton de Alaminos une grième blessure
à la gorge, quand, nous jetant sur eux, avec de l'eau
au-dessus de la ceinture, nous leur fîmes à coups d'estoc lâcher le bateau. Vingt-deux d'entre eux restèrent
étendus et morts sur la plage et dans l'eau, et il en fut
pris trois qui étaient légèrement blessés et qui moururent dans les navires.

Cette surprise passée, nous demandâmes à la sentinelle ce qu'était devenu son compagnon Berrio (c'est
ainsi qu'il se nommait). Il nous dit l'avoir vu s'écarter
une hache à la main pour couper un petit palmier du
côté de l'estuaire par où étaient venus les guerriers
Indiens, puis, ayant entendu appeler à l'aide en espagnol, il était venu à ces cris donner l'alarme à la mer :
ensuite on l'avait probablement tué. Ce soldat était
le seul qui se fût tiré sans blessure de Champoton et
sa fortune voulut qu'il vînt finir là. Et aussitôt, nous
mettant en quête de notre compagnon sur la piste
des Indiens qui nous avaient attaqués, nous trouvâmes
un palmier qu'il avait commencé à couper et tout
autour le sol beaucoup plus trépigné qu'ailleurs, ce qui
nous donna la certitude qu'il avait été pris vivants
parce qu'il n'y avait pas de traces de sang. Et aprè,
l'avoir cherché de côtés et d'autres pendant plus
d'une heure avec de grands cris, sans plus savoir de
lui, il nous fallut revenir au bateau pour rapporter
aux navires l'eau douce dont se réjouirent tous les
soldats, comme si nous leur eussions donné la vie. Et
un soldat se jeta du navire dans le bateau, de la grande

soif qu'il avait, prit une jarre entre ses bras, et but tant d'eau qu'il en gonfla et mourut.

Or, notre eau embarquée et nos bateaux hissés dans les navires, nous fîmes voile pour la Havana, passant ce jour et cette nuit, par un bon temps, près de certaines îlettes que l'on nomme les Martyrs et qui sont des bas-fonds et que, pour ce, l'on nomme les bas-fonds de los Martires. Nous allions dans quatre brasses au plus de profondeur et la Nef Capitane toucha au milieu des îlettes et fit tant d'eau que, quoique tous les soldats se fussent mis à la pompe, nous ne la pouvions étancher et allions avec grande peur de nous noyer. Et il me souvient que nous avions là avec nous quelques mariniers Levantins à qui nous disions : Frères, aidez-nous à pomper, car, vous le voyez, nous sommes malement navrés et fatigués de nuit et de jour, et nous coulons. Et les Levantins répondirent : Facetelo vos, car nous ne gagnons pour toute solde que faim et soif et misères et blessures, comme vous. De manière que, malgré leur mauvais vouloir, les faisant mettre à la pompe, malades et blessés comme nous étions, nous naviguâmes, manœuvrant les voiles et pompant, jusqu'à ce que Notre-Seigneur Jésus-Christ nous conduisît au port des Carènes, où est maintenant établie la ville de la Havana, qu'en autre temps on avait coutume de nommer Puerto de Carenas.

Et, nous voyant à terre, nous rendîmes force grâces à Dieu, et aussitôt un plongeur portugais qui se trouvait sur un autre navire dans ce port vida la Capitane,

et nous écrivîmes à Diego Velazquez, gouverneur de
cette île, en fort grande hâte, lui faisant savoir que
nous avions découvert des terres très-peuplées, avec
des maisons de chaux et pierre et où les naturels
allaient vêtus d'étoffes de coton et les parties honteuses couvertes, et possédaient de l'or et des terres
cultivées et plantées de maïs. Et de la Havana, notre
Capitaine Francisco Hernandez se rendit par terre à la
ville de Santi-Spiritus (c'est ainsi qu'elle se nomme) où
il avait sa Commanderie d'Indiens, et, comme il était
grièvement blessé, mourut dix jours après être arrivé
en sa maison. Et les autres soldats se dispersèrent de
tous côtés dans l'île, et à la Havana il en mourut
trois de leurs blessures. Et les navires gagnèrent
Santiago de Cuba où résidait le Gouverneur, et dès
qu'on eut débarqué les deux Indiens que nous avions
pris à la pointe de Cotoche, et qui, comme je l'ai déjà
dit, se nommaient Melchorillo et Julianillo, et le coffre
contenant les diadèmes, canards, petits poissons et
idoles, quoique ce ne fût que peu de chose et que
l'or en fût de basse qualité, on les exagéra de telle
sorte que dans toutes les îles de Santo-Domingo et à
Cuba et jusqu'en Castille en parvint la renommée. On
n'avait pas dans le monde entier, disaient-ils, découvert de meilleures terres et cases de chaux et pierre,
et quand ils virent les idoles de terre, de figures si
diverses, ils disaient, les uns qu'elles étaient du temps
des Gentils, les autres, des Juifs qu'exilèrent de Jéru-
salem Titus et Vespasien et qui avaient abordé à cette
terre sur les navires brisés où ils furent jetés. Et,

comme en ce temps le Pérou n'était pas découvert, cette terre était tenue en grande estime.

Or, c'était autre chose que voulait le Diego Velazquez, et il demandait à ces Indiens s'il y avait en leur pays des mines d'or. Et ils répondaient à tout le monde que oui, et, montrant l'or en poudre que l'on tirait de l'île de Cuba, affirmaient qu'il y en avait quantité en leur terre. Et ils ne disaient point vrai, car il est avéré que ni à la pointe de Cotoche, ni dans tout le Yucatan, il n'existe de mines d'or. Et les Indiens, montrant aussi les tas de terre où l'on sème les plantes dont les racines servent à faire le pain de cassave et qu'on nomme, dans l'île de Cuba, yuca, assuraient qu'il y en avait dans leur pays. Et ils disaient : Tale, en parlant de la terre où ils les plantent. De sorte que de Yuca et de Tale on fit Yucatan. Car les Espagnols, qui parlaient avec Diego Velazquez et les Indiens, s'écrièrent : Seigneur, ces Indiens disent que leur terre se nomme Yucatan. Et ce nom resta à cette terre, qui dans sa propre langue ne s'appelle pas ainsi.

En somme, nous tous les soldats qui allâmes à ce voyage de découverte y dépendîmes nos biens, pour revenir, blessés et pauvres, à Cuba, trop heureux encore d'être revenus et de ne pas être restés morts avec nos autres compagnons. Et chaque soldat tira de son côté et le Capitaine, comme je l'ai dit, mourut aussitôt, et il nous fallut bien des jours pour nous guérir de nos blessures, et, à notre compte, il se trouva qu'il était mort sur le pied de soixante soldats, et tel fut notre gain en cette expédition et découverte.

Et le Diego Velazquez écrivit en Castille aux Seigneurs qui, en ce temps, ordonnaient ès choses des Indes, qu'il avait fait cette découverte et y avait dépensé grande quantité de pesos d'or. Et ainsi le disait don Juan Rodriguez de Fonseca, Evêque de Burgos et Archevêque de Rosano, alors Président des Indes, et il l'écrivit à Sa Majesté en Flandres, prodiguant faveurs et louanges au Diego Velazquez, et ne fit mention d'aucun de nous autres soldats qui avions fait la découverte à notre coût.

J'en resterai là et dirai plus loin les malheurs qui m'advinrent ainsi qu'à trois soldats.

CHAPITRE VII.

Des misères que j'endurai jusqu'à mon arrivée
à une ville qui se nomme la Trinidad.

J'AI déjà dit que, n'étant pas encore guéris de leurs coups de flèches, un certain nombre de soldats, dont j'étais, restèrent à la Havana. Et pour aller à la ville de la Trinidad, lorsque notre santé se rétablit, je résolus, de concert avec trois soldats, de faire accord avec un habitant de ladite Havana, nommé Pedro de Avila, qui entreprenait ce même voyage par mer et par la bande du Sud, dans une canoa chargée de chemisettes de coton qu'il allait vendre à la ville de la Trinidad. J'ai déjà dit d'autres fois que les canoas sont en forme de huches, grandes et profondément creusées. Et dans ces pays on navigue avec elles le long de la côte. Et l'accord fait avec le Pedro de Avila fut que nous donnerions dix pesos d'or pour passer dans sa canoa.

Or, suivant la côte en avant, tantôt à la rame et tantôt à la voile, après avoir navigué onze jours, dans les parages d'un pueblo d'Indiens de paix nommé Canarreon, du territoire de la ville de la Trinidad, il se leva pendant la nuit un vent si furieux, qu'il fut impossible de tenir la mer, pour bien que tout le monde ramât, et Pedro de Avila et les Indiens de la Havana et de très-bons rameurs que nous avions. Il nous fallut donc échouer parmi des ceborucos qui sont fort grands sur cette côté, de telle sorte que la canoa se brisa, et l'Avila perdit son bien et nous en sortîmes fous la tête cassée de coups de ceborucos, et tout nus, parce que, pour empêcher la canoa de se briser et pouvoir mieux nager, nous nous étions dépouillés de nos habits et mis tout nus.

Or, nous étant tirés la vie sauve du milieu de ces ceborucos, pierres aiguës et saillantes qui traversent la plante des pieds, nous vîmes qu'il n'y avait point de chemin pour notre ville de la Trinidad, mais un méchant pays, des ceborucos et rien à manger. Là, roulés par les lames qui brisaient sur ces grands ceborucos et fouettés par le vent terrible qu'il faisait, nos parties cachées étaient tellement crevassées qu'il en coulait du sang, quoique nous eussions mis devant force feuilles d'arbre et autres herbes pour nous garantir. Et, comme par cette côte il nous était impossible de marcher, les pointes et arêtes des ceborucos se fichant dans la plante de nos pieds, à grand'-peine nous pénétrâmes dans un bois, et, n'ayant sauvé aucune de nos épées, il nous fallut, à l'aide de pierres ramassées dans le bois, couper des écorces d'arbres et nous les attacher aux pieds en guise de semelles, avec des lianes pareilles à des cordes minces, que l'on nomme bejuco et qui poussent parmi les arbres. Les écorces attachées à nos pieds, nous gagnâmes avec grand travail une plage de sables et de là, après deux jours de marche, un pueblo d'Indiens qui se nommait Yaguarama et appartenait à cette époque au Padre Fray Bartolomé de Las Casas, clerc-prêtre, que depuis je connus frère dominicain et qui parvint à être Evêque de Chiapa. Et les Indiens de ce pueblo nous donnèrent à manger. Et le jour suivant nous allâmes jusqu'à un pueblo nommé Chipiona qui appartenait à un certain Alonso de Avila et à un certain Sandoval (je ne parle pas du Capitaine Sandoval, celui de la Nouvelle-Espagne) et de là à la Trinidad. Et un mien ami qui se nommait Antonio de Medina me remonta de vêtements tels qu'on en usait dans la ville, et ainsi firent pour mes compagnons d'autres habitants de ladite ville.

Et de là, avec ma pauvreté, bien péniblement, je gagnai Santiago de Cuba où était le gouverneur Diego Velazquez qui mettait grande hâte à envoyer une autre Armada. Et quand j'allai lui baiser les mains, comme nous étions quelque peu parents, il se réjouit

beaucoup avec moi, et, de devis en devis, en vint
à me demander si j'étais assez remis de mes blessures pour retourner à Yucatan. Et je lui répondis
en riant: Qui lui a donné ce nom de Yucatan que l'on
ne connaît pas là-bas?— C'est le Melchorejo que vous
en avez ramené, fit-il. — Et j'ajoutai: Ce pays serait
mieux nommé la terre où on nous tua moitié des
soldats qui y allèrent et d'où tous les autres revinrent
blessés. — Je sais, me dit-il, que vous avez enduré
bien des misères. Et c'est le sort habituel de ceux
qui vont découvrir de nouvelles terres et gagner de
l'honneur. Mais Sa Majesté vous en récompensera et
je Lui en écrirai. Et maintenant, fils, retournez avec
l'Armada que j'envoie et je ferai que l'on vous traite
fort honorablement.

Et je dirai ce qui en advint.

CHAPITRE VIII.

*Comment Diego Velazquez, gouverneur de Cuba, envoya
une autre Armada à la terre que nous avions découverte.*

E n l'an mil cinq cent et dix-huit, Diego Velazquez,
gouverneur de Cuba, sur la bonne relation des
sterres nommée Yucatan que nous avions découvertes,
se disposa à y envoyer une Armada. Et deux des quatre
navires qui la devaient former furent ceux qu'avaient

achetés les soldats qui, en compagnie de Francisco
Hernandez de Cordova, découvrirent Yucatan (comme
je l'ai plus amplement écrit). Et le Diego Velazquez
acheta de ses deniers les deux autres. En la saison
qu'il préparait l'Armada, à Santiago de Cuba où résidait le Velazquez se trouvèrent en personne Juan de
Grijalva et Pedro de Alvarado et Francisco de Montejo
et Alonso de Avila qu'avaient appelés auprès du Gouverneur des affaires intéressant les Commanderies d'Indiens que chacun d'eux possédait en ces mêmes îles. Et
entre ces personnes de valeur, il fut convenu que le
Juan de Grijalva, qui était parent du Diego Velazquez,
commanderait en qualité de Capitaine Général l'Armada, et que Pedro de Alvarado serait Capitaine d'un
navire et Francisco de Montejo d'un autre et Alonso
de Avila du dernier. En sorte que chacun de ces Capitaines s'occupa de fournir des vivres et provisions de
pain cassave et porc salé, et le Diego Velazquez des
arbalètes et escopettes et quelques objets d'échange
et autres bagatelles, et de plus les navires. Et ces
terres ayant la renommée d'être fort riches et de
posséder des maisons de chaux et pierre, et l'Indien
Melchorejo disant qu'il y avait de l'or, les bourgeois
et soldats qui, dans l'île, n'étaient pas pourvus d'Indiens,
avaient un vif désir d'y aller entreprendre. De sorte
que bien vite furent rassemblés deux cent et quarante
compagnons. Et chaque soldat contribua aussi de son
bien pour vivres et armes et choses congruentes.

Et, dans ce voyage, je retournai avec ces Capitaines.
Et l'instruction qu'à Juan de Grijalva donna le gou-

verneur Diego Velazquez portait, à ce qu'il paraît, de troquer autant d'or et d'argent qu'il pourrait et que, s'il jugeait qu'il fût à propos de faire un établissement, qu'il le fît, sinon qu'il s'en revînt à Cuba. Et, comme Veedor de l'Armada, vint un certain Peñalosa, natif de Ségovie. On emmena aussi un Clerc qui se nommait Juan Diaz et les trois pilotes du premier voyage dont j'ai déjà dit les noms et provenances : Anton de Alaminos, de Palos, Camacho, de Triana, et Juan Alvarez le Manchot, de Huelva. Alaminos était Pilote Mayor. Il y en avait aussi un autre dont j'ai oublié le nom.

Or, avant que je passe outre, comme je nommerai quelquefois ces hidalgos qui, je l'ai dit, partaient comme Capitaines, et que ce semblerait chose incivile de les nommer sèchement Pedro de Alvarado, Francisco de Montejo, Alonso de Avila, et de ne point décliner leurs titres et blasons, sachent tous que le Pedro de Alvarado fut un hidalgo fort valeureux qui, après la conquête de la Nouvelle-Espagne, fut Gouverneur et Adelantado des provinces de Guatemala et Honduras et Chiapa et Commandeur de Santiago. Et de même, le Francisco de Montejo, hidalgo de grande valeur, fut Gouverneur et Adelantado de Yucatan. Et jusqu'au moment où Sa Majesté leur fit ces grâces et qu'ils eurent seigneuries, je ne les nommerai que de leurs noms et non Adelantados.

Revenons à notre discours. Les quatre navires gagnèrent par la partie et bande du nord un port nommé Matanzas, voisin de la vieille Havana, qui à

cette époque n'était pas établie où elle est aujourd'hui.
Et dans ce port ou dans son voisinage tous les habitants de la Havana avaient leurs estancias de cassave
et porcs. Et là, après avoir pourvu nos navires de ce
qui leur manquait, nous nous rassemblâmes, tant Capitaines que soldats, pour mettre à la voile et faire notre
voyage. Et, avant que je passe plus outre, quoique ce
soit en dehors de mon sujet, je veux dire pourquoi
l'on nommait ce port, dont j'ai parlé, Matanzas. J'en
fais ici mémoire, quelques personnes m'ayant demandé
d'où lui venait ce nom. Et c'est ce que je dirai.

Avant que cette île de Cuba fût pacifiée, à la côte
du nord vint échouer un navire, parti de Santo-Domingo pour chercher des Indiens Lucayos à des îles
situées entre Cuba et le canal de Bahama, qui se
nomment les îles des Lucayos. Et par un gros temps
il naufragea sur cette côte près de la rivière et du
port que j'ai dit se nommer Matanzas.

Il y avait sur ce navire plus de trente Espagnols et
deux femmes. Et nombre d'Indiens de la Havana et
d'autres pueblos, avec des démonstrations amicales,
s'offrirent à leur faire traverser cette rivière, leur
disant qu'ils les voulaient passer en canoas et les
mener à leurs pueblos pour leur donner à manger.
Et quand ils furent avec eux au milieu de la rivière,
chavirant les canoas, ils en firent une telle tuerie qu'il
n'en réchappa que trois Espagnols et une femme qui
était belle. Elle fut emmenée par un des principaux
Caciques qui accomplirent cette trahison, et les trois Espagnols furent répartis entre les autres Caciques. C'est

pour cette raison que l'on donna à ce port le nom de
port des Massacres. Et j'ai connu la femme dont j'ai
parlé, qui, après la conquête de l'île de Cuba, fut
reprise à son Cacique, et je l'ai vue mariée en la ville
de la Trinidad avec un de ses habitants nommé Pedro
Sanchez Farfan. Et j'ai également connu les trois
Espagnols dont l'un, Gonzalo Mejia, homme d'âge,
était natif de Xerez, l'autre se nommait Juan de
Santistevan, de Madrigal. Le dernier, Cascorro, homme
de mer, était pêcheur et natif de Huelva, et le Cacique
avec qui il accoutumait d'être l'avait déjà marié avec
une sienne fille, et ses oreilles et narines étaient
percées comme celles des Indiens.

Je me suis fort attardé à conter de vieux contes,
revenons à notre récit.

Tout notre monde rassemblé, tant Capitaines que
soldats, et les instructions que les pilotes devaient
emporter et les signaux des fanaux réglés, après avoir
ouï la messe avec grande dévotion, le cinquième jour
du mois d'avril de l'an mil cinq cent et dix-huit,
nous mîmes à la voile et, après avoir, le dixième
jour, doublé la pointe de Guaniguanico, que les pilotes
nomment de Sant-Anton, et avoir navigué huit autres
jours, l'île de Cozumel fut signalée et découverte le
jour de la Sainte-Croix, les courants ayant fait dériver
les navires plus bas que lorsque nous étions venus
avec Francisco Hernandez de Cordova. Après avoir
contourné l'île par la bande du sud et reconnu un
pueblo et, auprès, un bon mouillage bien net de récifs,
nous sautâmes à terre, en bon nombre, avec le

Capitaine Juan de Grijalva. Et les naturels de ce pueblo,
n'ayant jamais rien vu de tel, dès qu'ils virent arriver
les navires à la voile prirent la fuite. Et étant descendus à terre, nous ne trouvâmes âme qui vive et, dans
des champs de maïs, on découvrit deux vieux qui ne pouvaient marcher. Ils furent amenés au Capitaine qui leur
parla, avec l'aide de Julianillo et Melchorejo que nous
avions pris à la pointe de Cotoche et qui comprenaient
très-bien les Indiens, parce que de leur terre à cette
île de Cozumel il n'y a environ que quatre lieues de
mer à traverser, et ils parlent la même langue. Et le
Capitaine caressa ces vieux et leur donna quelques
grains de verroterie verte et les envoya appeler le
Calachioni de ce pueblo (tel est le nom des Caciques
de cette terre). Et ces vieux s'en allèrent pour ne
plus revenir.

Et tandis qu'on les attendait, vint une jeune Indienne
de bonne mine qui, parlant en la langue de l'île de la
Jamaïque, dit que les naturels de cette île et pueblo s'é-
taient sauvés dans les bois par peur. Et comme plusieurs
de nos soldats et moi-même entendions fort bien cette
langue, qui est celle de Cuba, nous nous en émerveillâmes, lui demandant comment elle se trouvait là. Et elle
nous apprit qu'il y avait deux ans qu'avait naufragé
une grande canoa dans laquelle elle allait avec dix
Indiens de la Jamaïque pêcher à des îlettes, et que son
mari et tous les autres Jamaïcains avaient été sacrifiés
aux idoles. Et dès que le Capitaine l'entendit, voyant
que cette femme serait bonne messagère, il l'envoya
appeler les Indiens et Caciques de ce pueblo et lui

donna un délai de deux jours pour revenir. Car, craignant que Julianillo et Melchorejo, une fois éloignés de nous, ne songeassent à s'enfuir à leur pays, il ne les voulut pas envoyer. L'Indienne revint le lendemain et rapporta que pas un des naturels, pour paroles qu'elle pût dire, ne voulait venir. Ce village fut nommé Santa-Cruz, parce qu'il fut découvert quatre ou cinq jours avant la Sainte-Croix.

Il y avait là de bons ruchers à miel, et des patates en quantité et des bandes de porcs du pays qui ont le nombril sur l'épine du dos. Cette île renfermait trois petits villages et celui où nous débarquâmes était le plus grand. Chacun d'eux était situé sur une des pointes de l'île, qui doit avoir environ deux lieues de tour.

Or, le Capitaine Juan de Grijalva, voyant que c'était perdre son temps que d'attendre davantage, donna l'ordre d'embarquer aussitôt. Et l'Indienne de la Jamaïque s'en vint avec nous, et nous suivîmes notre voyage.

CHAPITRE IX.

Comment nous débarquâmes à Champoton.

APRÈS nous être rembarqués, en suivant la même route que Francisco Hernandez de Cordova, nous arrivâmes en huit jours dans les parages du pueblo de Champoton où les Indiens de cette province nous avaient défaits (comme je l'ai déjà dit dans le cha-

pitre qui de ce traite). Et comme dans cette baie la
mer découvre beaucoup, les navires mouillèrent à
plus d'une lieue de terre et la moitié des soldats
débarqua dans tous les bateaux, près des maisons du
pueblo. Et les Indiens natifs de ce pueblo et d'autres,
leurs voisins, se rassemblèrent tous comme la première
fois, alors qu'ils nous tuèrent plus de cinquante-six
soldats et blessèrent tous les autres, comme je l'ai
conté plus haut. Ils étaient très-fiers et orgueilleux
de cette victoire et bien armés à leur mode, c'est-à-
dire d'arcs, flèches, lances, rondaches, casse-têtes,
épées à deux mains et pierres avec frondes, couverts
d'armures de coton et menant grand tintamarre de
trompettes et tambours. La plupart avaient le visage
peint de noir, de rouge et de blanc, et, rangés sur la côte,
ils attendaient notre arrivée pour attaquer. Et, comme
nous avions l'expérience de la première aventure,
nous emportâmes dans les bateaux quelques fauconneaux, et nous allions, les arbalètes et escopettes
armées, et, à peine étions-nous arrivés à terre, qu'ils
commencèrent à nous cribler de flèches et à nous
frapper à deux mains de leurs lances et nous servirent
une telle grêle de coups qu'ils blessèrent la moitié
des nôtres. Mais, ayant sauté hors des bateaux, nous
leur fîmes perdre cette furie à bonnes estocades et
taillades, malgré la justesse de leur tir, parce que nous
portions tous des armures de coton. Et toutefois, ils
tinrent un bon moment, bataillant avec nous, jusqu'à
ce que vint une autre batelée de nos soldats, et alors
ils se retirèrent dans des marais proche le pueblo. Dans

ce combat furent tués Juan de Quiteria et deux autres soldats. Le Capitaine Juan de Grijalva reçut trois coups de flèches et eut en outre deux dents brisées d'un coup de cobaco (il y en a beaucoup sur cette côte). Plus de soixante des nôtres furent blessés.

Voyant que tous les ennemis avaient pris la fuite, nous allâmes au pueblo et l'on pansa les blessés et enterra les morts. Et dans tout le pueblo on ne trouva âme qui vive, ni aucun de ceux qui s'étaient réfugiés dans les marais, car ils s'étaient déjà dispersés, après avoir enlevé tous leurs biens. Dans ces escarmouches nous avions pris trois Indiens, et l'un d'eux paraissait grand personnage. Le Capitaine les envoya appeler le Cacique de ce pueblo et leur remit pour lui des rassades vertes et des grelots pour l'encourager aux dispositions pacifiques. On fit aussi beaucoup de caresses à ces trois prisonniers et on leur donna des grains de verre pour les engager à revenir; ils s'en allèrent et ne revinrent jamais. Et l'on fut persuadé que les Indiens Julianillo et Melchorejo ne leur avaient pas dit ce qui leur avait été ordonné, mais tout le contraire.

Il me souvient que nous étions à batailler, lors de cette escarmouche, dans des champs quelque peu pierreux où il y avait force sauterelles qui, dans le combat, sautaient et venaient en volant nous donner par le visage. Et les archers étaient en si grand nombre et lançaient tant de flèches, comme grêlons, qu'il semblait que ce fussent sauterelles. On ne se mettait pas à couvert des rondaches, et la flèche blessait. D'autres

fois on croyait que c'était des flèches et c'était des
sauterelles. Ce nous fut un grand embarras.

CHAPITRE X.

*Comment, suivant notre voyage, nous entrâmes en une
embouchure, que l'on nomma Boca de Términos.*

L'ARMADA, continuant sa navigation en avant,
arriva à une sorte de rivière dont l'embouchure
était fort grande et large, et ce n'était pas un fleuve
comme nous le pensions, mais un très-bon port qui,
ayant des terres d'un côté et de l'autre, paraissait un
détroit. L'embouchure était si grande que le pilote
Anton de Alaminos disait que c'était une île et que cette
eau servait de séparation avec une autre terre. Et pour
cette raison elle fut nommée Boca de Términos et
est ainsi désignée dans les cartes de marine. Là descendit à terre le Capitaine Juan de Grijalva avec tous
les autres Capitaines par moi nommés. Et en compagnie de plusieurs soldats, je passai trois jours à
sonder l'embouchure, examinant ce havre dans toute
sa longueur, afin de reconnaître jusqu'où il s'étendait
et là où il se terminait. Et c'était un très-bon port et
l'on y trouva des temples de chaux et pierre et de
nombreuses idoles de terre et de bois, images de
leurs dieux, les unes à figures de femme, beaucoup

d'autres en forme de serpents, et des cornes de cerf en grande quantité.

Et l'on crut que dans les environs il y aurait quelque peuplade, et qu'avec le bon port, ce serait un endroit propre à un établissement. Il n'en fut pas ainsi, le pays étant absolument désert, car les temples avaient été construits par des marchands et des chasseurs qui, en passant, entraient dans ce port avec leurs canoas et y faisaient des sacrifices. La chasse y était abondante en venaison et lapins, et avec une levrette, nous tuâmes dix cerfs et quantité de lapins.

Tout ayant été vu et sondé, nous reprîmes la mer et notre levrette resta là et, lors de notre retour avec Cortès, elle y fut retrouvée fort grosse et luisante. Les marins nomment ce port Puerto de Términos.

Et nous étant rembarqués, nous naviguâmes en côtoyant de très-près la terre jusqu'à la rivière de Tabasco qui, ayant été découverte par le Juan de Grijalva, se nomme aujourd'hui le Rio de Grijalva.

CHAPITRE XI.

Comment nous arrivâmes au Rio de Tabasco que l'on nomme de Grijalva et de ce qui nous y advint.

E N côtoyant la terre vers le Ponent, de jour, parce que de nuit nous n'osions de peur des bas-fonds et récifs, au bout de trois jours nous vîmes une rivière

dont l'embouchure était très-large, et nous étant
approchés de terre avec les navires, le port parut
bon. Et en s'avançant plus près de l'embouchure, on
vit briser les bas-fonds à l'entrée de la rivière, et là,
ayant mis les bateaux à la mer, et, la sonde à la main,
on trouva que les deux navires de plus fort tirant
ne pouvaient entrer dans le port. Il fut convenu qu'ils
mouilleraient en haute mer, et qu'avec les deux
autres navires qui calaient moins et les bateaux, tous
les soldats remonteraient la rivière, de nombreux
Indiens ayant été vus en canoas le long des rives avec
arcs et flèches et toutes leurs armes comme à Champoton. D'où l'on conclut qu'il existait par là quelque
grand pueblo, et aussi parce que, pendant notre navigation le long de la côte, nous avions trouvé dans la
mer des nasses avec lesquelles ils pêchaient. On avait
même pris le poisson de deux d'entre elles à l'aide
d'un bateau que remorquait la Capitane. Ce rio se
nomme de Tabasco, nom du Cacique de ce village. Et
comme il fut découvert à ce voyage et par Juan de
Grijalva, il se nomme rio de Grijalva et est ainsi désigné dans les cartes de marine.

Étant arrivés à peu près à une demi-lieue du pueblo,
nous entendîmes fort bien le bruit que faisaient les
Indiens en coupant du bois pour leurs ouvrages de
défense et fortifications, et en s'armant pour nous
donner bataille, parce que, ayant su l'affaire de
Champoton, ils se tenaient du tout assurés d'avoir la
guerre. Ayant compris cela, nous débarquâmes sur
une pointe de terre plantée de palmiers et distante

d'une demi-lieue du pueblo. Et aussitôt s'avancèrent environ cinquante canoas de gens de guerre qui avaient des arcs et flèches et armures de coton, rondaches et lances et leurs tambours et panaches, et dans les estuaires un grand nombre d'autres canoas pleines de guerriers se tenaient quelque peu à l'écart de nous, n'osant s'approcher comme les premières. Et, les voyant ainsi, nous étions sur le point de décharger sur eux les canons et escopettes et arbalètes, et Notre-Seigneur nous inspira de les appeler, et à l'aide de Julianico et Melchorejo, ceux de la pointe de Cotoche, qui savaient parfaitement cette langue, il fut dit aux principaux de ne pas avoir peur, que nous les voulions entretenir de choses qui, une fois entendues, leur feraient trouver bonne notre venue, et leur faire part de ce que nous apportions. A ces paroles, environ quarante canoas, contenant chacune jusqu'à trente Indiens, s'avancèrent et aussitôt on leur montra des bracelets de verroteries, et des petits miroirs et des diamants bleus, et dès qu'ils les virent, ils commencèrent à nous faire meilleure mine, croyant que c'était des chalchihuites qu'ils apprécient fort. Alors le Capitaine leur dit par les interprètes Julianillo et Melchorejo : que nous venions de lointaines contrées et que nous étions sujets d'un grand Empereur nommé don Carlos qui a pour vassaux nombre de grands Seigneurs et Calachionis et qu'ils le doivent tenir pour seigneur et qu'ils s'en trouveront fort bien, leur demandant, en échange de ces grains de verre, de nous donner des volailles.

Et deux d'entre eux, dont l'un était un chef et l'autre

un Papa (sorte de prêtres ayant charge des idoles et qui,
comme je l'ai dit, se nomment Papas dans la Nouvelle-
Espagne) nous répondirent et dirent : qu'ils nous four-
niraient les vivres que nous désirions et troqueraient
leurs choses contre les nôtres ; mais que, quant au
reste, ils avaient un seigneur, et que, pour être tout
nouvellement arrivés et sans les connaître, ils s'étonnaient de ce que nous leur voulions déjà donner un
seigneur ; de prendre garde avant de les attaquer
comme à Champoton, parce qu'ils tenaient préparés
contre nous deux xiquipils de gens de guerre de
toutes ces provinces (chaque xiquipil se compose de
huit mille hommes). Ils ajoutèrent qu'ils savaient de
bonne part que nous avions blessé et tué, peu de
jours auparavant, plus de deux cents hommes à Champoton, mais qu'eux avaient des forces bien plus considérables, et que par ainsi ils étaient venus nous parler
afin de connaître notre volonté qu'ils iraient redire
aux Caciques de quantité de pueblos voisins afin
d'appointer la paix ou la guerre.

Et aussitôt le Capitaine, les embrassant en signe de
paix, leur donna quelques patenôtres de verroterie,
les adjurant de retourner promptement avec la réponse, parce que s'ils ne revenaient pas, nous irions
de force à leur pueblo, sans dessein toutefois de leur
faire aucun tort.

Et ces messagers, ayant conféré avec les Caciques
et Papas, qui ont aussi voix délibérante parmi eux,
répondirent que les propositions de paix étaient
bonnes, qu'ils apporteraient des vivres, et qu'entre eux

tous et les villages voisins on rassemblerait un présent d'or afin de nous l'offrir et de faire amitié, pour
qu'il ne leur advînt pas comme à ceux de Champoton.
Et d'après ce que j'ai vu et entendu depuis en ces
provinces, l'usage était, lorsque l'on traitait de la
paix, d'envoyer des présents.

Et dans cette pointe des Palmiers, où nous étions
campés, vinrent plus de trente Indiens qui, apportant
des poissons rôtis, volailles, fruits et pain de maïs et
des braseros avec des braises et des parfums, après
nous avoir encensés, étendirent aussitôt sur le sol
des nattes, qu'ils nomment petates, et par-dessus une
couverture, et présentèrent un certain nombre de
joyaux d'or, des canards semblables à ceux de Castille
et autres bijoux en façon de petits lézards et trois
colliers de grains creux et autres objets d'or de peu
de prix, ne valant pas deux cents pesos. En outre,
ils offrirent des couvertures et des chemisettes
comme celles qu'ils portent, et nous dirent d'accepter
ce présent de bonne volonté, qu'ils n'avaient pas plus
d'or à nous donner, mais que plus loin, en avant, du
côté où se couche le soleil, il y en avait en abondance.
Et ils répétaient: Culua! Culua! Mexico! Mexico! Et
nous ne savions ce que c'était que Culua, non plus
que Mexico. Quoique leur cadeau ne valût pas grand'-
chose, nous le tînmes pour bon, surtout parce qu'il
nous prouva avec certitude qu'ils avaient de l'or. Et
aussitôt le présent offert, ils nous prièrent de nous en
aller de suite plus loin. Et le Capitaine, après les avoir
remerciés, leur distribua quelque verroterie et nous

ordonna aussitôt de nous embarquer, les deux navires
étant en grand péril à cause du nord qui souffle par
le travers de cette côte, et aussi pour nous rapprocher
de là où ils disaient qu'il y avait de l'or.

CHAPITRE XII.

Comment fut découvert le pueblo d'Aguayaluco que nous nommâmes la Rambla.

APRÈS nous être rembarques, nous suivîmes la
côte en avant et au bout de deux jours fut signalé
un pueblo voisin de la mer, nommé Aguayaluco, et de
nombreux Indiens de ce village marchaient sur la
côte, portant des rondaches faites d'écailles de tor-
tues, qui resplendissaient au soleil, et que quelques-
uns de nos soldats s'obstinaient à croire en or bas.
Et les Indiens s'avançaient par la grève en faisant de
grands gestes. Ce pueblo fut par nous nommé la
Rambla et est ainsi désigné dans les cartes de marine.
Et continuant à côtoyer en avant, l'Armada vit une
baie où se jette le rio de Fenole et y étant entrée
au retour, on le nomma rio de San-Antonio et il
est ainsi désigné dans les cartes de marine. Et
naviguant plus en avant, nous déterminâmes la situation du grand Rio de Guazacualco, et nous aurions
volontiers pénétré dans la baie qui s'étend au devant,
mais le temps contraire ne nous le permit pas. Et

incontinent se montrèrent les hautes sierras nevadas qui pendant toute l'année sont couvertes de neige, puis d'autres sierras plus proches de la mer, à qui l'on donna le nom de San-Martin, parce que le premier qui les vit fut un soldat nommé San-Martin, habitant de la Havana. Et tandis que l'on naviguait en avant, le long de la côte, le capitaine Pedro de Alvarado nous devança avec son navire et entra dans un rio qui en indien s'appelle Papalahuna et qui fut nommé rio de Alvarado, le même Alvarado l'ayant découvert. Là, des Indiens pêcheurs, naturels du pueblo de Taco-talpa, lui donnèrent du poisson. Les trois autres navires restèrent à l'attendre dans les parages du rio où il était entré, et comme il l'avait fait sans licence du Général, celui-ci se courrouça très-fort contre lui, lui ordonnant de ne pas aller une autre fois en avant de l'Armada, de peur qu'il ne lui arrivât quelque accident en lieu où il ne nous fût point possible de lui venir en aide. Et continuant notre navigation avec les quatre navires de conserve, nous atteignîmes les parages d'une autre rivière que l'on nomma Rio de Banderas, parce que les rives en étaient couvertes d'une multitude d'Indiens qui agitaient de grandes lances au bout desquelles ils faisaient voler des bannières faites de couvertures blanches, en nous appelant. Et plus loin je dirai ce qui s'y passa.

CHAPITRE XIII.

*Comment, étant arrivés à une rivière qui fut nommée
Rio de Banderas, nous y échangeâmes pour quatorze
mille pesos.*

ON aura déjà entendu dire dans toutes les parties de l'Espagne et dans la Chrétienté entière
combien Mexico est grande cité, bâtie dans l'eau
comme Venise.

Là régnait un grand Seigneur, Roi de nombreuses
provinces et dominateur de toutes ces terres qui sont
plus étendues que quatre fois notre Castille, lequel
prince se nommait Montezuma. Et comme il était si
puissant, il voulait entreprendre même en ce qu'il ne
pouvait, et savoir l'impossible. Et il eut connaissance
de notre première venue avec Francisco Hernandez
de Cordova et de ce qui nous advint aux batailles de
Cotoche et de Champoton, et de notre second voyage.
Et il sut que nous étions peu de soldats et que ceux du
pueblo étaient fort nombreux et comprit à la fin que
notre but était de ramasser de l'or en échange des
objets que nous apportions, toutes ces choses lui ayant
été representées peintes sur des étoffes de nequien,
qui est une sorte de lin.

Et ayant appris que nous nous avancions en suivant
la côte jusqu'à ses provinces, il ordonna à ses Gouverneurs d'avoir soin de troquer de l'or contre nos ver-

roteries, particulièrement les vertes qui ressemblaient à leurs chalchihuites. Et il donna cet ordre principalement dans le but de savoir et de s'enquérir davantage de nos personnes et de nos intentions. Il est certain, comme on le sut plus tard, que leurs ancêtres leur avaient prédit que des hommes viendraient du côté où se lève le soleil, qui seraient leurs seigneurs. Maintenant, que ce soit pour l'une ou pour l'autre raison, il est certain que des Indiens du grand Montezuma étaient en sentinelle le long de ce rio que j'ai dit avec de longues lances, et à chaque lance une bannière qu'ils arboraient en nous faisant signe d'avancer.

Voyant chose si nouvelle et désireux de savoir ce que ce pouvait être, nous convînmes entre le Général et tous les autres compagnons et Capitaines que l'on mettrait deux bateaux à la mer et que tous les arbalétriers et escopettiers y descendraient, ainsi que vingt soldats, avec Francisco de Montejo pour chef, et que si les Indiens aux bannières étaient gens de guerre, nous le ferions promptement connaître, ainsi que tout autre événement. Et, en ce moment, Dieu permit qu'il fît calme sur cette côte, ce qui arrive rarement. Et en prenant terre, nous trouvâmes, à l'ombre des arbres, trois Caciques dont l'un était Gouverneur pour Montezuma, avec une nombreuse suite d'Indiens. Il y avait là quantité de volailles du pays, du pain de maïs de celui qu'ils ont coutume de manger, et des fruits, tels que ananas et zapotes, qu'en d'autres contrées on nomme mameys. Et ils nous firent asseoir sur des nattes étendues à terre, le

8

tout par signes, Julianillo n'entendant pas leur langue.
On apporta aussitôt des braseros de terre pleins de
charbons ardents, et ils nous encensèrent avec une
sorte de résine qui a l'odeur de l'encens. Le Capitaine
Montejo en fit immédiatement donner avis au Général
qui, à cette nouvelle, résolut d'atterrir en cet endroit
avec tous les navires et sauta en terre avec tous les
Capitaines et soldats.

Et dès que ces Caciques et Gouverneurs le virent
débarquer et surent qu'il était le Capitaine Général de
l'Armada, lui faisant grande révérence à leur mode,
ils l'encensèrent. Grijalva leur en rendit grâces et,
avec force caresses, leur fit distribuer des diamants
et des rassades vertes, et leur dit par signes de
porter de l'or pour échanger avec nous. Et aussitôt le
Gouverneur ordonna à ses Indiens et à ceux de tous les
villages voisins d'apporter les joyaux qu'ils avaient à
troquer. Et, en six jours que nous demeurâmes là, ils
présentèrent pour plus de quinze mille pesos en petits
bijoux d'or bas, fort bien travaillés. C'est sans doute
ce que veulent dire les chroniqueurs Francisco Lopez
de Gomara et Gonzalo Hernandez de Oviedo, en
leurs chroniques, lorsqu'ils avancent que ce fut à
Tabasco qu'on nous donna tout cela. Et ils l'ont
écrit comme on le leur avait conté, croyant que ce
fût la vérité. Mais c'est chose reconnue que, dans la
province du Rio de Grijalva, il n'y a que peu de
bijoux, et nullement d'or.

Laissons cela et passons outre. Et l'on saura que
nous prîmes possession de cette terre pour Sa Majesté

et en son Nom Royal, pour le gouverneur de Cuba, Diego Velazquez. Et cela fait, le Général parla aux Indiens présents, et dit qu'il voulait s'embarquer et leur donna des chemises de Castille. Nous emmenâmes avec nous un de ces Indiens qui, lorsqu'il comprit notre langue, se fit chrétien et fut nommé Francisco et, après la prise de Mexico, je l'ai vu marié au pueblo de Santa-Fé.

Or, le Général, voyant qu'ils ne portaient plus d'or à troquer, et qu'il y avait six jours que nous étions là, et que les navires couraient risques, pour être vent largue le nord, nous ordonna d'embarquer. Et, suivant la côte en avant, nous vîmes une îlette baignée par la mer dont la plage était de sable blanc, et qui doit être à environ trois lieues de terre. Elle fut nommée île Blanche et est ainsi désignée dans les cartes marines. Peu après, fut signalée une autre île, d'apparence plus grande que les autres et qui devait être à environ une lieue et demie de terre. Il y avait en face d'elle un bon mouillage et le Général nous donna l'ordre d'y atterrir. Les bateaux mis à la mer, le Capitaine Juan de Grijalva alla, en compagnie de nombreux soldats, visiter l'îlette. On y trouva deux cases de chaux et pierre, bien bâties et pourvues de degrés conduisant à des façons d'autels où il y avait des idoles de vilaine figure qui étaient leurs dieux. Et là étaient sacrifiés, de cette même nuit, cinq Indiens, ouverts par la poitrine et les bras et cuisses coupés, et les murs dégouttaient de sang. Fort émerveillés de ce spectacle, nous donnâmes à cette

îlette le nom d'Isla de Sacrificios. Et en face de cette
île, tout le monde descendit à terre sur de grandes
dunes de sable, où l'on fit des cabanes et des huttes
avec des branchages et les voiles des navires. De
nombreux Indiens s'étaient rassemblés sur cette côte,
apportant de l'or en menus morceaux à échanger,
comme au Rio de Banderas ; d'après ce que l'on sut
depuis, c'était par l'ordre du grand Montezuma. Et
ces Indiens étaient d'apparence timide et portaient
fort peu d'or. De manière que le capitaine Juan de
Grijalva donna immédiatement l'ordre de lever l'ancre
et de mettre à la voile pour aller aborder plus loin en
face d'une autre petite île éloignée d'environ une
demi-lieue de terre. Et c'est là qu'est aujourd'hui le port.

Et je dirai plus loin ce qui nous y advint.

CHAPITRE XIV.

*Comment nous arrivâmes au port de San-Juan
de Culua.*

AYANT débarqué dans des sables, nous y fîmes des
huttes sur des dunes fort élevées, à cause de la
quantité de moustiques qu'il y avait là. Et, avec les bateaux, le port ayant été parfaitement sondé, on trouva
qu'à l'abri de cette îlette, les navires seraient en sûreté
du nord et qu'il y avait bon fond. Et cela fait, le
Général passa dans l'îlette avec trente soldats bien

armés et y trouva un temple renfermant une idole
fort grande et laide, nommée Tezcatepuca, et quatre
Indiens vêtus de couvertures noires et très-longues
avec des capuchons à peu près semblables à ceux que
portent les dominicains et les chanoines. Et c'était
des prêtres de cette idole qui avaient sacrifié ce
même jour deux enfants, et, après les avoir ouverts
par la poitrine, en avaient offert le cœur et le sang
à cette maudite idole. Et ces prêtres qui, je l'ai déjà
dit, se nomment Papas, s'avancèrent pour nous encenser, comme leur idole que, au moment de notre
venue, ils étaient en train de parfumer avec une sorte
d'encens ; mais nous n'y consentîmes point, étant
plutôt émus de grande pitié et compassion pour ces
deux enfants si fraîchement immolés par une si terrible cruauté. Et le Général demanda à l'Indien Francisco, que nous avions amené du Rio de Banderas et
qui paraissait quelque peu entendu, pourquoi ils agis-
saient ainsi, et il l'interrogeait moitié par signes,
parce que alors, comme je l'ai déjà maintes fois dit,
nous n'avions nul trucheman. Et il répondait que
ceux de Culua ordonnaient ces sacrifices, et comme
il parlait avec difficulté, il disait : Olua ! Olua ! Et
comme notre Capitaine était présent et se nommait
Juan, et que c'était en même temps le jour de la Saint-
Jean, le nom de San-Juan de Ulua fut donné à cette
îlette qui est maintenant un port très-réputé où l'on
a fait de grands ouvrages pour les navires et où viennent débarquer toutes les marchandises pour Mexico
et la Nouvelle-Espagne.

Revenons à notre conte. A peine étions-nous
campés dans ces sables, que des Indiens des pueblos
voisins accoururent pour troquer leur or, consistant
en petits bijoux, contre nos objets d'échange. Mais
ils avaient si peu de chose et de si peu de valeur
que nous ne pouvions en faire cas. Et, au bout de
sept jours, affolés par une telle multitude de moustiques que nous n'étions plus bons à rien, et voyant
que le temps se passait, et tenant déjà pour assuré que
ces terres n'étaient pas îles mais terre ferme, et qu'il
y avait de grandes peuplades, et le pain cassave étant
tout gâté de vermine, moisi et devenant amer ; et
comme nous n'étions pas en nombre suffisant pour faire
un établissement, d'autant que dix de nos soldats étaient
morts de leurs blessures et qu'il y en avait quatre autres
fort dolents, il fut résolu de faire connaître notre
situation au gouverneur Diego Velazquez, afin qu'il
nous envoyât du secours, parce que le Juan de Grijalva
avait très-grande volonté d'établir avec ce peu de
soldats qui l'accompagnaient et montra toujours la
grande âme d'un très-valeureux Capitaine, contraire-
ment à ce qu'écrit le chroniqueur Gomara. Et pour
cette ambassade, il fut convenu que le Capitaine
Pedro de Alvarado partirait sur un navire, nommé
San-Sebastian qui faisait un peu d'eau, afin qu'après
avoir été radoubé à l'île de Cuba, il servît à nous en
ramener du secours et des vivres. Il fut aussi résolu
qu'il emporterait tout l'or et les étoffes échangées,
ainsi que les malades.

Et les Capitaines écrivirent au Diego Velazquez,

chacun selon son sentiment. Et aussitôt le navire, ayant mis à la voile, fit route vers Cuba. Je vais maintenant laisser aussi bien le Pedro de Alvarado que le Grijalva, pour dire comment le Diego Velazquez avait envoyé à notre recherche.

CHAPITRE XV.

Comment Diego Velazquez, gouverneur de l'île de Cuba,
envoya un petit navire à notre recherche.

D EPUIS que nous étions sortis de Cuba avec le Capitaine Juan de Grijalva pour faire notre voyage, Diego Velazquez était toujours triste et tremblant qu'il ne nous fût advenu quelque désastre, et désirait si vivement savoir de nous que, à cette fin, il expédia un petit navire à notre recherche, avec sept soldats et pour Capitaine un certain Christoval de Oli, personne de valeur et très-brave, à qui il ordonna de suivre la route de Francisco Hernandez de Cordova, jusqu'à se rencontrer avec nous. Et il paraît que, durant cette expédition, Christoval de Oli, ayant mouillé près de terre, fut assailli d'un si roide coup de vent que, pour ne se point noyer sur les amarres, le pilote fit couper les câbles et perdit les ancres. Puis il s'en revint à Santiago de Cuba d'où il était parti et où se tenait le Diego Velazquez, qui, se voyant sans nouvelles de nous, demeura bien plus mélancolique que auparavant.

Sur ces entrefaites, le Capitaine Pedro de Alvarado arriva avec l'or, les étoffes, les malades et l'entière relation de ce que nous avions découvert. Et quand le Gouverneur reçut les bijoux qui étaient de plus d'apparence que de prix, il y avait avec lui nombre d'habitants de cette île venus là pour affaires ; et quand les Officiers du Roi levèrent le Quint Royal dû à Sa Majesté, tous demeurèrent stupéfaits de la richesse des terres par nous découvertes. Et comme le Pedro de Alvarado savait fort bien se faire valoir, on dit que le Diego Velazquez ne faisait autre chose que l'embrasser et, pendant huit jours, mener grandes réjouissances et joûtes de cannes. Et ces terres ayant déjà grande renommée d'être riches, cet or les fit porter aux nues dans toutes les îles et en Castille ainsi que je le montrerai plus loin.

Laissons le Diego Velazquez au milieu des fêtes et revenons à nos navires sous San-Juan de Ulua.

<hr />

CHAPITRE XVI.

De ce qui nous advint en côtoyant les sierras de Tusta et de Tuspa.

APRÈS que le Capitaine Pedro de Alvarado nous eut quittés pour se rendre à l'île de Cuba, notre Général, de concert avec les autres Capitaines et pilotes, résolut de suivre les côtes en poussant nos découvertes

le plus loin qu'il serait possible. Et, continuant notre
navigation, nous découvrîmes les sierras de Tusta
ainsi nommées d'un pueblo qui en est tout proche, et
à deux journées plus avant, d'autres sierras beaucoup
plus hautes qui, pour une semblable cause, sont appelées de Tuspa. Plus loin furent signalés de nombreux villages, à deux ou trois lieues environ dans
les terres et faisant déjà partie de la province de
Panuco. Et continuant notre navigation, nous arrivâmes à une grande rivière à qui fut donné le nom
de Rio de Canoas, et là, en face de son embouchure,
on jeta l'ancre. Et tous les navires ayant mouillé et
les équipages étant peu sur leurs gardes, seize canoas
fort grandes, remplies d'Indiens de guerre armés
d'arcs, flèches et lances, vinrent par le rio droit au
plus petit navire commandé par Alonso de Avila et
qui était le plus rapproché de terre, et, lui envoyant
une volée de flèches qui blessa deux soldats, ils mirent
la main au navire comme s'ils voulaient l'emmener et
coupèrent même une amarre. Et encore que le Capitaine et les soldats bataillassent bravement et eussent
fait chavirer trois canoas, il nous fallut, sautant dans
les bateaux avec nos arbalètes et escopettes, courir
en toute hâte à leur secours. Plus du tiers de ces gens
fut blessé, de sorte qu'ils s'en retournèrent à la male
heure par où ils étaient venus. Et aussitôt l'ancre
fut levée et, mettant à la voile, nous longeâmes la côte
jusqu'à une pointe fort grande qui était si difficile à
doubler et où les courants étaient si nombreux que
l'on ne pouvait avancer. Et le pilote Anton de Ala-

9

minos représenta au Général quantité de raisons qui
lui firent assez entendre qu'il n'était pas à propos de
naviguer plus outre dans cette voie. Aussitôt on tint
conseil sur ce qu'il y avait à faire, et il fut résolu de
virer de bord vers l'île de Cuba, parce que l'on entrait
déjà en hiver, qu'il n'y avait point de provisions et
que l'un des navires faisait beaucoup d'eau. Et les
Capitaines n'étaient pas du même avis que Juan de
Grijalva qui disait vouloir fonder un établissement. Et
Francisco de Montejo et Alonso de Avila prétendaient
qu'ils ne pouvaient subsister à raison des nombreux gens
de guerre qu'il y avait en ce pays. D'ailleurs tous les
soldats étaient harassés et dégoûtés d'aller par la mer.

De sorte que, virant de bord à toutes voiles, et les
courants aidant, l'Armada en peu de jours gagna les
parages du grand rio de Guazacualco où, le temps
étant contraire et la terre l'enveloppant trop, elle ne
put séjourner. Elle entra dans le Rio de Tonala à qui
fut alors donné le nom de Sant-Anton et où l'on ra-
doubu un navire qui faisait tant d'eau qu'il toucha trois
fois la barre qui est très-basse. Et comme nous répa-
rions notre navire, de nombreux Indiens du port de
Tonala, situé à une lieue de là, arrivèrent nous portant
du pain de maïs, du poisson et des fruits qu'ils nous
offraient de bonne grâce. Et le Capitaine, avec force
caresses, leur fit donner des grains de verre et
des diamants et leur dit par signes de porter de l'or
à troquer contre nos objets d'échange. Et ils portèrent des bijoux d'or bas pour lesquels on leur donna
des patenôtres. Et dès que ceux de Guazacualco et

des autres pueblos voisins surent que nous échangions, ils accoururent avec de petits objets d'or et remportèrent des verroteries qu'ils tenaient en grande estime. Or, en plus de cet échange, tous les Indiens de cette province portaient à l'ordinaire, comme par braverie et en guise d'armes, des haches de cuivre fort reluisantes dont les manches en bois étaient très-bien peints, et dans la croyance qu'elles étaient en or bas, nous commençâmes à en faire échange. Je dis qu'en trois jours on en eut plus de six cents, et tous les soldats, les croyant d'or bas, étaient fort contents et les Indiens l'étaient plus encore des grains de verre. Et tout cela se changea en fumée, car les haches étaient en cuivre et les verroteries un peu de rien. Et un matelot, ayant secrètement échangé sept haches, en était fort joyeux, et il paraît qu'un autre marinier le dit au Capitaine qui lui ordonna de les lui remettre. Et sur notre prière, il les lui laissa les croyant en or. Il me souvient aussi qu'un soldat nommé Bartolomé Prado, étant allé à une de ces cases d'idoles qu'ils nomment Cues, située sur une colline fort élevée, y trouva quantité d'idoles et d'encens de copal dont ils les encensent, ainsi que des couteaux de pierre dure avec lesquels ils sacrifient et taillent leurs victimes, et des coffres de bois contenant nombre d'objets en or, tels que diadèmes et colliers, plus deux idoles et autres bagatelles semblant verroteries. Et le soldat, ayant pris l'or pour lui, porta les idoles au Capitaine. Mais il ne laissa pas que d'être découvert et dénoncé au Grijalva qui voulait lui faire rendre gorge. Mais nous

le priâmes de n'en rien faire et, comme il était de bon
naturel, il permit que, le Quint Royal prélevé, le reste
fût pour le pauvre soldat. Et cela ne valait pas quatre-
vingts pesos.

Je veux conter aussi comment je semai des pépins
d'oranges près d'autres cases d'idoles. Voici le fait :
Comme il y avait quantité de moustiques sur ce rio,
je m'en allai dormir à une maison haute d'idoles, et
là, près de cette case, je plantai sept ou huit pépins
d'oranges que j'avais apportés de Cuba. Et ils poussèrent très-bien, car il paraît que les Papas de ces
idoles leur firent des entourages pour les empêcher
d'être mangés des fourmis et les arrosèrent et net-
toyèrent, les ayant reconnus pour plantes différentes
des leurs. J'ai remémoré ici ce fait pour que l'on sache
que ce furent les premiers orangers plantés dans la
Nouvelle-Espagne. Car, Mexico une fois conquise et
pacifiés les pueblos sujets de Guazacualco, cette province
se trouva être la meilleure, comme étant la mieux parta-
gée de la Nouvelle-Espagne, autant pour ses mines que
pour son bon port et sa terre naturellement riche en
or et en pâturages, et à cet effet se peupla des plus
considérables d'entre les Conquérants du Mexique. Et
je fus un de ceux-là, et, ayant recherché mes orangers,
je les transplantai, et ils réussirent parfaitement.

Je sais bien que l'on dira que ces vieux contes n'ont
que faire avec mon récit. Je les laisse donc pour dire
que les Indiens de ces provinces demeurèrent fort
satisfaits de nous. Et les ayant embrassés, nous fîmes
voile pour retourner à Cuba où, après quarante-cinq

jours de fortunes diverses, nous vînmes aborder à
Santiago de Cuba. Le gouverneur Diego Velazquez se
trouvait en cette ville et nous fit fort bon accueil,
surtout lorsqu'il vit l'or que nous apportions, environ
quatre mille pesos qui, joints à la somme en premier
lieu remise par le Capitaine Pedro de Alvarado, formaient un total d'à peu près vingt mille pesos ; les
uns disaient plus et les autres moins. Et les Officiers de
Sa Majesté perçurent le Quint Royal, et, quand on
apporta les six cents haches soit disant en or, pour en
prélever le Quint, le métal en était tout rouillé, enfin
comme cuivre que c'était. Et ce bel échange prêta fort
aux rires et moqueries. Et de toutes ces choses, le
Diego Velazquez était extrêmement allègre, encore qu'il
parût en froid avec le parent Grijalva et en cela il
n'avait point de raison. Mais Alonso de Avila, qui était
de méchant naturel, accusait Grijalva de pusillani-
mité, et le Capitaine Montejo ne faillit pas non plus à
le desservir. Et cependant il était déjà question d'envoyer une autre Armada et de savoir qui on choisi-
rait pour Capitaine.

CHAPITRE XVII.

*Comment Diego Velazquez envoya son Procurateur
en Castille.*

E T quoi qu'il puisse sembler aux lecteurs que le fait
que je vais remémorer ici soit en dehors de notre

relation, il convient d'en traiter, avant que d'entrer
en l'histoire du Capitaine Hernando Cortès, pour les
raisons que l'on verra plus loin, et aussi parce que de
deux ou trois choses qui adviennent au même temps,
il faut nécessairement ne parler que de celle qui importe davantage au sujet. Tel est le cas.

Lorsque, comme je l'ai déjà dit, l'or que nous avions
tiré des terres par nous découvertes fut apporté à
Santiago de Cuba par le Capitaine Pedro de Alvarado,
le Diego Velazquez craignit que, devançant son rapport à Sa Majesté, quelque Cavalier des familiers de
la Cour n'en eût connaissance et ne lui dérobât la
bénédiction.

Pour cette raison, il expédia en Castille un sien Chapelain nommé Benito Martinez, homme fort entendu
en affaires, avec preuves authentiques et lettres pour
don Juan Rodriguez de Fonseca, Évêque de Burgos et
titulaire de l'Archevêché de Rosano, ainsi que pour le
Licencié Luis Zapata et le Secrétaire Lope Conchillos
qui en ce temps entendaient ès choses des Indes. Le
Diego Velazquez était grand serviteur de l'Evêque et
des autres Auditeurs et, comme tel, leur attribua dans
l'île de Cuba des pueblos d'Indiens qui leur tiraient
de l'or des mines ; aussi faisaient-ils beaucoup, et particulièrement l'Evêque de Burgos, pour le Diego
Velazquez, qui ne donna aucun pueblo d'Indiens à
Sa Majesté, parce qu'à cette époque Elle etait en
Flandres.

Et en outre de ce présent d'Indiens, il envoya en
dernier lieu à ces Auditeurs nombre de joyaux d'or

faisant partie des vingt mille pesos que, comme je l'ai dit, avait apportés le Capitaine Alvarado. Et rien ne se faisait dans le Royal Conseil des Indes, sinon ce qu'ordonnaient ces Seigneurs. Et le but de la négociation du Diego Velazquez était d'obtenir licence pour échanger et conquérir et établir partout où il avait découvert et pourrait découvrir. Et il disait, en ses lettres et relations, avoir dépensé bien des milliers de pesos d'or dans l'entreprise. De sorte que le Chapelain Benito Martinez alla en Castille et réussit même au-delà de ce qu'il sollicitait, car il obtint pour le Diego Velazquez la provision d'Adelantado de l'île de Cuba.

Or, les négociations terminées, les brevets ne purent arriver avant que partît Cortès avec une autre Armada. Mais laissons les dépêches du Diego Velazquez pour dire comment, tandis que j'écrivais cette relation, je vis une chronique du chroniqueur Francisco Lopez de Gomara qui traite des conquêtes de la Nouvelle-Espagne et Mexico.

Et quant aux faits qui me paraissent manifestement contradictoires avec ce qu'avance le Gomara, je les dirai de la façon qu'ils advinrent dans les conquêtes et qui est fort différente de ce qu'il écrit en son histoire où tout est au rebours de la vérité.

CHAPITRE XVIII.

*De quelques observations au sujet de ce qu'écrit dans
son histoire Francisco Lopez de Gomara, mal informé.*

TANDIS que j'écrivais cette relation, je vis par
hasard une histoire d'un bon style, dont l'auteur
est un certain Francisco Lopez de Gomara, et qui traite
des conquêtes de Mexico et Nouvelle-Espagne. Et
quand je lus sa grande rhétorique, mon œuvre me
parut si grossière que je cessai d'écrire et que j'eus
même honte de ce qu'elle fût connue de quelques
personnes notables.

Et étant aussi perplexe que je le dis, je me remis à
lire et à examiner les raisons et discours que le Gomara
déduisit en son livre et je vis que dès le commencement
et milieu, jusqu'au bout, sa relation n'était pas bonne,
mais contraire à tout ce qui s'était passé en la Nouvelle-Espagne. Et quand il commence à parler des grandes cités et du nombre de leurs habitants il ne se met
pas plus en peine d'en compter huit que huit mille. Et
puis ces grands massacres que, d'après lui, nous faisions
n'étant au plus que quatre cents soldats de guerre, si
bien que nous avions assez de nous défendre d'être
tués ou pris et que, lors même que les Indiens eussent
été attachés, nous n'aurions pu faire tant de morts et
de cruautés qu'il dit que nous fîmes. Tellement que,

je jure amen que tous les jours nous étions à prier Dieu et Notre-Dame de ne nous point laisser déconfire.

Retournant à notre conte, Atalaric, roi très-farouche, et Attila, très-superbe guerrier, dans les champs Catalauniques, ne firent pas d'aussi grandes tueries que nous, d'après Gomara. Il dit aussi que nous renversions et brûlions force cités et temples (qui sont les Cues où ils tiennent leurs idoles), et par là Gomara s'imagine complaire infiniment à ceux qui lisent son histoire ; et il n'a pas voulu voir ni comprendre, alors qu'il l'écrivait, que les vrais Conquérants et curieux lecteurs, qui connaissent les faits, lui pourraient dire clairement que dans son histoire, en tout ce qu'il écrivit, il s'était trompé. Et si dans ses autres histoires, traitant d'autres sujets, il en use de même que pour la Nouvelle-Espagne, il errera toujours complétement. Et ce qu'il y a de bon, c'est qu'il exalte certains Capitaines et en rabaisse d'autres, et cite comme s'étant trouvés aux conquêtes des gens qui n'y furent point, entre autres un certain Pedro Ducio qui, dit-il, était Capitaine lors de la défaite qui eut lieu à un pueblo que l'on nomma Almeria, tandis que celui qui commanda en cette affaire fut un certain Juan de Escalante qui périt dans la déroute avec sept autres soldats. Il dit qu'un certain Juan Velazquez de Leon colonisa Guazacualco, et la vérité est que ce fut un certain Gonzalo de Sandoval, natif de Avila. Il raconte aussi comment Cortès fit brûler un Indien nommé Quezal Popoca qui commandait pour Montezuma un village, et c'est le village qui fut brûlé.

10

Le Gomara n'est pas plus heureux en ce qu'il dit
de l'entreprise que nous fîmes sur le pueblo et forteresse d'Anga-Panga. On l'a aussi entièrement trompé
sur ce qui s'était passé lorsque, dans les dunes, nous
proclamâmes Cortès Capitaine Général et Juge souverain. Puis, au sujet de la prise d'un pueblo nommé Cha-
mula, dans la province de Chiapa, il tombe aussi peu
juste en ce qu'il écrit. Puis, autre conte encore pire,
il dit que Cortès fit secrètement saborder les onze
navires qni nous avaient amenés, tandis que l'acte fut
public, puisque, au grand jour et par le conseil de tous
les soldats, il donna l'ordre de les faire échouer aux
yeux de tous, pour que la gent de mer qu'il y avait
en ces navires nous aidât à veiller et guerroyer. Puis
en ce qui touche Juan de Grijalva qui était bon Capitaine, il le défait et l'amoindrit. Quant à Francisco
Hernandez de Cordova, qui avait découvert Yucatan,
il n'en dit mot. Il dit aussi que Francisco de Garay
montait les quatre premiers navires qui abordèrent à
Panuco. Ce qui est faux, puisqu'il n'y vint en personne qu'avec son dernier armement. Puis il conte
l'arrivée et la défaite du Capitaine Narvaez d'après
des on-dit, et les batailles de Tlascala, jusqu'a la paix,
d'une manière fort éloignée de la réalité.

Pour ce qui est des guerres de Mexico, lorsque les
Indiens nous défirent et chassèrent de la cité et nous
tuèrent et sacrifièrent plus de huit cent et soixante soldats (je répète, plus de huit cent et soixante, car de
mille et trois cents, tant de ceux de Narvaez que de
ceux de Cortès, qui entrèrent au secours de Pedro de

Alvarado, nous n'en réchappâmes que quatre cent et quarante, et tous blessés), il en parle comme si ce n'eût été rien. Puis, lorsque nous revînmes conquérir la grande cité de Mexico et qu'elle fut prise, il ne dit pas non plus les soldats qu'ils nous tuèrent et blessèrent dans les conquêtes, mais que nous trouvions tout à point, comme qui va à noces et réjouissances. Pourquoi tant employer ma plume à détailler chaque chose et gâter, ainsi encre et papier? C'est parce que si en tout ce qu'il écrit, le Gomara en use de même, c'est grand'-pitié! Et quelque bon que soit son style, il devait bien penser que pour pouvoir donner du crédit au reste de son histoire, il aurait dû faire tous ses efforts pour être irréprochable en tel cas. Laissons ce discours et revenons à notre sujet. Après avoir bien examiné tout ce qu'écrit le Gomara, qui, pour être si contraire aux faits, est au préjudice de tant de gens, je me remets à continuer ma relation et histoire. Parce que, comme le disent de sages personnes, le meilleur goût et la plus agréable composition est de dire la vérité dans ses ouvrages, et la pure vérité tolère ma rudesse. Et considérant ce que j'ai dit, je résolus de suivre mon projet avec les ornements et discours que l'on verra plus avant, pour que soient mises en lumière et se voient les conquêtes de la Nouvelle-Espagne, clairement et comme elles doivent être vues, et pour que Sa Majesté ait l'agrément de connaître les grands et notables services que nous Lui avons rendus, nous les véritables Conquérants qui, venus en si petit nombre à ces contrées avec le bon et fortuné Capitaine Her-

nando Cortés, nous exposâmes à de si grands périls
en Lui conquérant cette terre qui est une bonne partie
de celles du Nouveau-Monde, ainsi que l'a reconnu
Sa Majesté, qui, comme Roi très-Chrétien et Seigneur
nôtre, a donné plusieurs fois l'ordre de nous en ré-
compenser. Laissons ce sujet, parce qu'il y aurait beaucoup à dire là-dessus.

Et je veux m'avancer avec la plume à la main,
comme le bon pilote promène la sonde par la mer,
découvrant les bas-fonds, quand il sent qu'il y en a ;
ainsi ferai-je acheminer à la vérité l'histoire du chroniqueur Gomara, mais ce ne sera pas pour tout ce
qu'il écrit, parce que s'il fallait le faire point par point
le grappillage coûterait plus que les véritables ven-
danges. Je dis donc que par-dessus cette mienne
relation, les chroniqueurs peuvent sublimer et donner
autant de louanges qu'ils voudront tant au Capitaine Cortés qu'aux braves Conquérants, car cette
grande et sainte entreprise est sortie de nos mains, et
c'est la meilleure preuve de la vérité. Et ce ne sont
contes de nations étranges, ni rêves, ni vanteries, car
cela s'est passé hier pour ainsi dire ; sinon que l'on
voie la Nouvelle-Espagne ce qu'elle est et ce que l'on
écrit sur elle. Nous dirons ce qui, en ces temps, nous
a paru être la vérité, comme témoins oculaires, et
nous nous garderons des contradictions et fausses relations de ceux qui ont écrit par ouï dire, car nous
savons que la vérité est chose sacrée.

Et je ne veux point gloser davantage sur cette matière, quoique ayant encore bien des choses à dire,

notamment sur les soupçons que l'on eut que le chroniqueur avait composé cette histoire d'après de mensongères relations, parce qu'il en donna tout l'honneur et toute la gloire au seul Marquis don Hernando Cortès et ne fit mention d'aucun de nos valeureux Capitaines et braves soldats.

Et en tout ce que le Gomara écrit en son histoire, bien paraît-il lui être fort dévoué, car il dédia sa chronique et œuvre à son fils le Marquis qui vit encore aujourd'hui, et laissa de la mettre sous la protection de notre Roi et Seigneur. Et non-seulement le Francisco Lopez de Gomara a écrit tant d'erreurs et de mensonges, mais il a fait aussi le plus grand tort à plusieurs écrivains et chroniqueurs qui, depuis lui, ont traité le sujet de la Nouvelle-Espagne, comme le docteur Illescas et Paul Jove qui, se confiant en sa parole, ont suivi son histoire. De manière que ce qu'ils ont écrit sur ces matières est inexact, par la faute du Gomara.

CHAPITRE XIX.

Comment nous retournâmes avec une autre Armada aux terres nouvellement découvertes, ayant pour Capitaine de l'Armada Hernando Cortès, qui depuis fut Marquis del Valle et autres lieux, et des obstacles qu'on lui suscita pour l'empêcher d'être Capitaine.

L E quinzième jour du mois de novembre de l'an mil cinq cent et dix-huit, le Capitaine Juan de Grijalva étant revenu, comme nous l'avons dit, des terres nouvellement découvertes, le gouverneur Diego Velazquez, se disposant à envoyer une autre Armada beaucoup plus considérable que les précédentes, avait déjà rassemblé à cet effet dix navires dans le port de Santiago de Cuba.

Quatre d'entre eux étaient ceux sur lesquels nous étions revenus avec Juan de Grijalva et qui avaient été immédiatement radoubés et réparés. Les six autres furent recueillis dans toute l'île et pourvus de vivres composés de pain cassave et porc salé, parce que à cette époque il n'y avait point en l'île de Cuba de bétail, tels que bœufs ou moutons. Et il n'y avait de vivres que pour aller jusqu'à la Havana où nous devions faire toutes les provisions, comme il fut fait.

Laissons cela pour parler des difficultés qu'il y eut à choisir un Capitaine pour ce voyage. Les débats et discords étaient grands parce que certains Cavaliers mettaient en avant un Capitaine fort de qualité, nommé Vasco Porcallo, proche parent du comte de Feria, et le Diego Velazquez, le sachant fort entreprenant, craignit qu'il ne se révoltât avec l'Armada. D'autres patronnaient un certain Agustin Bermudez, ou un certain Antonio Velazquez Borrego, ou un Bernardino Velazquez, parents du Gouverneur. Et nous tous les autres soldats qui étions là, nous désirions que ce fût le Juan de Grijalva qui retournât, car il était bon Capitaine et n'avait point de défaut en sa personne et savait commander.

Les choses et les avis allant et se partageant de la façon que j'ai dit ici, deux grands familiers du Diego Velazquez, qui se nommaient Andrés de Duero, Secrétaire du même Gouverneur, et un certain Amador de Lares, Trésorier de Sa Majesté, firent secrètement société avec un bon hidalgo nommé Hernando Cortès, natif de Medellin, lequel fut fils de Martin Cortès de Monroy et de Catalina Pizarro Altamirano, tous deux de race noble, quoique pauvres. Il était ainsi du côté de son père Cortès y Monroy, et du côté de sa mère Pizarro y Altamirano. Il fut des bons lignages d'Estramadure et avait une Commanderie d'Indiens dans cette île où, peu de temps auparavant, il s'était marié, à la suite d'aventures amoureuses, avec une dame nommée dona Catalina Suarez Pacheco. Cette dame, fille de Diego Suarez Pacheco, déjà défunt, natif de la cité de Avila, et de Maria de Mercaida, Biscaïne, était sœur de Juan Suarez Pacheco qui, après la conquête de la

Nouvelle-Espagne, habita Mexico où il eut une Commanderie. Et au sujet de ce mariage, Cortès eut à supporter bien des déplaisirs et emprisonnements, Diego Velazquez ayant favorisé les intérêts de la dame, comme plus longuement d'autres le conteront. Aussi passerai-je outre pour parler de la société, dont voici les termes : Ces deux grands familiers du Diego Velazquez convinrent de faire donner à lui, Hernando Cortès, la Capitainerie Générale de toute l'Armada, à condition qu'ils partageraient entre tous les trois le gain d'or, argent et joyaux formant la part qui échérait à Cortès, car, en secret, le Diego Velazquez n'envoyait pas créer des établissements, mais faire des échanges.

Cet accord fait, le Duero et le Trésorier eurent de telles façons avec le Diego Velazquez et lui dirent de si bonnes et mielleuses paroles, louant fort Cortès comme personne digne de cette charge et comme Capitaine fort vaillant et qui lui serait fidèle, car c'était son filleul (le Diego Velazquez lui ayant servi de parrain lorsqu'il se voila avec dona Catalina Suarez Pacheco), qu'ils le persuadèrent, et que Cortès fut choisi pour Capitaine Général. Et l'Andrès de Duero, étant Secrétaire du gouverneur, ne fut point lent à faire les provisions, comme dit le proverbe, de fort bonne encre, et aussi complètes que le voulut Cortès, et les lui remit signées. Son élection, une fois publiée, était agréable aux uns, tandis que d'autres la regrettaient. Et un dimanche que le Diego Velazquez allait à la messe, accompagné, en sa qualité de Gouverneur, des plus nobles personnes et habitants de cette ville, et

qu'il menait Cortès à son côté droit pour lui faire
honneur, un bouffon, nommé Cervantes le fou, marchait devant lui en criant avec force gestes et turlu-
pinades: Gloire à mon maître ! Diego, Diego, quel
Capitaine as-tu choisi? Il est de Medellin d'Estramadure, Capitaine de grande aventure. Mais je crains,
Diego, qu'il ne se lève avec l'Armada, car je le tiens
pour fort grand homme en ce qui le regarde. Et il disait
d'autres folies toutes tournées à malice. Et l'oyant
parler de cette manière, l'Andrès de Duero, qui s'en
venait là en compagnie de Cortès, le frappa sur le
chignon du col et lui dit : Tais-toi, ivrogne, fou, ne
fais pas davantage le drôle, parce que nous tenons pour
bien entendu que ces méchancetés sous couleur de
plaisanteries ne sortent pas de toi. Et néanmoins le
fou continuait : Vive, vive la bonne grâce de mon
maître Diego et de son fortuné Capitaine Cortès ! Et
je te jure bien, mon maître Diego, que pour ne te
point voir pleurer la mauvaise affaire que tu as faite
à cette heure, je veux m'en aller avec Cortès à ces
terres si riches. On tint pour assuré que les Velazquez,
parents du Gouverneur, avaient donné quelques pesos
d'or à ce bouffon pour qu'il récitât ces méchancetés
sous couleur de plaisanteries. Et tout ce qu'il avait
dit se réalisa.

On prétend que souvent les fous tombent juste en
ce qu'ils prédisent. Et ainsi fut élu Hernando Cortès,
par la grâce de Dieu, pour exhausser notre sainte
Foi et servir Sa Majesté, comme il sera dit plus avant.

CHAPITRE XX.

Des choses que fit et entendit le Capitaine Hernando Cortès après qu'il eut été élu, comme il a été dit.

O R, Hernando Cortès ayant été, comme je l'ai dit, élu Général de l'Armada, commença de rechercher des armes de tout genre, aussi bien escopettes que poudre et arbalètes et tout autant de munitions de guerre qu'il en put trouver, ainsi que des objets d'échange de toute espèce et autres choses congruentes à ce voyage. Et en outre il commença à se parer et se faire brave en sa personne beaucoup plus que devant et se mit un panache de plumes avec sa médaille d'or, qui lui seyaient fort bien. Or, il n'avait pas de quoi faire cesdites dépenses, étant en cette saison fort endetté et pauvre, encore qu'il eût de bons Indiens de Commanderie qui lui tiraient une bonne rente des mines d'or. Mais il dépensait tout pour sa personne et en ajustements pour sa femme, étant nouvellement marié. Il était affable de sa personne et bien aimé et de bonne hantise et avait été deux fois Alcalde en la ville de Santiago de Baracoa où il habitait, ce qui, en ces pays, se tient à grand honneur. Et certains marchands de ses amis, nommés Jaime Tria ou Geronimo Tria et Pedro de Xerez, le voyant avec une Capitainerie en bon chemin, lui prêtèrent quatre mille pesos d'or et lui

donnèrent en outre des marchandises sur la rente de
ses Indiens. Et aussitôt il fit faire des aiguillettes d'or
qu'il mit sur un habit de velours, et des étendards et
bannières ouvrés d'or avec les armoiries Royales et
une croix de chaque côté conjointement avec les armoiries de Notre Roi et Seigneur et une inscription
en latin qui disait : Frères, suivons le signe de la Sainte
Croix avec foi sincère et par lui nous vaincrons. Et
il fit immédiatement publier ses bans et battre ses
tambours et trompettes au nom de Sa Majesté, et, en
Son Royal Nom, pour Diego Velazquez, informant
toutes personnes qui voudraient aller en sa compagnie
aux terres nouvellement découvertes pour les conquérir
et peupler qu'il leur serait donné leur part de l'or,
argent et joyaux qui y seraient trouvés, et Commanderies d'Indiens après la pacification, et que pour ce,
le Diego Velazquez tenait ses pouvoirs de Sa Majesté.
Et quoique cette publication eût été faite avec la permission du Roi Notre Seigneur, cependant le Chapelain
Benito Martinez, que le Diego Velazquez, comme je
l'ai dit dans le chapitre qui en traite, avait dépêché
en Castille, n'en était pas encore revenu avec la licence
demandée.

Or, cette nouvelle ayant couru dans toute l'île de
Cuba, et Cortès ayant écrit dans toutes les villes à
ses amis de s'apprêter pour aller avec lui à ce voyage,
les uns vendaient leurs haciendas pour acheter des
armes et chevaux, d'autres commençaient à faire de
la cassave et saler des porcs pour provisions de bord
et matelassaient des armures et se pourvoyaient de

tout ce qui leur était nécessaire du mieux qu'ils pouvaient.

De sorte que nous nous rassemblâmes à Santiago de Cuba, d'où nous sortîmes avec l'Armada, plus de trois cents soldats. Et de la maison du même Diego Velazquez vinrent les principaux qu'il avait à son service, parmi lesquels un certain Diego de Ordas, son Majordome Mayor, qu'il envoya pour voir et entendre afin qu'il n'y eût aucune male trame en l'Armada, car il se défia toujours de Cortès, quoiqu'il le dissimulât. Avec lui vinrent aussi un certain Francisco de Morla et un Escobar et un Heredia et Juan Ruano et Pedro Escudero et un Martin Ramos de Lares, Biscayen, et nombre d'autres amis et commensaux du Diego Velazquez ; et je me mets en dernier lieu. Et si je cite ici ces soldats et non d'autres, c'est parce que, en leur temps et saison, je nommerai tous ceux dont il me souviendra. Et tandis que Cortès se démenait fort pour dépêcher son Armada et apportait en tout grande hâte, la malice et l'envie régnant toujours parmi les proches du Diego Velazquez, ils se sentaient outragés de ce que le parent ne se fût pas fié à eux et eût donné cette charge et Capitainerie à Cortès, sachant que, peu auparavant, il l'avait tenu pour son grand ennemi, au sujet de son mariage avec sa femme qui se nommait Catalina Suarez la Mercaida (comme je l'ai dit), et pour cette cause, ils allaient murmurant du parent Diego de Velazquez et même de Cortès, et, par tous les moyens possibles, essayaient de le brouiller avec le Gouverneur pour que de toute manière on lui retirât son commandement. De quoi le Cortès étant avisé, avait soin de ne se point départir de la compagnie du Gouverneur, se montrant toujours être son très-grand serviteur, et lui répétant qu'il le devait faire fort illustre seigneur et riche en peu de temps. En outre, l'Andrès de Duero avertissait toujours Cortès de se hâter d'embarquer, parce que les parents, avec leurs importunités, avaient déjà retourné le Diego Velazquez. Et dès que Cortès vit cela, il manda à sa femme doña Catalina Suarez la Mercaida que tout ce qu'elle aurait à porter de provisions et autres présents que les femmes ont coutume de faire à leurs maris, particulièrement en telle occurrence, elle le fît aussitôt remettre à bord des navires. Et il avait déjà donné ordre de faire les publications à son de trompe, et elles étaient faites, et les maîtres et pilotes prévenus ainsi que tous les soldats pour que, au jour et nuit désignés, il n'en demeurât aucun à terre. Et lorsqu'il eût donné cet ordre et qu'il les vit tous embarqués, il alla prendre congé du Diego Velazquez, accompagné de ses grands amis et associés, Andrès de Duero et le trésorier Amador de Lares et de tous les plus nobles habitants de cette ville. Et après grandes protestations et embrassades de Cortès au Gouverneur et du Gouverneur à Cortès, celui-ci prit congé du Velazquez. Et le lendemain de très-grand matin, après messe ouïe, nous nous rendîmes aux navires, et Diego Velazquez lui-même l'accompagna de nouveau ainsi que beaucoup d'autres hidalgos, jusqu'au moment de mettre à la voile. Et avec un temps favorable, nous

arrivâmes en peu de jours à la ville de la Trinidad
où, étant entrés dans le port, nous descendîmes à
terre. On contera plus loin ce qui y advint à Cortès.

Que l'on voie en cette mienne relation ce qui arriva à
Cortès et les traverses qu'il passa jusqu'à ce qu'il eût
eté élu Capitaine et tout le reste déjà dit par moi, et
que l'on remarque, à ce propos, ce que dit Gomara en
son histoire, et l'on trouvera l'un fort différent de
l'autre, et comme il fait un marchand d'Andrès de
Duero qui, étant Secrétaire, gouvernait l'île de Cuba,
et dit que Diego de Ordas, qui vint alors avec Cortès,
avait accompagné Grijalva. Laissons là Gomara et sa
méchante relation, pour dire notre débarquement
en la ville de la Trinidad.

CHAPITRE XXI.

De ce que fit Cortès après qu'il fut arrivé à la ville
de la Trinidad et des Cavaliers et soldats qui se
rassemblèrent là pour aller en sa compagnie, et de
ce qui en outre lui advint.

ET aussitôt que les habitants surent que nous étions
débarqués dans le port de la ville de la Trinidad
et descendus à terre, ils vinrent recevoir Cortès et
nous autres qui étions en sa compagnie et nous donner
la bienvenue à leur ville, et menèrent Cortès loger
parmi les habitants, de très-bons hidalgos étant établis

en cette ville. Et aussitôt Cortès fit hisser son étendard devant son logis et publier son ban, comme il l'avait fait à Santiago, et rechercher toutes les arbalètes et escopettes qu'il y avait. Il acheta aussi d'autres choses nécessaires et même des provisions. Et de cette ville sortirent avec nous six hidalgos, tous frères, qui furent : le Capitaine Pedro de Alvarado, et Gonzalo de Alvarado, et Jorge de Alvarado, et Gonzalo et Gomez et Juan de Alvarado le Vieux, qui était bâtard. Le Capitaine Pedro de Alvarado est celui qui a été souventes fois nommé. Et partirent aussi de cette ville : Alonso de Avila, natif de Avila, Capitaine qui avait accompagné Grijalva, et Juan de Escalante et Pedro Sanchez Farfan, natif de Séville, et Gonzalo Mejia, qui fut trésorier en l'expédition de Mexico, et un Baena et Juanes de Fuenterravia et Christoval de Oli, qui avait été forçat du Turc et qui fut Mestre de Camp en la prise de la cité de Mexico et en toutes les guerres de la Nouvelle-Espagne, et Ortiz le Musicien, et un Gaspar Sanchez, neveu du Trésorier de Cuba, et un Diego de Pineda ou Pinedo et un Alonso Rodriguez, qui avait de riches mines d'or, et un Bartolomé Garcia et d'autres hidalgos dont j'ai oublié les noms, tous personnes de grande valeur. Et de la Trinidad, Cortès écrivit à la ville de Santi-Spiritus, qui était à dix-huit lieues de là, faisant savoir à tous les habitants comment il allait à ce voyage pour servir Sa Majesté, et avec paroles flatteuses et promesses pour attirer à soi les nombreuses personnes de qualité établies en cette ville, qui se nommaient : Alonso Hernandez Puerto-

carrero, cousin du comte de Medellin, et Gonzalo
de Sandoval, qui fut huit mois Alguazil Mayor et
Gouverneur et Capitaine en la Nouvelle-Espagne,
et Juan Velazquez de Leon, parent du gouverneur
Velazquez, et Rodrigo Rangel et Gonzalo Lopez de
Ximena et son frère Juan Lopez et Juan Sedeño.
Ce Juan Sedeño était habitant de cette ville et il
le déclara ainsi, parce qu'il y avait dans notre Armada deux autres Juan Sedeño. Et tous ceux que
j'ai nommés, personnes très-bien nées, vinrent à la
ville de la Trinidad, où Cortès se tenait. Et comme
il sut qu'ils venaient, il les sortit recevoir avec nous
autres tous soldats qui étions en sa compagnie, et
force coups d'artillerie furent tirés et il leur montra
grand amour et eux lui faisaient grande révérence.
Disons à cette heure que toutes les personnes que
j'ai nommées, habitants de la Trinidad, avaient, proche
cette ville, dans leurs estancias où ils faisaient le
pain cassave, des troupeaux de porcs, et chacun
s'employa à fournir le plus de vivres qu'il pouvait. Or,
en cet état, rassemblant des soldats et achetant des
chevaux, qui en cette saison et dans ce temps étaient
fort rares et très-chers, comme cet hidalgo par moi
déjà mentionné qui se nommait Alonso Hernandez
Puertocarrero n'avait pas de cheval ni même de quoi
en acheter un, Cortès lui acheta une jument grise, qu'il
paya avec les aiguillettes d'or qu'il portait sur l'habit
de velours qu'il avait fait faire à Santiago de Cuba,
comme je l'ai dit. Et, en ce moment, arriva à cet
port de la Trinidad un navire de la Havana que mon-

tait un certain Juan Sedeño, habitant de ladite
Havana, avec chargement de pain cassave et porc salé
qu'il allait vendre à des mines d'or, près de Santiago
de Cuba. Et quand le Juan Sedeño eut pris terre, il
alla baiser les mains à Cortès, qui, après force devis,
lui acheta le navire, le porc salé et la cassave, à
crédit.

Et le Juan Sedeño s'en vint avec nous. Nous avions
déjà onze navires et tout nous succédait prospérement,
grâce à Dieu. Et, en cet état, Diego Velazquez envoya
lettres et commandements pour que l'on ôtat l'Armada
à Cortès. Ce que l'on verra plus avant.

CHAPITRE XXII.

Comment le gouverneur Diego Velazquez envoya deux
de ses domestiques, en poste, à la ville de la Tri-
nidad, avec procurations et commandements pour
révoquer Cortès de ses pouvoirs de Capitaine et lui
ôter l'Armada, et de ce qui en advint.

JE veux retourner quelque peu en arrière de notre
discours pour dire que, lorsque nous fûmes sortis
de Santiago de Cuba avec tous les navires, de la manière que je l'ai conté, de telles paroles contre Cortès
furent dites à Diego Velazquez qu'on lui fit tourner le
feuillet. On l'accusait d'être déjà un rebelle, et de ce
qu'il était sorti du port à la sourdine et de ce qu'on lui

12

avait entendu dire que, quelque ennui qu'en eût Diego
Velazquez, il n'en serait pas moins Capitaine; que, à
cet effet, il avait embarqué tous ses soldats dans les
navires, de nuit, pour que, si on lui ôtait la Capitainerie, il pût mettre de force à la voile; que le Diego
Velazquez avait été trompé par son Secrétaire Andrès
de Duero et le Contador Amador de Lares, et que par
trafic qu'il y avait entre eux et Cortès, ils lui avaient
fait donner cette Capitainerie. Et ceux qui mirent le
plus avant la main à exciter Diego Velazquez à lui
révoquer aussitôt ses pouvoirs furent ses parents les
Velazquez et un vieux nommé Juan Millan que l'on
appelait l'Astrologue; d'autres disaient qu'il avait des
grains de folie et qu'il était éventé. Et ce vieux disait
souventes fois au Diego Velazquez: Considérez, Seigneur, que Cortès se vengera maintenant de ce que
vous le tîntes jadis prisonnier et, comme il est très-sub-
til, il vous perdra, si vous n'y remédiez promptement.

A ces paroles et à maintes autres qu'on lui disait,
le Gouverneur ouvrit l'oreille et, avec grande hâte,
envoya deux estaffiers en qui il se fiait, avec commandements et provisions pour l'Alcalde Mayor de
la Trinidad qui se nommait Francisco Verdugo, et qui
était son beau-frère, par lesquelles provisions il ordonnait qu'en tout cas l'Armada fût retirée à Cortès,
car il n'était déjà plus Capitaine, ses pouvoirs ayant
été révoqués et donnés à Vasco Porcallo. Ces estaffiers apportaient aussi des lettres pour Diego de
Ordas et pour Francisco de Morla et pour tous les
amis et parents du Diego Velazquez, afin qu'en tout

cas l'Armada lui fût ôtée. Et lorsque Cortès le sut, il
parla secrètement à l'Ordas et à tous les soldats et
habitants de la Trinidad qui lui parurent devoir favoriser les provisions du gouverneur Diego Velazquez.
Et telles furent ses paroles et ses offres qu'il les tira à
son service, jusque la que Diego de Ordas lui-même
parla à Francisco Verdugo qui était Alcalde Mayor, et
qu'ils convinrent que, loin d'ébruiter cette affaire, ils la
dissimuleraient. Car l'Ordas représenta à l'Alcalde que
jusqu'alors il n'avait vu aucune nouveauté en Cortès,
mais qu'au contraire, il se montrait fort serviteur du
Gouverneur : et que s'ils se voulaient mettre en avant,
pour le compte du Velazquez, dans le but d'ôter l'Armada à Cortès au moment où il avait pour amis beaucoup d'hidalgos ennemis du Diego Velazquez qui ne
leur avait pas donné de bons Indiens, et qu'en outre
des hidalgos ses amis, il avait grande foison de soldats
et était très-puissant, que ce serait mettre noise en la
ville et que par aventure les soldats pourraient la
mettre à sac et la piller et faire autre désarroi pire.
Et, par ainsi, l'affaire en resta là, sans qu'il fût fait de
bruit. Et un estaffier, de ceux qui avaient apporté les
lettres et messages, s'en vint avec nous, lequel se nommait Pedro Lasso, et par l'autre messager Cortès écrivit
fort bénignement et amoureusement au Diego Velazquez : Qu'il s'émerveillait que Sa Grâce eût pris tel avis ;
qu'il n'avait d'autre désir que servir Dieu et Sa Majesté
et, en Son Royal Nom, Sa Grâce, et qu'il la suppliait
de ne plus ouvrir l'oreille aux seigneurs Velazquez,
ses alliés, et qu'Elle ne changeât point à son égard

pour un vieux fou comme était Juan Millan. Il écrivit
aussi à tous ses amis, spécialement au Duero et au
Contador ses associés, et, après avoir écrit, il fit savoir
à tous les soldats qu'ils eussent à accommoder leurs
armes, et à tous les forgerons qui se trouvaient en
cette ville qu'ils eussent toujours à faire des casquets, et
aux arbalétriers qu'ils façonnassent les munitions afin
d'avoir force traits; et, en outre, il attira et convia
les forgerons à s'en venir avec nous, et ainsi firent-ils.

Et nous séjournâmes douze jours dans cette ville
où je le laisserai, et dirai comment nous nous embarquâmes pour aller à la Havana. Je veux aussi que ceux
qui liront cette relation voient combien elle diffère
de celle de Francisco Gomara, quand il dit que Diego
Velazquez envoya à Ordas l'ordre d'inviter Cortès à
dîner sur un navire et de le mener prisonnier à Santiago. Et il met d'autres choses en sa chronique dont,
pour ne me point allonger, je le tiens quitte. Et je laisse
à l'entendement des curieux lecteurs à discerner
lequel suit meilleur chemin, ou le récit de qui a vu
par la vue de ses yeux, ou celui de Gomara qui conte
ce qu'il n'a pas vu. Retournons à notre matière.

CHAPITRE XXIII.

Comment le Capitaine Hernando Cortès s'embarqua avec tous les autres Cavaliers et soldats pour aller par la bande du Sud au port de la Havana, et envoya un autre navire par la bande du Nord, et de ce qui en outre lui advint.

LORSQUE Cortès vit que nous n'avions plus que faire dans la ville de la Trinidad, il fit savoir à tous les Cavaliers et soldats, qui s'étaient rassemblés là pour aller en sa compagnie, qu'ils eussent à s'embarquer avec lui dans les navires qui étaient dans le port de la bande du Sud. Quant à ceux qui voudraient aller par terre, ils accompagneraient jusqu'à la Havana Pedro de Alvarado, pour recruter d'autres soldats qui se trouvaient dans les estancias, sur le chemin de ladite Havana. Car le Pedro de Alvarado était fort affable et avait une grâce singulière à lever des gens de guerre. J'allai par terre, en sa compagnie, avec plus de cinquante autres soldats. Laissons cela, et je dirai que Cortès commanda aussi à un hidalgo fort de ses amis, qui se nommait Juan de Escalante, d'aller sur un navire par la bande du Nord. Il ordonna aussi que tous les chevaux fussent menés par terre. Or, les choses susdites étant dépêchées, Cortès s'embarqua dans la Nef Capitane pour suivre, avec tous les navires, la route de la Havana. Il paraît que les vaisseaux qu'il

menait de conserve perdirent de vue, dans la nuit, la
Capitane, que montait Cortès, et arrivèrent au port.
Et pareillement, nous gagnâmes avec Pedro de Alvarado, par terre, la ville de la Havana ; et le navire
que menait Juan de Escalante par la bande du Nord
était également arrivé, ainsi que tous les chevaux qui
venaient par terre. Et Cortès ne paraissait point, et
l'on ne pouvait donner raison de lui, ni savoir où il
était resté, et cinq jours se passèrent sans aucune nouvelle de son navire. Et nous avions soupçon qu'il ne
se fût perdu dans les Jardins, proche les îles de Pinos
où il y a nombre de bas-fonds et qui sont à dix ou
douze lieues de la Havana. Et il fut convenu, entre
nous tous, d'expédier trois navires, de ceux de moindre
port, en quête de Cortès. Et à accommoder les navires
et à disputer : Qu'un tel y aille ! — Non, tel autre. —
Ou Pedro — ou Sancho — il se passa deux autres
jours, et Cortès ne paraissait point. Et il y avait entre
nous des intrigues et menus caquets à qui serait
Capitaine jusqu'à ce que l'on sût ce qui était advenu
de Cortès. Et celui qui y mit le plus la main fut Diego
de Ordas comme Majordome Mayor du Velazquez,
qui ne l'avait envoyé que pour aviser à ce que l'Armada ne se levât point contre lui. Laissons cela et
revenons à Cortès. Il montait, comme je l'ai déjà dit,
le navire de plus grand port, qui, dans les parages de
l'île de Pinos, proche les Jardins où il y a nombre de
bas-fonds, toucha, paraît-il, et resta quelque peu à sec
et ne put naviguer. Et, avec le bateau, il fit decharger
toute la charge qui se put tirer, car il y avait là

près une terre où ils la déposèrent, et dès qu'ils virent que le navire était à flot et pouvait nager, ils le poussèrent en eau plus profonde et, l'ayant rechargé, mirent à la voile, et suivirent leur voyage jusqu'au port de la Havana. A l'arrivée de Cortès, nous tous, Cavaliers et soldats qui l'attendions, nous réjouîmes de sa venue, sauf quelques-uns qui prétendaient à être Capitaines, et les caquets cessèrent. Et, après que nous l'eûmes logé dans la maison de Pedro Barba, qui était Lieutenant de cette ville pour le Diego Velazquez, il fit sortir ses étendards et les fit planter devant les maisons où il logeait et fit crier ses bans selon qu'il avait accoutumé. Et de ladite Havana vint un hidalgo qui se nommait Francisco de Montejo, et c'est celui que j'ai souventes fois nommé qui, Mexico gagnée, fut Adelantado et Gouverneur de Yucatan et Honduras, et vinrent aussi: Diego de Soto, celui de Toro, qui fut Majordome de Cortès à Mexico, et un Angulo et Garci Caro et Sebastian Rodriguez et un Pacheco et un N... Gutierres et un Rojas (je ne dis pas Rojas le Riche) et un jouvenceau nommé Santa-Clara et les deux frères Martinez del Frexenal et un Juan de Najara (je n'entends point désigner le sourd du jeu de paume de Mexico), tous personnes de qualité, sans compter d'autres soldats dont j'ai oublié les noms. Et lorsque Cortès vit tous ces hidalgos et soldats rassemblés, il se réjouit grandement, et aussitôt envoya un navire à la pointe de Guaniguanico, à un pueblo d'Indiens qui faisaient de la cassave et avaient quantité de porcs, pour y charger

du lard ; et comme cette estancia appartenait au
gouverneur Diego Velazquez, il élut pour capitaine
du navire le Diego de Ordas, en sa qualité de Majordome Mayor des biens du Velazquez. Et Cortès
l'envoya pour le tenir éloigné de lui, ayant su qu'il
ne s'était pas montré fort en sa faveur dans les disputes à qui serait Capitaine, alors que la Capitane
toucha près de l'île de Pinos ; il l'envoya donc pour
n'avoir point à quereller avec lui. Et il lui ordonna
qu'après avoir chargé le navire de vivres, il restât à
attendre dans le même port de Guaniguanico un
autre navire qui devait le rejoindre par la bande du
Nord, pour aller tous deux de conserve jusqu'à Cozumel, sinon, qu'il l'aviserait avec des Indiens en
canoas de ce qu'il aurait à faire.

Revenons au Francisco de Montejo et à tous les habitants de la Havana qui fournirent force victuailles
en cassave et porc salé, à défaut d'autre denrée. Et
aussitôt Cortès fit tirer des navires toute l'artillerie,
c'est à savoir : dix canons de bronze et quelques fauconneaux, et donna à un artilleur qui se nommait
Mesa et à un Levantin du nom d'Arbenga et à un Juan
Catalan la charge de la nettoyer et de l'essayer, et
d'avoir à point les balles et la poudre; et il leur donna
du vin et du vinaigre pour l'affinage et leur adjoignit
pour compagnon un certain Bartolomé de Usagre.
Il ordonna aussi d'accommoder les arbalètes, cordes et
noix et munitions, et de tirer au blanc, et de prendre
garde à combien de pas portait le jet de chaque arbalète. Et comme en cette terre de la Havana il y

avait quantité de coton, nous en fîmes des armures très-bien matelassées, bonnes contre les Indiens qui usent fort de javelots, flèches et coups de lance ; quant aux pierres, c'est une vraie grêle. Et là, en la Havana, Cortès commença à monter sa maison et à se traiter en seigneur ; et le premier maître d'hôtel qu'il eut fut un Guzman, qui mourut bientôt ou que tuèrent les Indiens (je n'entends pas parler du majordome de Cortès, Christoval de Guzman, qui prit Guatemuz lors de la guerre de Mexico). Son valet de chambre fut un Rodrigo Rangel et son majordome un Juan de Caceres qui, Mexico gagnée, devint homme riche.

Tout cela réglé, il nous avisa de nous tenir prêts à embarquer et de répartir les chevaux dans tous les navires ; et l'on fit un rang de mangeoires que l'on garnit de quantité de maïs et d'herbe sèche. Je veux ici remémorer tous les chevaux et juments qui passèrent :

Le Capitaine Cortès : un cheval bai zain qui mourut aussitôt à San Juan de Ulua.

Pedro de Alvarado et Hernando Lopez de Avila : une jument baie fort bonne, de joute et de course, et, dès que nous fûmes arrivés à la Nouvelle-Espagne, le Pedro de Alvarado acheta la moitié de la jument ou la prit de force.

Alonso Hernandez Puertocarrero : une jument grise de bonne vitesse que Cortès lui donna, l'ayant troquée contre les aiguillettes d'or.

Juan Velazquez de Leon : une autre jument grise,

fort puissante, que nous appelions Courte-Queue, voltant bien et de bonne vitesse.

Christoval de Oli : un cheval bai brun, assez bon.

Francisco de Montejo et Alonso de Avila : un cheval alezan brûlé qui ne valut rien pour la guerre.

Francisco de Morla : un cheval bai brun, grand coureur et voltant bien.

Juan de Escalante : un cheval bai clair, balzan de trois pieds, qui ne fut pas bon.

Diego de Ordas : une jument grise brehaigne, passable, quoiqu'elle courût peu.

Gonzalo Dominguez, fort excellent écuyer : un cheval bai brun, très-bon et grand coureur.

Pedro Gonzalez de Truxillo : un bon cheval bai, parfaitement bai, qui courait fort bien.

Moron, habitant de Bayamo : un cheval aubère ayant eu le feu aux jambes de devant, qui voltait bien.

Baena, habitant de la Trinidad : un cheval aubère tournant quelque peu au moreau, qui se trouva n'être pas bon.

Lares, le très-bon écuyer : un cheval fort bon, de couleur baie, quelque peu claire, bon coureur.

Ortiz le Musicien et un Bartolomé Garcia qui soulait avoir des mines d'or : un fort bon cheval de robe sombre que l'on appelait le Muletier. Ce fut un des bons chevaux que nous passâmes en l'Armada.

Juan Sedeño, habitant de la Havana : une jument baie ; et cette jument mit bas dans le navire. Ce Juan Sedeño fut le plus riche soldat qui passa dans toute l'Armada, car il apporta un navire à lui et la jument

et un nègre et de la cassave et du porc salé ; d'autant
qu'en cette saison on ne pouvait trouver ni chevaux
ni nègres, sinon à poids d'or. Et il ne passa pas davantage de chevaux, par la raison qu'il n'y en avait
point. Il me faut les quitter ici, et je dirai ce qui nous
advint au moment de nous embarquer.

CHAPITRE XXIV.

*Comment Diego Velazquez envoya un sien domestique,
qui se nommait Gaspar de Garnica, avec commandements et provisions pour qu'en tout cas on se saisît
de Cortès et qu'on lui retirât l'Armada, et de ce qui
en advint.*

I L est nécessaire de retourner en arrière sur certains points de cette relation, afin qu'elle s'entende
bien. Il paraît que lorsque le Diego Velazquez vit et
tint pour assuré que Francisco Verdugo, son beau-frère
et lieutenant en la ville de la Trinidad, n'avait pas
voulu contraindre Cortès à laisser l'Armada, mais plutôt avait, conjointement avec Diego de Ordas, favorisé sa sortie, il fut si courroucé qu'il poussait des
rugissements et disait au Secrétaire Andres de Duero
et au Contador Amador de Lares qu'ils l'avaient dupé
par le trafic qu'ils avaient fait, et que Cortès était re-
bellé ; et il résolut d'envoyer un sien domestique à
la Havana, avec lettres et commandements à son lieu-

tenant qui se nommait Pedro Barba, et écrivit à tous
ses parents qui habitaient en cette ville et au Diego
de Ordas et à Juan Velazquez de Leon qui étaient ses
alliés et amis, les priant fort affectueusement de ne
laisser, ni pour bien ni pour mal, passer cette Armada,
mais de se saisir aussitôt de Cortés et de le lui envoyer prisonnier, sous bonne garde, à Santiago de
Cuba. A peine Garnica (c'est ainsi que se nommait
celui qu'il expédia avec les lettres et commandements à
la Havana), fut-il arrivé, qu'on sut ce qu'il apportait. Par
ce même messager, Cortés eut avis de ce qu'envoyait
le Velazquez, et ce fut de cette manière : il paraît
qu'un Frère de la Merci, qui se donnait pour serviteur de Velazquez et était de sa compagnie, écrivait
à un autre Frère de son Ordre qui allait avec Cortés
et se nommait Fray Bartolomé de Olmedo, et, dans
cette lettre, Cortés était avisé de ce qui se passait par
ses deux associés Andres de Duero et le Contador.

Retournons à notre conte. Or, comme l'Ordas
avait été envoyé aux provisions avec le navire (comme
je l'ai dit), Cortés n'avait plus d'autre contradicteur
que le Juan Velazquez de Leon. Aussitôt qu'il lui eut
parlé, il le rangea à son sentiment, car le Juan Velazquez de Leon n'était pas bien avec son parent qui ne
lui avait pas donné de bons Indiens. Et aucun des
autres à qui avait écrit Diego Velazquez n'aquiesça à
sa volonté, et tous au contraire se montrèrent unanimement en faveur de Cortés, et le lieutenant Pedro
Barba plus qu'aucun ; et d'ailleurs tous ces hidalgos :
les Alvarado et Alonso Hernandez de Puertocarrero

et Francisco de Montejo et Christoval de Oli et Juan
de Escalante et Andrès de Monjaraz et son frere
Gregorio de Monjaraz et nous autres, tous, nous
aurions joué la vie pour Cortès; en sorte que, si les
ordres furent dissimulés dans la ville de la Trinidad,
bien mieux encore il n'en fut soufflé mot à la Havana.
Et par le même Garnica, le lieutenant Pedro Barba
écrivit au Diego Velazquez qu'il n'avait pas osé saisir
Cortès parce qu'il était très-puissant en soldats et
homme à mettre la ville à sac, à la piller, à embarquer tous les habitants et à les emmener avec lui, qu'a
son sentiment Cortès était le serviteur de Sa Grâce,
et que, quant à lui, Barba, il n'avait pas osé faire autre
chose. Cortès, de son côté, écrivit au Velazquez, avec
ces paroles si bonnes et si courtoises qu'il savait si
bien dire que le lendemain il mettrait à la voile et
resterait fort son serviteur.

CHAPITRE XXV.

Comment Cortès mit à la voile avec toute sa compa-
gnie de Cavaliers et soldats pour l'île de Coʒumel, et
de ce qui lui advint en ce lieu.

Il ne fut point passé de revue jusqu'à l'île de Cozumel, et Cortès ne fit rien autre que d'ordonner
l'embarquement des chevaux. Puis il manda à Pedro
de Alvarado d'aller par la bande du Nord dans un

bon navire qui se nommait le San Sebastian et ordonna
au pilote de l'attendre à la pointe de Sant-Anton, pour
y faire sa jonction avec tous les navires et marcher de
conserve jusqu'à Cozumel. Il envoya en même temps à
Diego de Ordas, qui était allé faire des vivres dans la
bande du Nord, un messager avec ordre de l'attendre
pour rejoindre aussi. Et le dixième jour du mois de
février de l'an mil cinq cents et dix-neuf, après messe
ouïe, nous fîmes voile par la bande du Sud avec neuf
navires que montaient les Cavaliers et soldats que j'ai
dit. Et, en comptant les deux navires qui prirent par
la bande du Nord (comme je l'ai relaté) il y en eut
onze avec celui dans lequel partirent Pedro de Alvarado et soixante soldats. Et je fus en leur compagnie.
Et notre pilote, qui se nommait Camacho, ne tenant
compte des ordres de Cortès, poursuivit sa route,
et nous abordâmes deux jours avant Cortès à Cozumel
et mouillâmes dans le port dont j'ai déjà parlé, lors
de l'expédition de Grijalva. Cortès n'était pas encore
arrivé avec sa flotte, parce qu'un coup de vent avait fait
sauter le gouvernail de la nef dont Francisco de Morla
était capitaine, laquelle fut secourue d'un autre gouvernail par les deux navires qui venaient avec Cortès;
puis ils marchèrent tous de conserve.

Revenons à Pedro de Alvarado qui, aussitôt arrivé
au port, sauta à terre dans le pueblo de Cozumel, avec
tous les soldats. Nous n'y trouvâmes aucun Indien, car
tous s'étaient enfuis, et Alvarado nous ordonna d'aller
incontinent à un autre pueblo distant d'une lieue. Et là
aussi les naturels s'étaient enfuis et terrés dans les

bois et ils n'avaient pu enlever leurs biens, et avaient laissé des poules et autres choses; et des poules, Pedro de Alvarado fit prendre jusqu'à quarante. Il y avait aussi dans une case d'oratoire d'idoles des parements faits avec de vieilles couvertures et des coffrets contenant des especes de diadèmes et des idoles et des grains de verroterie et de petits pendants d'or bas. On prit aussi deux Indiens et une Indienne ; puis nous revînmes au village où nous avions débarqué.

En ce point, Cortès arriva avec tous les navires et, après avoir pris son logis, la première chose qu'il fit fut de mettre aux fers le pilote Camacho parce qu'il n'avait pas attendu en mer, comme il lui avait été enjoint. Et lorsqu'il vit le pueblo désert et qu'il sut comment Pedro de Alvarado était allé à un autre village, et qu'il y avait pris des poules, parements et autres petites bagatelles d'idoles et de l'or à moitié cuivre, il se montra fort courroucé tant de cela que de ce que le pilote ne l'avait pas attendu et en fit de griefs reproches au Pedro de Alvarado, lui disant que les terres ne se pouvaient pacifier en prenant ainsi aux naturels leur avoir. Il fit aussitôt conduire devant lui les deux Indiens et l'Indienne que nous avions enlevés et, à l'aide de Melchorejo, que nous avions amené de la pointe de Cotoche, lequel entendait bien cette langue (son compagnon Julianillo était mort), Cortès leur parla et leur dit d'aller appeler les Caciques et Indiens de ce pueblo, et qu'ils n'eussent point de peur, et il leur fit rendre

l'or et les parements et tout le reste, et pour les poules
qui avaient été mangées il fit donner des grains de
patenôtres et des clochettes et de plus fit présent à
chaque Indien d'une chemise de Castille ; de telle
sorte qu'ils allèrent appeler le seigneur de ce pueblo.
Le lendemain, le Cacique vint avec toute sa gent,
enfants et femmes, et ils se mêlaient parmi nous comme
si, de toute leur vie, ils nous eussent pratiqués. Et
Cortès ordonna qu'on ne leur fît aucun mal. Là, en
cette île, Cortès commença à commander fort effectivement, et Notre Seigneur lui donnait la grâce de
bien réussir en toute chose où il mettait la main, et
surtout à pacifier les peuples et naturels de ces contrées, comme on verra plus avant.

CHAPITRE XXVI.

Comment Cortès fit la montre de toute son armée,
et de ce qui en outre nous advint.

TROIS jours après notre arrivée à Cozumel, Cortès
fit faire la montre de ses soldats pour voir combien il en menait. Il trouva en fin de compte que nous
étions cinq cents et huit, sans compter les maîtres et
pilotes et mariniers qui devaient être cent neuf, et
seize tant chevaux que juments (toutes les juments
de joute et de course), et onze navires, grands et
petits, outre une sorte de brigantin dont avait la

charge un Gines Nortes. Il y avait trente-deux arbalétriers et treize escopettiers (c'est ainsi qu'on les
nommait dans le temps), et dix canons de bronze et
quatre fauconneaux et quantité de poudre et de balles;
pour ce qui est du compte des arbalétriers, il ne m'en
souvient pas bien, mais cela est de peu de cas pour le
récit. La parade terminée, Cortès ordonna à l'artilleur
Mesa, à Bartolomé de Usagre, à Arbenga et à Catalan,
qui étaient tous artilleurs, de tenir fort nets et parés
les canons, et les balles toutes prêtes conjointement
avec la poudre. Il prit pour Capitaine de l'artillerie un
certain Francisco de Orozco qui avait été bon soldat
en Italie. Mêmement, il commanda a deux arbalétriers,
maîtres en l'art d'accommoder les arbalètes, et qui se
nommaient Juan Benitez et Pedro de Guzman l'Arba-
létrier, qu'ils eussent l'œil à ce que toutes les arbalètes fussent munies de deux ou trois noix et d'autant
de cordes, qu'ils eussent toujours soin de faire des
munitions et d'avoir des rabots et du menu gravier,
et de tirer au blanc, et que les chevaux fussent en
point. Je ne sais pourquoi je gâte à cette heure tant
d'encre à mettre la main en choses d'équipage d'armes,
d'autant que Cortès apportait vraiment grande vigi-
lance en tout.

CHAPITRE XXVII.

Comment Cortès eut connaissance de deux Espagnols qui étaient au pouvoir des Indiens à la pointe de Cotoche et de ce qui fut fait à ce sujet.

C omme Cortés apportait en tout grande diligence, il me fit appeler, moi et un Biscayen qui se nommait Martin Ramos, et il nous demanda quel était notre sentiment sur les paroles que nous avaient dites les Indiens de Campêche, alors que nous vîmes avec Francisco Hernandez de Cordova, et ces paroles étaient : Castilan! Castilan! comme je l'ai relaté dans le chapitre qui en traite.

Et nous le lui contâmes à nouveau, selon et de la manière que nous l'avions vu et ouï, et il ajouta qu'il avait maintes fois songé à ce fait et qu'il se pourrait, par aventure, qu'il y eût quelques Espagnols en ces terres, et il dit : Il me semble qu'il sera bon d'interroger ces Caciques de Cozumel pour voir s'ils n'en sauraient quelques nouvelles. Et à l'aide de Melchorejo, l'Indien de la pointe de Cotoche, qui entendait déjà quelque peu la langue de Castille et savait fort bien celle de Cozumel, il interrogea là-dessus tous les principaux. Et tous, d'une seule voix, répondirent qu'ils avaient connu certains Espagnols et en donnaient des signes, et qu'ils se trouvaient à deux soleils de marche, dans l'intérieur des terres où des Caciques les tenaient pour esclaves, et qu'il y avait à Cozumel des Indiens trafiquants qui leur avaient parlé peu de jours auparavant.

Nous nous réjouîmes tous de ces nouvelles. Et Cortès leur commanda de les aller aussitôt appeler avec des lettres, qu'en leur langue ils nomment amales, et distribua des chemises aux Caciques et Indiens qui devaient partir avec les lettres, et les caressa et leur promit qu'au retour il leur donnerait encore plus de grains de patenôtres. Et le Cacique dit à Cortès d'envoyer une rançon pour les maîtres qui les tenaient esclaves, afin qu'ils les laissassent aller. Et ainsi fut fait, et il fut donné aux messagers des grains de patenôtres de tout genre.

Aussitôt Cortès donna l'ordre d'équiper les deux navires de moindre port, dont l'un était un peu plus grand qu'un brigantin, et commanda vingt arbalétriers et escopettiers et comme Capitaine Diego de Ordas, pour aller à la côte de la pointe de Cotoche attendre huit jours avec le plus grand navire ; et pendant que les Indiens iraient et reviendraient avec la réponse des lettres, que le plus petit navire retournât pour rendre compte de ce qu'ils auraient fait, Cozumel n'étant qu'à environ quatre lieues de la pointe de Cotoche et chaque terre étant visible de l'autre. Et dans la lettre, Cortès leur écrivait ainsi : Messieurs et frères, ici, dans Cozumel, j'ai su que vous étiez détenus au pouvoir d'un Cacique, et je vous prie en grâce de venir incontinent ici, et, à cet effet, j'envoie un navire avec des soldats, pour

le cas où vous en auriez nécessité, et une rançon à
bailler à ces Indiens avec qui vous demeurez. Et le
navire a huit jours de terme pour vous attendre.
Venez avec toute diligence et vous serez de moi bien
considérés et servis. Je reste ici, dans cette île, avec
cinq cents soldats et onze navires, moyennant lesquels
je suis, Dieu aidant, la route d'un pueblo nommé
Tabasco ou Champoton, etc...

Aussitôt Ordas s'embarqua dans les navires avec les
lettres et les deux Indiens trafiquants de Cozumel
qui les portaient, et en trois heures traversa le petit
golfe, et jeta à terre les messagers avec les lettres
et la rançon qu'en deux jours ils remirent à un Espagnol nommé Geronimo de Aguilar (comme nous le
sûmes depuis, et ainsi le nommerai-je dorénavant).
Et, dès qu'il les eut lues et reçu la rançon de patenôtres que nous lui envoyions, il s'en réjouit, et
porta le tout au Cacique son maître à l'effet d'en
obtenir licence d'aller où bon lui semblerait ; lequel
la lui bailla tout aussitôt. L'Aguilar s'achemina vers
son compagnon qui se nommait Gonzalo Guerrero,
lequel lui répondit: Frère Aguilar, je suis marié, j'ai
trois fils et on me tient ici pour Cacique et Capitaine en temps de guerre. Allez avec Dieu ; pour moi
j'ai la figure tatouée et les oreilles percées. Que
diraient de moi ces Espagnols, s'ils me voyaient ainsi
accommodé ? Et puis voyez ces trois miens petits
enfants : qu'ils sont jolis ! Par votre vie, donnez-moi
de ces grains de verroterie verte que vous apportez
et je dirai que mes frères me les envoient de mon

pays. Et mêmement, l'Indienne, femme du Gonzalo, apostropha l'Aguilar et lui dit, fort en colère, en son langage : Voyez donc un peu cet esclave qui vient appeler mon mari ! Allez-vous-en, vous, et ne vous mêlez point de bavarder davantage. — Et l'Aguilar recommença à parler au Gonzalo, lui remontrant qu'il était chrétien, et qu'il ne perdît point son âme pour une Indienne, et que s'il les tenait pour sa femme et ses enfants, qu'il les emmenât avec lui, puisqu'il ne les voulait pas laisser. Et pour chose qu'il lui pût dire et pour bien qu'il l'admonestât, l'homme ne voulut point venir. Il paraît que ce Gonzalo Guerrero était homme de mer, natif de Palos.

Et lorsque Geronimo de Aguilar vit qu'il ne voulait point le suivre, il s'en vint aussitôt avec les deux Indiens messagers là où le navire était resté, et lorsqu'il arriva, il ne le trouva plus, car il s'en était allé, le délai de huit jours étant expiré, et en outre un jour de plus qu'Ordas était demeuré à attendre, lequel, voyant que nul ne paraissait, vira de bord vers Cozumel, sans avoir rien recouvré de ce qu'il était venu chercher. Lorsque l'Aguilar vit que le navire n'était plus là, il demeura fort triste, et s'en retourna vers son maître, au pueblo où auparavant il avait accoutumé de vivre. Et je le laisserai, pour dire que, lorsque Cortès vit rentrer l'Ordas sans message ni nouvelle des Espagnols ni des Indiens messagers, il se mit si fort en colère, qu'il dit avec des paroles superbes à l'Ordas qu'il avait compté sur une commission mieux remplie et non pas de le voir revenir

sans les Espagnols ni nouvelles d'eux, car il tenait
pour assuré qu'ils se trouvaient en cette terre.

Or, en ce moment des mariniers qui se nommaient
les Peñates, natifs de Gibraleon, avaient dérobé à un
soldat nommé Berrio quelques morceaux de lard et ne
voulaient pas les lui rendre ; et le Berrio se plaignit à
Cortès, et, le serment ayant été déféré aux mariniers,
ils se parjurèrent, et dans la perquisition le larcin fut
patent, et le lard avait été réparti entre les sept mariniers. Cortès les fit aussitôt fouetter tous les sept,
et l'intercession d'aucun Capitaine ne prévalut.

Ici je laisserai et l'affaire des mariniers et celle d'A-
guilar, et nous pousserons outre notre voyage jusqu'à
temps et saison. Et je dirai comment venaient en pèle-
rinage à cette île de Cozumel de nombreux Indiens
naturels des pueblos circonvoisins de la pointe de
Cotoche et d'autres parties de la terre de Yucatan,
parce qu'il y avait, paraît-il, à Cozumel, dans un
oratoire, des idoles de fort laide figure. Ils avaient
coutume, en cette terre et en ce temps, de sacrifier
devant ces idoles. Et, un matin, le préau où elles se
dressaient était rempli de nombre d'Indiens et d'Indiennes brûlant une résine qui est à la semblance de
notre encens. Et comme c'était chose neuve pour nous,
nous nous plantâmes à regarder cela avec attention, et
aussitôt un vieil Indien, vêtu de longues mantes, lequel
etait prêtre (de ceux que j'ai déjà dit d'autres fois se
nommer Papas dans la Nouvelle-Espagne), se hissa au
haut d'un temple, et commença à les prêcher un bout
de temps. Cortès et nous autres tous examinions à

quoi tendait ce noir sermon; et Cortès demanda a Melchorejo, qui entendait fort bien cette langue, ce que pouvait bien dire ce vieil Indien, et sut qu'il leur prêchait des choses mauvaises.

Cortès fit alors appeler le Cacique et tous les principaux et le Papa lui-même et, le mieux qu'il put par notre trucheman, leur dit: Que s'ils voulaient être nos frères, ils tirassent de cette case ces idoles fort méchantes qui les feraient errer, qui n'étaient pas des dieux, mais choses mauvaises, et qui pousseraient à l'enfer leurs âmes. Et il leur recommanda d'autres choses bonnes et saintes, et qu'ils élevassent une image de Notre-Dame, qu'il leur donna, et une Croix, assurant que toujours ils seraient aidés et auraient de bonnes semailles et sauveraient leurs âmes; et il leur exposa d'autres choses bien dites touchant notre sainte Foi. Et le Papa et les Caciques répondirent que leurs ancêtres adoraient ces dieux parce qu'ils étaient bons et qu'eux ne s'enhardiraient pas à faire autrement, et que, si nous les mettions à bas, nous verrions quel mal nous en adviendrait, car nous irions nous perdre dans la mer. Aussitôt Cortès nous ordonna de les mettre en morceaux et de les faire rouler en bas des degrés. Ainsi fut fait. et incontinent il fit venir des Indiens maçons avec de la chaux dont il y avait abondance dans ce pueblo, et un autel fort propre fut élevé pour qu'y reposât l'image de Notre-Dame, et il commanda à deux de nos charpentiers de gros œuvre, qui se nommaient Alenzo Yañez et Alvaro Lopez, de faire une croix avec des madriers neufs qui se trouvaient là, laquelle fut

dressée dans une sorte de chapelle qui était près de
l'autel; et le Padre, qui se nommait Juan Diaz, dit la
messe, et le Papa et le Cacique et tous les Indiens
regardaient tout ébahis.

Dans cette île de Cozumel, les Caciques sont appelés Calachionis, comme je l'ai dit une autre fois au
sujet de Champoton. Il me faut les laisser ici pour
pousser plus avant et dire comme quoi nous nous embarquâmes.

CHAPITRE XXVIII.

*Comment Cortès répartit les navires et en désigna les
Capitaines, et comment aussi furent réglés tant les
instructions aux pilotes que les signaux des feux
de nuit, et d'autres choses qui nous advinrent.*

Cortès montait la Capitane.

Pedro de Alvarado et ses frères : un bon navire
nommé le San-Sebastian.

Alonso Hernandez Puertocarrero : un autre.

Francisco de Montejo : un autre bon navire.

Christoval de Oli : un autre.

Juan Velazquez de Leon : un autre.

Juan de Escalante : un autre.

Francisco de Morla : un autre.

Escobar le Page : un autre.

Et Ginès Nortes montait le plus petit, qui était une
sorte de brigantin.

Et chaque navire avait son pilote, et le Pilote Mayor était Anton de Alaminos, et tous avaient reçu des instructions touchant la conduite des vaisseaux et les sigaux des feux de nuit. Cortès prit congé des Caciques et Papas et leur recommanda d'avoir en vénération l'image de Notre-Dame et la Croix, de les tenir nettes et ornées de ramées, et qu'ils verraient quel profit leur en adviendrait. Et ils lui dirent qu'ainsi feraient-ils, et lui portèrent quatre poules et deux pots de miel et, les ayant embrassés, nous nous embarquâmes je ne sais plus quel jour du mois de mars mil cinq cents et dix-neuf.

Ayant mis à la voile, par un très-bon temps nous suivions notre route, lorsque, ce même jour, vers dix heures, plusieurs gens s'écrièrent d'une des nefs, agitant leurs capes, et tirèrent une pièce d'artillerie pour se faire entendre de tous les navires qui allaient de conserve. Ce que voyant et entendant, Cortès se pencha sur le bordage de la Capitane et vit le navire que montait Juan de Escalante qui laissait arriver et retournait vers Cozumel. Et Cortès cria aux autres nefs qui étaient là près : « Qu'est-ce ? Qu'est-ce donc ? » Et un soldat, nommé Zaragoça, répondit que le navire de Escalante, qui était celui qui portait la cassave, coulait. Et Cortès dit : « Plaise à Dieu qu'il ne nous survienne quelque disgrâce ! » Et il ordonna au pilote Alaminos de faire à tous les navires le signal de virer sur Cozumel.

Ce même jour, étant rentrés au port d'où nous étions sortis, nous déchargeâmes la cassave, et nous

trouvâmes l'image de Notre-Dame et la Croix fort
nettes et l'encens auprès, ce dont nous nous réjouîmes;
et tout aussitôt le Cacique et les Papas s'approchèrent
de Cortés et lui demandèrent pourquoi nous étions
revenus. Il dit qu'un de ses navires faisant eau, il le
voulait radouber, et qu'il les priait avec toutes leurs
canoas d'aider les bateaux à tirer le pain cassave.
Ainsi firent-ils, et nous fûmes quatre jours à radouber
le navire. Laissons cela et je dirai comment l'Espagnol,
qui était au pouvoir des Indiens et qui se nommait
Aguilar, connut notre retour à Cozumel, et ce qu'en
outre nous fîmes.

CHAPITRE XXIX.

*Comment l'Espagnol, qui était au pouvoir des Indiens
et qui se nommait Geronimo de Aguilar, sut que
nous étions retournés à Cozumel et s'en vint à
nous, et de ce qui en outre se passa.*

QUAND l'Espagnol, qui était au pouvoir des Indiens, eut connaissance certaine de notre retour
à Cozumel avec les navires, il se réjouit de grand cœur
et rendit grâces à Dieu et mit grande hâte, avec les
Indiens qui avaient porté les lettres et la rançon, à se
venir embarquer dans une canoa; et, comme il la paya
bien en rassades vertes de la rançon que nous lui
avions envoyée, il put la prendre aussitôt à louage

avec six Indiens rameurs. Et ils mirent tant de presse à ramer qu'en peu de temps ils traversèrent, sans accident de mer, le petit golfe large d'environ quatre lieues qui sépare une terre de l'autre. Et ayant gagné la côte de Cozumel, tandis qu'ils débarquaient, des soldats qui allaient à la chasse (car il y avait dans cette île des porcs du pays) dirent à Cortès qu'il était arrivé tout auprès du pueblo une grande canoa venant de la pointe de Cotoche. Cortès ordonna à Andrès de Tapia et à deux autres soldats d'aller voir par quelle nouveauté des Indiens venaient dans de grandes canoas, si près de nous, sans crainte aucune. Ils y allèrent aussitôt. Et, dès que les Indiens loués par Aguilar virent les Espagnols, ils prirent peur, et ils voulaient se rembarquer et pousser au large avec la canoa, et Aguilar leur dit dans leur langue de ne pas s'effrayer, que c'était ses frères. Et l'Andrès de Tapia, voyant des Indiens (car l'Aguilar n'était ni plus ni moins qu'Indien), envoya aussitôt dire à Cortès par un Espagnol que les gens arrivés dans la canoa étaient sept Indiens de Cozumel.

Après qu'ils eurent sauté à terre, l'Aguilar, en espagnol mal mâché et encor plus mal prononcé, dit : « Dios, Santa-Maria, Sevilla. » Aussitôt le Tapia alla l'embrasser. Et un autre soldat, qui était allé reconnaître avec Tapia, courut annoncer à Cortès que celui qui était arrivé dans la canoa était Espagnol, et lui en demanda des étrennes. Nous nous réjouîmes tous.

Et incontinent le Tapia s'en vint avec l'Espagnol la

où était Cortès, et le long du chemin les soldats lui
demandaient : Où est l'Espagnol ? bien qu'il fût à son
côté, car ils le prenaient pour un veritable Indien,
parce qu'il était naturellement brun et tondu en façon
d'Indien esclave. Il portait un aviron sur l'épaule et
avait une vieille cutara chaussée et l'autre à la ceinture et une vieille mante fort pietre et une braguette
pire encore dont il couvrait ses parties honteuses; et
il tenait, noué dans sa mante, un paquet : c'était des
Heures fort vieilles. Or, lorsque Cortès le vit ainsi
fait, il y fut pris comme les autres et demanda au
Tapia : Où diantre était l'Espagnol? Et l'Espagnol
l'ayant entendu, s'assit à croupeton comme font les
Indiens et dit : « C'est moi. »

Aussitôt Cortès lui fit donner à vêtir chemise et
pourpoint et chausses à plis, et un chaperon et des
alpargates, n'ayant pas d'autres habits. Puis il l'interrogea sur sa vie et lui demanda comment il se nommait
et à quelle époque il était venu à cette terre. Il répondit, bien qu'en mauvais langage, qu'il se nommait
Geronimo de Aguilar, natif de Ecija, et qu'il avait,
comme lecteur d'Évangile, reçu les ordres mineurs;
que huit ans auparavant il s'était perdu avec quinze
autres hommes et deux femmes en allant du Darien à
l'île de Santo-Domingo, lors des démêlés et procès
qu'il y eut entre Enciso et Valdivia; ils emportaient
dix mille pesos d'or et les procedures des uns contre
les autres, et leur navire donna sur les récifs des
Alacranes, ce qui les contraignit a se mettre dans le
bateau dudit navire, lui, ses compagnons et les deux

femmes, dans l'espoir de prendre terre dans l'île de
Cuba ou a la Jamaïque ; mais la grande force des courants les jeta sur cette terre, et les Calachionis du pays
les répartirent entre eux et sacrifièrent aux idoles
nombre de ses compagnons ; d'autres moururent de
langueur ; quant aux femmes, il y avait peu de temps
qu'elles étaient mortes à la peine, elles aussi, parce
qu'on les avait mises à la meule ; lui, on le gardait
pour le sacrifier, et, une nuit, il s'enfuit chez le
Cacique avec qui il était resté jusqu'alors (il ne me
souvient plus du nom dont il le nomma) ; et de tous,
lui seul avait survécu avec Gonzalo Guerrero, et il
conta comment il était allé l'appeler et que celui-ci ne
l'avait pas voulu suivre.

Cortès, l'ayant ouï, rendit bien des grâces à Dieu
pour toutes ces choses, et lui dit que, Dieu aidant, il
le tiendrait bien considéré et gratifié. Et il l'interrogea
sur la terre et les peuples. Aguilar répondit, qu'étant
esclave, il ne savait rien que porter le bois et l'eau et
fouir les maïs ; qu'il n'était jamais sorti plus avant que
quatre lieues, au bout desquelles, ne pouvant porter
le faix dont on l'avait chargé, il tomba malade ; mais
qu'il est assuré qu'il y a quantité de peuplades. Et
Cortès aussitôt le questionna sur Gonzalo Guerrero.
Il répondit qu'il était marié, et avait trois enfants, et
qu'il avait la figure tatouée et les oreilles et la lippe
percées, et qu'il était homme de mer, natif de Palos,
et que les Indiens le tiennent pour vaillant homme et
que, un peu plus d'un an en deçà, quand vint une
Capitainerie avec trois navires (c'est, ce semble, lors

de notre entreprise avec Francisco Hernandez de
Cordova), il inventa de nous assaillir comme ils firent,
et y vint en qualité de capitaine, conjointement avec
un Cacique d'un grand pueblo, ainsi que je l'ai conte
lors de l'affaire de Francisco Hernandez de Cordova.
Ce qu'oyant Cortès, il dit : « En vérité ! je le voudrais
avoir en mes mains, car il n'est pas bon de le leur
laisser. »

Et je dirai comment les Caciques de Cozumel,
quand ils virent l'Aguilar parler leur langue, lui donnèrent fort bien à manger ; et l'Aguilar leur conseillait
d'avoir toujours dévotion et révérence à la sainte
image de Notre-Dame et à la Croix, et qu'ils con-
naîtraient que par elles leur viendrait beaucoup de
bien. Et les Caciques, par le conseil d'Aguilar, requirent de Cortès une lettre de créance, afin qu'ils fussent
bien traités des autres Espagnols qui viendraient à ce
port et que nul dommage ne leur fût fait. Cortès aussitôt
la leur octroya, et, ayant pris congé avec force caresses et courtoisies, nous fîmes voile pour le rio de
Grijalva.

Ce fut ainsi qu'Aguilar devint des nôtres, et non
comme le conte le chroniqueur Gomara. Et je ne
m'émerveille point qu'il erre de la sorte, puisqu'il
écrit sur des on-dit. Revenons à notre relation.

CHAPITRE XXX.

Comment nous reprîmes la mer et fîmes voile pour le rio de Grijalva et de ce qui nous advint dans le voyage.

L E quatrième jour du mois de mars de l'an mil cinq cents et dix-neuf, ayant la bonne fortune d'emmener un si bon trucheman et si fidèle, Cortès nous commanda de nous embarquer de la même manière et dans le même ordre que nous tenions avant notre retour à Cozumel et avec les mêmes instructions et signaux pour les feux de nuit. Et nous naviguions par un bon temps, lorsque, à la tombée de la nuit, le vent sauta si roide et si contraire qu'il jeta chaque navire de son côté, avec grand risque de donner en terre; mais Dieu permit qu'à la mi-nuit, il mollît, et dès qu'il fit jour tous les navires se rassemblèrent, hors celui que montait Juan Velazquez de Leon Et nous poursuivîmes notre voyage jusqu'à midi sans savoir rien de lui dont nous étions en peine, croyant qu'il s'était perdu sur les bas-fonds; et, comme la journée s'avançait et qu'il ne paraissait pas, Cortès dit au pilote Alaminos qu'il n'était pas bien d'aller plus avant sans rien savoir de lui. Le pilote fit à tous les navires le signal de rester en observation, attendant si, par fortune, le coup de vent ne l'avait point jeté en quelque golfe de mer d'où le vent contraire ne lui permettait point de sortir. Et, voyant qu'il ne paraissait pas, le pilote dit à Cortès : « Seigneur, ayez pour assuré qu'il s'est mis dans une sorte de port ou baie qui reste en arrière de nous, et que le vent ne le laisse pas sortir ; car son pilote est celui qui vint avec Francisco Hernandez de Cordova et retourna avec Grijalva, le nommé Juan Alvarez le Manchot, et il connaît ce port. »

Aussitôt il fut résolu de retourner avec toute l'Armada à la recherche de Juan Velazquez ; et dans cette baie qu'avait indiquée le pilote nous le trouvâmes ancré, de quoi nous eûmes tous plaisir. Et nous demeurâmes là un jour, et ayant mis deux bateaux a l'eau, le pilote et un Capitaine nommé Francisco de Lugo descendirent à terre. Il y avait là des estancias plantées de maïs, où l'on faisait du sel, et quatre Cues, qui sont cases d'idoles, et au dedans quantité de figures et le plus grand nombre de femmes et de haute stature, et le nom de Pointe des Femmes fut imposé à cette terre.

Il me souvient que l'Aguilar disait que proche ces estancias était situé le village où il avait été esclave, et que c'était là que son maître l'avait amené, portant une charge si lourde qu'il tomba malade ; il disait aussi que le pueblo où habitait Gonzalo Guerrero n'était pas fort éloigné, et que tous avaient de l'or, quoique en petite quantité, et que, si nous voulions, il nous guiderait pour y aller. Et Cortès lui répondit en riant qu'il ne venait point pour de si minces choses, mais bien pour servir Dieu et le Roi. Alors Cortès ordonna à un Capitaine nommé Escobar d'aller dans le navire qu'il commandait, lequel était fin voilier et calait peu d'eau, jusqu'à Boca de Términos, et qu'il examinât bien quelle terre c'était, et si le port était bon pour peupler et s'il y avait beaucoup de chasse, comme on l'en avait informé. Et il lui donna ces ordres d'après le conseil du pilote, afin que, lorsque nous passerions là avec tous les navires, nous n'eussions pas à nous attarder pour y entrer. Escobar devait, après avoir tout vu, mettre un signal et briser des arbres à l'entrée du port et écrire une lettre et la placer en lieu où nous la puissions voir d'un côté comme de l'autre du port, pour connaître s'il y était entré; il devait enfin attendre l'Armada en mer en courant des bordées. A l'heure même, l'Escobar partit et alla à Puerto de Términos (tel est son nom) et fit tout ce qui lui avait été commandé, et trouva la levrette qui y était restée lorsque passa Grijalva, et elle était grosse et luisante. Et l'Escobar dit que la levrette, en voyant le navire dans le port, se mit à remuer la queue et à faire d'autres signes caressants, puis s'en vint droit aux soldats et se mit avec eux dans la nef. Cela fait, l'Escobar sortit aussitôt du port et prit la mer pour attendre l'Armada, et il paraît que le vent du sud qui se leva ne lui permit pas de demeurer en observation et le contraignit à entrer fort avant dans la mer. Revenons à notre Armada qui était restée à la pointe des Femmes.

Le lendemain matin, étant sortis avec un bon vent de terre, nous arrivâmes à Boca de Términos où nous ne trouvâmes point Escobar. Cortès ordonna de

mettre le bateau à la mer et avec dix arbalétriers
d'aller le chercher à Boca de Términos ou voir s'il
n'y avait pas laissé lettre ou signal. Et on trouva tout
aussitôt des arbres coupés et une lettre où il disait
que le port était très-bon et bonne la terre et la chasse
abondante et où il contait le cas de la levrette. Et
le pilote Alaminos dit à Cortès qu'il fallait suivre notre
route, parce que, avec le vent du sud, Escobar devait
être entré dans la mer et ne pourrait aller très-
loin, car il devait naviguer à la bouline. Et, bien
que Cortès appréhendât qu'il ne lui fût advenu quelque
disgrâce, il fit larguer les voiles et presque aussitôt
nous atteignîmes l'Escobar, qui fit ses excuses à Cortès
et conta la raison qui l'avait empêché d'attendre.

Sur ces entrefaites, nous arrivâmes dans le parage de
Champoton et Cortès ordonna au pilote de jeter l'ancre
dans ce golfe ; mais le pilote répondit que ce port était
mauvais, parce que, la mer découvrant beaucoup, les
navires étaient obligés de mouiller à plus de deux
lieues de terre. Cortès avait eu la pensée de donner à
ces Indiens une bonne correction pour prix de la dé-
confiture de Francisco Hernandez de Cordova et de
Grijalva, et les soldats qui s'étaient trouvés en ces batailles le suppliaient d'entrer dans la terre et de ne
pas les laisser sans les bien châtier, quand même il
faudrait s'arrêter là deux ou trois jours. Le pilote
Alaminos et les autres pilotes s'opiniâtrèrent à soutenir que, si nous entriions là, de huit jours nous n'en
pourrions sortir par temps contraire, tandis qu'à cette
heure nous avions bon vent et qu'en deux jours nous

arriverions à Tabasco. Par ainsi, nous prîmes le large,
et en trois jours de navigation nous arrivâmes au Rio
de Grijalva. Je dirai plus loin ce qui nous y advint et
les combats que nous donnèrent les Indiens.

CHAPITRE XXXI.

*Comment nous arrivâmes au Rio de Grijalva, qu'en
leur langue les Indiens nomment Tabasco, et de la
guerre qu'ils nous firent et de ce que en outre nous
endurâmes avec eux.*

Le douzième jour du mois de mars de l'an mil
cinq cent et dix-neuf, nous arrivâmes avec toute l'Armada au Rio de Grijalva, qu'on nomme aussi de Tabasco. Et comme nous savions depuis l'expédition de
Grijalva que les navires de fort tonnage ne pouvaient
entrer dans ce port et rivière, les plus grands mouillèrent en mer, et, dans les petits navires et dans les
bateaux, tous les soldats, comme l'autre fois, allèrent débarquer à la pointe des Palmiers, distante
d'environ une demi-lieue du pueblo de Tabasco. Et
tout le rivage du fleuve était couvert de guerriers
indiens qui marchaient parmi les mangliers; de quoi
nous nous émerveillâmes nous tous qui étions venus
avec Grijalva. En outre, dans le pueblo étaient rassemblés, prêts à nous attaquer, plus de douze mille
guerriers; car, à cette époque, ce pueblo était de

fort trafic et d'autres grands villages lui étaient soumis ; et tous ces Indiens étaient équipés de toutes
sortes d'armes telles qu'ils en usaient. Et voici la raison de ce fait : ceux de Champoton, de Lazaro et
autres lieux voisins les tenaient pour lâches et leur
jetaient au visage qu'étant plus puissants qu'eux en
pueblos et en guerriers, ils avaient eu peur de nous
attaquer et avaient gratifié Grijalva des joyaux d'or que
j'ai dénombrés dans le chapitre qui en traite. Et ils
leur disaient cela pour leur faire affront, ajoutant
qu'eux ils nous avaient donné bataille et tué cinquante-
six hommes : et ils leur parlèrent de telle sorte, qu'ils
les déterminèrent à prendre les armes.

Lorsque Cortés les vit en cette disposition, il dit à
l'interprète Aguilar, qui entendait bien la langue de
Tabasco, de demander à des Indiens qui paraissaient
gens d'importance et passaient dans une grande canoa,
près de nous, à quelle cause ils étaient ainsi mutinés :
que, bien loin de leur vouloir aucun mal, nous désirions
leur faire part comme à des frères des choses que nous
apportions. Et il les conjura de bien réfléchir avant que
de commencer la guerre, parce qu'il leur en pèserait,
et leur récita quantité d'autres choses concernant la
paix. Et plus leur en contait l'Aguilar, plus ils se mon-
traient braves et disaient qu'ils nous tueraient tous,
si nous voulions entrer dans leur pueblo, parce qu'ils
l'avaient très-bien fortifié tout à la ronde d'arbres fort
gros, de clôtures et de barricades. Aguilar recommença à les haranguer et sommer de nous laisser, en
paix, prendre de l'eau et acheter de quoi manger

en troc de nos objets d'échange et dire aussi à leurs
Calachionis des choses qui seraient à leur profit et pour
le service de Dieu notre Seigneur. Mais eux s'opiniâtrèrent à prétendre que nous ne passerions pas plus
avant que ces palmiers ou qu'ils nous tueraient. Ce que
voyant, Cortès fit préparer les bateaux et les plus petits navires et fit mettre trois canons dans chacun des
bateaux et répartit entre eux les arbalétriers et escopettiers. Et il nous souvenait, depuis le temps de
Grijalva, d'un chemin étroit qui allait des palmiers
jusqu'au pueblo à travers des ruisseaux et des maré-
cages. Cortès ordonna à trois soldats de bien regarder
si, cette nuit-là, les Indiens s'en iraient à leurs cases
et de ne pas tarder à rapporter la réponse, et les soldats virent que les Indiens s'en allaient. Et tout étant
bien vu et bien examiné, cette journée se passa à fixer
l'ordre et la façon dont nous irions dans les bateaux.

Le lendemain matin, après messe ouïe, nos armes
étant bien en point, Cortès commanda à Alonso de
Avila, qui était Capitaine, d'aller avec cent soldats dont
dix arbalétriers par le petit chemin qui menait au
pueblo, comme je l'ai dit, et dès qu'il entendrait les
coups d'artillerie, lui de son côté, comme nous du
nôtre, d'avoir à se jeter sur le pueblo. Et Cortès et
tous les autres soldats et Capitaines, dans les bateaux
et dans les navires de moindre port, nous prîmes par
le haut de la rivière. Quand les guerriers indiens,
qui se tenaient sur la côte et parmi les mangliers,
virent que nous avancions en effet, ils se précipitèrent
avec tant de canoas au port où nous devions débar-

quer, pour nous empêcher de sauter à terre, qu'en
toute la côte on ne voyait qu'Indiens de guerre, bran-
dissant toutes sortes d'armes dont ils usent entre eux et
sonnant leurs trompettes, conques de mer et atabales.

Lorsque Cortès vit que la chose tournait ainsi, il nous
ordonna de nous arrêter un peu et de ne pas tirer les
canons, escopettes et arbalètes, et, comme il voulait
faire tout fort régulièrement, par devant un notaire
du Roi, qui était venu là avec nous et qui se nommait
Diego de Godoy, il leur fit, Aguilar étant interprète,
une autre sommation d'avoir à nous laisser descendre
à terre et faire aiguade et les entretenir de choses
intéressant Dieu notre Seigneur et Sa Majesté, les
avertissant que s'ils nous attaquaient et qu'il y eût, en
nous défendant, quelques morts ou autre quelconque
dommage, ils seraient à leur coulpe et charge et non
à la nôtre. Eux, cependant, continuaient à faire fort
les braves, nous disant de ne pas descendre à terre
ou qu'ils nous tueraient. Aussitôt ils commencèrent
très-vaillamment à nous tirer des flèches et à faire
leurs signaux avec leurs tambours pour que toutes
leurs troupes se choquassent contre nous, et en braves
gens qu'ils étaient, ils vinrent et nous entourèrent
avec les canoas, lançant de si grandes volées de flèches qu'ils nous blessèrent et nous firent arrêter dans
l'eau jusqu'à la ceinture, et, en d'autres endroits, plus
haut. Et comme il y avait à ce débarcadère beaucoup
de vase et de bourbe, nous ne pouvions aussi vite en
sortir, et tant d'Indiens nous tombèrent dessus que,
les uns à coups de lance, les autres à coups de flèches,

ils nous empêchaient de prendre terre aussi vite
que nous aurions voulu. Cortès, lui aussi, était à
batailler dans cette vase où un de ses alpargates
resta et il ne l'en put tirer, et avec un pied déchaussé
il prit enfin terre. Nous fûmes en grande presse, jusqu'à ce qu'il gagnât la terre, comme j'ai dit. Et aussitôt,
avec grande hardiesse, aux cris de Monseigneur saint
Jacques! nous les assaillîmes et les fîmes reculer,
mais non bien loin, grâce aux grandes barricades et clôtures qu'ils avaient faites avec de gros troncs d'arbre,
et où ils s'abritaient. Enfin nous les démolîmes et, par
des brèches, nous trouvâmes lieu d'entrer dans le pueblo et de les combattre, et nous les menâmes en avant
par une rue où ils avaient établi d'autres barricades et
défenses, où ils se remirent à couvert et firent tête
et se battirent fort vaillamment et de grand cœur,
poussant des cris et des sifflements et vociférant : A la
lala, al Calachioni! al Calachioni! ce qui, dans leur
langage, veut dire : Tuez le Capitaine!

Au milieu de cette mêlée, survint avec ses soldats
Alonso de Avila qui était venu par terre depuis les palmiers, comme je l'ai dit. Il paraît qu'il ne put arriver
plus vitement à cause des marais et lagunes qu'il
passa, et son retard fut heureux, car nous nous étions
attardés aux sommations et à faire des brèches aux
barricades pour batailler. Et ainsi tous réunis, nous les
chassâmes de nouveau de leurs retranchements, et leur
conduisîmes la retraite ; et certes, en bons guerriers,
ils allaient tirant de grandes volées de flèches et de
bâtons durcis au feu, et ils ne tournèrent jamais réel-

lement le dos jusqu'à un grand préau où il y avait des
logements et de vastes salles et trois cases d'idoles
d'où ils avaient déjà enlevé toutes leurs hardes.
Cortès nous commanda de faire halte et de ne pas
poursuivre davantage la victoire, car ils fuyaient.

Là, Cortès prit possession de cette terre pour Sa
Majesté et pour lui-même en son Nom Royal. Et ce fut
en telle façon : dégaînant son épée, il donna trois
taillades, en signe de possession, dans un grand arbre
nommé ceiba qui s'élevait dans l'emplacement de
ce préau, et dit que s'il était quelqu'un qui le lui
contestât, il défendrait son droit avec son épée et la
rondache qu'il tenait embrassée. Et tous les soldats
qui se trouvèrent présents à ce fait dirent que
c'était bien prendre cette royale possession en nom
de Sa Majesté et que nous serions prêts à l'aider si
quelque personne osait le contredire. Cet acte fut
fait par-devant un notaire du Roi. La faction de
Diego Velasquez trouva de quoi murmurer dans cette
prise de possession. Il me souvient que dans ces
combats acharnés que nous livrèrent les Indiens, ils
nous blessèrent de cette fois quatorze soldats, et à
moi me donnèrent un coup de flèche dans la cuisse,
mais la blessure en fut petite. Dix-huit Indiens restèrent étendus et morts dans l'eau, et à terre à l'endroit où nous débarquâmes. Nous dormîmes là cette
nuit avec force sentinelles et guettes. Et je laisserai
cela pour conter ce qu'en outre nous endurâmes.

CHAPITRE XXXII.

Comment Cortès ordonna à deux Capitaines d'aller chacun avec cent soldats, visiter l'intérieur des terres et de ce qui là-dessus nous advint.

L E lendemain de bon matin Cortès ordonna à Pedro de Alvarado de sortir comme Capitaine avec cent soldats dont quinze arbalétriers et escopettiers, d'entrer dans les terres jusqu'à deux lieues de marche et d'emmener en sa compagnie Melchorejo, l'interprète de la pointe de Cotoche. Mais lorsqu'on alla l'appeler, on ne le trouva point, car il s'était enfui avec ceux de Tabasco. Il paraît que, la veille, à la pointe des Palmiers, il avait laissé accrochés à un arbre ses habits à la castillane et s'en était allé de nuit dans une canoa. Cortès fut marri de sa fuite, craignant qu'il ne dît aux Indiens ses compatriotes quelque chose qui nous préjudiciât. Laissons ce traître ensauvé à la male heure et revenons à notre conte. En même temps, Cortès ordonna à un autre Capitaine, nommé Francisco de Lugo, d'aller d'un autre côté avec cent soldats et douze arbalétriers et escopettiers, de ne point passer non plus au delà de deux lieues et de revenir à la nuit dormir au quartier.

Or, tout en cheminant avec sa compagnie, Francisco de Lugo, à une lieue environ de notre quartier, se rencontra avec de grands chefs qui menaient des escadrons d'Indiens, tous archers, portant lances et ron-

daches et tambours, et fort empanachés. Les Indiens s'en vinrent droit à notre compagnie de soldats et, les enveloppant, commencèrent à les cribler
de flèches tellement qu'ils ne pouvaient tenir contre
une si grande multitude d'Indiens qui leur tiraient
force bâtons durcis au feu et avec leurs frondes des
pierres qui leur tombaient dessus comme grêle, sans
compter les coutelas et les épées à deux mains. Et
pour bien que bataillassent le Francisco de Lugo et ses
soldats, ils ne les pouvaient écarter ; ce qu'ayant vu,
le Capitaine s'en venait déjà, se retirant en très-bon
ordre vers le quartier où il avait tout d'abord expédié un Indien de Cuba, grand coureur et très-agile,
pour aviser Cortés de venir à son aide : entre temps,
avec grand concert de ses arbalétriers et escopettiers,
les uns armant et les autres tirant, et, grâce à quelques
retours impétueux qu'il faisait, le Francisco de Lugo se
maintenait contre toutes les bandes qui étaient sur lui.

Laissons-le en cet estrif et grand péril, et revenons au Capitaine Pedro de Alvarado qui avait,
paraît-il, marché un peu plus d'une lieue, quand il
rencontra une lagune très-difficile à passer ; et Dieu
notre Seigneur voulut bien l'acheminer de telle sorte
qu'il revint par un autre chemin vers l'endroit où
était le Francisco de Lugo, bataillant comme j'ai dit.
Lorsqu'il entendit les escopettes qui tiraient et le grand
bruit des tambours et trompettes et cris et sifflements
des Indiens, Alvarado comprit bien qu'il y avait
bataille, et, très-vivement et en fort bon ordre, il
accourut aux cris et aux coups de feu et trouva le

Capitaine Francisco de Lugo avec ses gens faisant face et combattant, et cinq Indiens morts. Sitôt qu'ils se furent joints, ils donnèrent à travers les ennemis et les firent reculer, non toutefois de telle façon qu'ils les pussent mettre en fuite, car les Indiens les suivirent jusqu'à notre quartier. Au même temps, d'autres capitaineries de guerriers nous avaient attaqués et assaillis là où se tenait Cortès avec les blessés. Mais nous les fîmes retirer très-vite avec les coups d'artillerie qui en emportaient quantité et à bonnes taillades et estocades.

Revenons quelque peu en arrière pour dire que, lorsque Cortès eut appris de l'Indien de Cuba qui venait demander aide en quel état il avait laissé Francisco de Lugo, nous partîmes immédiatement à son secours et, à une demi-lieue environ du camp, nous nous rencontrâmes avec les deux Capitaines par moi nommés qui arrivaient avec leurs gens. De la compagnie de Francisco de Lugo deux soldats moururent et huit furent blessés, et dans celle de Pedro de Alvarado il y en eut trois blessés. En arrivant au camp, ils furent pansés et les morts enterrés et de bonnes sentinelles et guettes furent posées. Nous tuâmes dans ces escarmouches quinze Indiens et fîmes trois prisonniers dont l'un paraissait homme d'importance. Et Aguilar, notre trucheman, leur demandait pourquoi ils étaient si fous que de nous faire la guerre. Un de ces Indiens fut aussitôt envoyé avec des rassades vertes à donner aux Caciques afin qu'ils vinssent à nous pacifiquement. Ce messager dit que l'Indien Mel-

chorejo, que nous avions amené de la pointe de Cotoche
et qui s'était enfui vers eux la nuit d'avant, leur avait
conseillé de nous assaillir de jour et de nuit, les assurant qu'ils nous vaincraient, car nous étions peu nombreux; de sorte que nous avions mené avec nous un
méchant auxiliateur et fort notre ennemi. Et cet Indien, que nous avions envoyé comme messager, s'en
alla et ne revint oncques avec la réponse. Par les deux
autres Indiens prisonniers, le trucheman Aguilar sut de
façon très-certaine que pour le lendemain étaient rassemblés tous tant qu'ils étaient de Caciques dans les
pueblos voisins de cette province, avec toutes les armes
dont ils ont coutume d'user, prêts à nous attaquer, et
qu'ils devaient venir le jour ensuivant nous assiéger
dans le quartier, d'après le conseil de Melchorejo. Il
me faut les laisser ici et je dirai ce qu'en outre nous
fîmes.

CHAPITRE XXXIII.

*Comment Cortès nous ordonna pour le jour ensuivant
de nous tenir tous prêts à aller en quête des guerriers ennemis et fit tirer les chevaux des navires et
de ce qui nous advint en outre dans la bataille que
nous eûmes avec les Indiens.*

Dès que Cortès tint pour bien assuré qu'ils nous
venaient assaillir, il commanda de tirer hors des
navires, en hâte, tous les chevaux à terre, et de nous

tenir fort à point avec nos armes, tant escopettiers qu'arbalétriers et tous autres soldats, même les blessés ; et quand on eut tiré les chevaux à terre, ils étaient très-engourdis et peureux pour courir, car il y avait longtemps qu'ils étaient dans les navires ; mais le jour ensuivant ils redevinrent gaillards.

Il survint en ce temps à six ou sept soldats, jeunes garçons bien dispos, un mal qui les prit dans les reins tel qu'ils ne se pouvaient tenir peu ni prou sur leurs pieds et qu'il fallait les porter à dos. Nous ne savions de quoi cela pouvait provenir : eux disaient que, pour avoir trop festoyé à Cuba, joint au poids et à la chaleur des armes, ce mal leur était venu. Cortés les fit aussitôt porter dans les navires, ne voulant pas qu'ils restassent à terre, et avertit les cavaliers que les meilleurs écuyers monteraient les chevaux qui porteraient des sonnettes au poitrail. Il leur ordonna de ne pas s'attarder à faire le coup de lance tant que les ennemis ne seraient point rompus, mais de leur passer les lances par le visage. Il en désigna treize pour monter à cheval : Christoval de Oli et Pedro de Alvarado et Alonso Hernandez Puertocarrero et Juan de Escalante et Francisco de Montejo et Alonso de Avila à qui fut donné un cheval appartenant à Ortiz le Musicien et à un certain Bartolomé Garcia, ni l'un ni l'autre n'étant bon écuyer, et Juan Velazquez de Leon et Francisco de Morla et Lares le bon écuyer (je le nomme ainsi parce qu'il y avait un autre bon écuyer et un autre Lares) et Moron de Bayamo et Pedro Gonzalez de Truxillo, tous hommes de cheval accomplis.

Cortès se désigna pour Capitaine de tous ces cavaliers. Et il commanda à l'artilleur Mesa d'avoir son artillerie en état et élut pour Capitaine de nous autres tous soldats ainsi que des arbalétriers et artilleurs Diego de Ordas qui n'était pas homme de cheval.

Le lendemain, jour de Notre-Dame de Mars, de très-grand matin, nous sortîmes, tous rangés selon l'ordonnance avec notre Alferez. C'était alors Antonio de Villarreal qui fut mari, d'une dame nommée Isabel de Ojeda et qui, trois ans plus tard, changea son nom de Villarreal et s'appela Antonio Serrano de Cardona. Revenons à notre propos. Nous allions par de grandes savanes où les Indiens avaient combattu Francisco de Lugo et Pedro de Alvarado, et cette savane et son pueblo se nommaient Cintla, sujet au même Tabasco. Nous avions cheminé une lieue depuis le logis d'où nous étions sortis et notre Cortès s'était éloigné à quelque distance de nous à cause de certains marais que les chevaux ne pouvaient passer, quand, allant, ainsi que je l'ai dit, avec l'Ordas, nous donnâmes contre toute la puissance des escadrons indiens qui s'en venaient nous chercher dans notre quartier. Le lieu où nous les rencontrâmes est une bonne plaine proche le pueblo de Cintla. De sorte que ces guerriers, venant nous chercher avec le désir de nous combattre, nous les rencontrâmes avec le même motif. J'en resterai là et je dirai ce qui se passa dans la bataille, et bien se peut-elle nommer bataille, et bien terrible, comme on verra plus avant.

CHAPITRE XXXIV.

*Comment tous les Caciques de Tabasco et de ses pro-
vinces nous donnèrent bataille, et du succès qu'ils en
eurent.*

J'AI déjà dit la manière et l'ordre que nous tenions
lorsque nous rencontrâmes toutes les capitaineries et gros escadrons d'ennemis qui s'en venaient nous
chercher. Ils portaient tous de grands panaches et des
tambours et des trompettes, et leurs visages étaient
peints de rouge, de blanc et de noir. Pour armes, ils
avaient de grands arcs et flèches et lances et rondaches
et épées comme espadons à deux mains et force frondes
et pierres et bâtons durcis au feu, et chacun d'eux
portait son armure piquée de coton. Ils marchèrent
sur nous, et leur nombre était tel qu'ils couvraient
toutes les savanes, et s'élançant comme chiens enragés, ils nous enveloppèrent, nous tirant tant de
flèches, de bâtons et de pierres que du premier choc
ils blessèrent plus de soixante et dix des nôtres, et
avec les lances, pied contre pied, ils nous faisaient
beaucoup de mal. Un soldat mourut aussitôt d'un
coup de flèche dans l'oreille, lequel se nommait Sal-
daña. Et ils ne faisaient que tirer des flèches et bles-
ser les nôtres. Et nous avec l'artillerie et les escopettes et arbalètes et à grandes estocades nous ne

perdions pas le point de bons batailleurs. Et lorsqu'ils
sentirent les estocades et le mal que nous leur faisions,
peu à peu ils s'écartèrent de nous, mais c'était pour
nous cribler plus à l'aise. Et bien que Mesa notre
artilleur en tuât quantité a coups d'artillerie parce
qu'ils étaient en grandes bandes et ne s'éloignaient
guère, et qu'il donnait dedans à son plaisir, malgré
tous les maux et blessures que leur faisions, nous ne
les pouvions écarter. Je dis alors au Capitaine Diego
de Ordas : Il semble que nous devrions donner dessus poitrine contre poitrine, parce que véritablement
ils sentent bien le fil des épées, et de la peur qu'ils
en ont, ils s'éloignent quelque peu de nous et aussi
pour nous mieux tirer leurs flèches et bâtons durcis
au feu et tant de pierres que c'est comme grêle.
L'Ordas répondit que l'avis n'était pas bon, parce qu'il
y avait trois cents Indiens pour chacun de nous et
que nous ne pourrions tenir contre une si grande
multitude. Nous restâmes ainsi quelque temps, nous
maintenant. En fin de compte, nous résolûmes de
les serrer le plus que nous pourrions, comme je
l'avais dit à l'Ordas, pour les bien étrenner d'estocades. Ils s'en doutèrent et passèrent aussitôt de
l'autre côté d'un marais ; et ce pendant Cortes
avec les gens de cheval ne paraissait point, encore
que nous eussions grand désir de son aide et crainte
que, par aventure, il ne lui fût advenu quelque désastre. Je me rappelle que lorsque nous lâchions les
coups d'artillerie, les Indiens poussaient de grands
sifflements et cris et jetaient de la terre et des pailles

en l'air, pour que nous ne vissions pas le mal que nous leur faisions, et sonnaient alors leurs trompettes et cornets et sifflaient et disaient à grandes voix : A la lala !

A ce moment, nous vîmes poindre les gens de cheval, et comme ces grands escadrons étaient tout occupés à nous combattre, ils ne s'avisèrent pas sitôt des gens de cheval qui leur venaient à dos. Et le champ étant plat et les Cavaliers bons écuyers et quelques-uns des chevaux bien dressés et tous bons coureurs, ils les servirent de la bonne façon et jouèrent de la lance à leur plaisir comme il convenait en cette occurrence. Ce que voyant, nous les pressâmes tant, nous d'un côté et les gens de cheval de l'autre, qu'ils tournèrent prestement les épaules. Là. les Indiens crurent que le cheval et le cavalier ne faisaient qu'un seul corps, car jusqu'alors ils n'avaient jamais vu de chevaux. Leur fuite couvrait les savanes et les champs et ils se réfugièrent dans des bois qu'il y avait là. Après que nous les eûmes défaits, Cortès nous conta qu'il n'avait pu venir plus vitement à cause d'un marais, et qu'il avait eu à combattre d'autres escadrons guerriers avant que de nous joindre. Il avait cinq cavaliers et huit chevaux blessés.

Après que Cortès et les siens eurent mis pied à terre sous des arbres qu'il y avait là, nous rendîmes grâces et louanges à Dieu et à Notre-Dame sa mère bénie, levant tous les mains au Ciel, parce qu'il nous avait donné une victoire si achevée, et, comme c'était jour de Notre-Dame de Mars, une ville qui se fonda là

dans la suite des temps fut nommée Santa Maria de
la Vitoria, autant pour être jour de Notre-Dame que
pour la grande victoire que nous gagnâmes. Ce fut la
première affaire de guerre que nous eûmes en compagnie de Cortès dans la Nouvelle-Espagne. Cela
fait, nous bandâmes les plaies aux blessés avec nos
habits, n'ayant pas autre chose; et les chevaux furent
pansés en leur brûlant les blessures avec de la graisse
d'Indien; nous ouvrîmes un des morts pour lui
tirer ladite graisse. Puis nous allâmes voir le champ
de bataille. Il y avait plus de huit cents Indiens,
la plupart tués à coups d'estoc et d'autres d'artillerie,
escopettes et arbalètes. Et beaucoup étaient moitié
morts et étendus, et là où avaient passé les chevaux,
il y en avait un beau compte de morts et d'autres se
plaignant de leurs blessures. Cette bataille dura environ une heure et nous ne pûmes faire perdre aux Indiens le point de bons guerriers, jusqu'à la venue
des gens de cheval, comme je l'ai dit. Nous prîmes
cinq Indiens dont deux Capitaines. Et comme il était
tard et que nous étions saouls de batailler et que
nous n'avions pas mangé, nous revînmes au quartier.
Nous enterrâmes aussitôt deux soldats qui avaient été
blessés à la gorge et à l'oreille et brulâmes les plaies
des autres et celles des chevaux avec la graisse de
l'Indien, et, ayant posté de bonnes sentinelles et
guettes, nous soupâmes et reposâmes.

C'est ici que Francisco Lopez de Gomara dit que
Francisco de Morla apparut sur un cheval gris truite
avant l'arrivée de Cortès et des cavaliers, et que c'était

le saint apôtre Monsieur saint Jacques ou Monsieur saint Pierre. Je dis que toutes nos œuvres et victoires sortent de la main de Notre-Seigneur Jésus-Christ et que dans cette bataille il y avait pour chacun de nous tant d'Indiens qu'avec des poignées de terre ils nous auraient enterrés, sauf que la grande miséricorde de Dieu nous aidait en tout. Et il se pourrait que, comme dit le Gomara, ce fût le glorieux Apôtre Monsieur saint Jacques ou Monsieur saint Pierre, et que moi, pécheur, je n'aie point été digne de le voir. Ce qu'alors j'ai vu et reconnu, ce fut Francisco de Morla sur un cheval bai venant conjointement avec Cortès, si bien qu'il me semble au moment où j'écris ces mots revoir par ces yeux pécheurs toute la guerre telle que nous l'endurâmes alors. Et quand bien même que, comme indigne pécheur, je n'aurais pas mérité ce loyer de voir aucun de ces glorieux Apôtres, il y avait là, en notre compagnie, plus de quatre cents soldats et Cortès et beaucoup d'autres Cavaliers. On en aurait devisé, on se serait pris à témoin et on aurait bâti une église alors que la ville fut fondée et on l'aurait nommée la ville de Santiago de la Vitoria ou de San Pedro de la Vitoria, semblablement à ce qu'on fit en la nommant Santa Maria de la Vitoria. Et s'il en eût succédé ainsi que dit le Gomara, nous aurions été d'assez mauvais chrétiens, Notre-Seigneur Dieu nous envoyant ses saints Apôtres, de ne pas reconnaître la grand merci qu'il nous faisait, ni révérer chaque jour cette église. Et plût à Dieu qu'il en eût été comme dit le chroniqueur! Et jusqu'au jour où

je lus sa chronique, jamais entre Conquérants qui se
trouvèrent là, on n'ouït parler de telle chose. Laissons
cela; je dirai ce qui de plus nous advint.

CHAPITRE XXXV.

*Comment Cortès fit appeler tous les Caciques
de ces provinces et de ce qui fut fait ensuite.*

J'AI déjà dit que nous avions pris dans cette bataille
cinq Indiens dont deux Capitaines avec lesquels
l'interprète Aguilar se mit à converser, et connaissant
par leurs discours qu'ils seraient hommes bons à envoyer pour messagers, il dit au Capitaine Cortès
qu'il les laissât aller parler au Cacique de ce pueblo et autres quelconques. On donna à · ces deux
Indiens messagers des grains verts et des diamants
bleus, et Aguilar leur dit force paroles savoureuses
et caressantes : Que nous les voulions tenir pour
frères; qu'ils n'eussent point peur; qu'à eux était la
faute de la guerre passée ; enfin qu'ils appelassent tous
les Caciques de tous les pueblos, à qui nous voulions
parler. Il leur remontra maintes autres choses bien
doucement pour les attirer à la paix. Et ces gens s'en
allèrent de bonne volonté et parlerent avec les principaux et Caciques et leur dirent tout ce que nous leur
voulions faire savoir au sujet de la paix. Notre
ambassade entendue, il fut entre eux accordé d'ex-

pédier aussitôt quinze Indiens pris parmi leurs esclaves, avec le visage barbouillé et les couvertures et
braguettes qu'ils portaient fort délabrées, et par eux
ils envoyèrent des poules et du poisson rôti et du pain
de maïs. Ces hommes arrivèrent devant Cortès qui les
reçut de bonne volonté ; mais Aguilar l'interprète leur
demanda, à moitié courroucé, comment ils osaient se
présenter avec des visages ainsi faits ? qu'ils semblaient
venir plutôt pour la guerre que pour la paix ; qu'ils
retournassent incontinent à leurs Caciques afin de leur
dire que s'ils voulaient la paix comme elle leur était
offerte, ils envoyassent des seigneurs en traiter, comme
il est d'usage, et non des esclaves. A ces mêmes barbouillés, il fut fait quelques caresses ; il fut envoyé par
eux des grains bleus, en signe de paix et pour leur
adoucir les pensées.

Dès le lendemain trente Indiens principaux, couverts de bonnes mantes, vinrent et portèrent des
poules et du poisson et du fruit et du pain de maïs,
et requirent licence de Cortès pour brûler et enterrer les corps des leurs, morts dans les batailles
passées, afin qu'ils ne sentissent pas mauvais et qu'ils
ne fussent point mangés des tigres ou des lions. Laquelle licence il leur octroya aussitôt, et eux se hâ-
tèrent d'amener quantité de gens pour enterrer et
brûler les corps, selon leur coutume. D'après ce
que Cortès sut d'eux, il leur manquait plus de huit
cens hommes, sans compter les blessés. Ils dirent
qu'ils ne pouvaient s'attarder avec nous en paroles ni
débats sur la paix, parce que le jour ensuivant les

principaux et seigneurs de ces peuples devaient venir
tous pour appointer la paix.

Et comme Cortès était en toute chose fort avisé,
il dit en riant à nous autres soldats qui étions là lui
faisant compagnie : Savez-vous, messieurs, que ces Indiens, ce me semble, doivent avoir grand peur des
chevaux et croire qu'eux seuls font la guerre, et
mêmement les bombardes ; et pour qu'ils le croient
mieux encore, j'ai pensé à une chose : qu'on amène
la jument de Juan Sedeño, qui mit bas l'autre jour
dans le navire, et qu'on l'attache ici où je me tiens ;
puis qu'on amène le cheval de Ortiz le Musicien, qui
est très-chaud ; et il sentira la jument, et quand il
l'aura sentie, on emmènera le cheval et la jument,
chacun de son côté, en lieu tel que ne les puissent
voir ni entendre hennir les Caciques, avant que d'être
en ma présence et conférant avec moi. Il en fut fait
ainsi. La jument fut amenée et le cheval la sentit.
Cortès commanda en outre d'amorcer un canon, le
plus grand de ceux que nous avions, avec une bonne
balle et bonne charge de poudre.

Tout cela nous mena jusqu'a l'heure de midi à
laquelle vinrent quarante Indiens, tous Caciques, de
bonnes façons, couverts de riches mantes à leur mode.
Ils saluèrent Cortès et nous autres tous, et ils apportaient de leur encens dont ils nous encensèrent
tous tant que nous étions, et ils demandèrent pardon du passé, promettant que d'ores en avant ils
seraient bons. Cortès leur répondit par Aguilar, notre
trucheman, avec quelque gravité, et faisant l'homme

courroucé : Qu'ils avaient déjà vu combien de fois il les avait requis de la paix ; qu'ils avaient toute la faute, et que maintenant ils mériteraient bien, eux et tous ceux qui étaient demeurés dans tous leurs pueblos, d'être tués par nous ; que nous sommes vassaux d'un grand Roi et Seigneur qui nous a envoyés à ces pays, lequel, nommé l'Empereur Don Carlos, commande que nous aidions et favorisions tous ceux qui se tiendraient en son Royal service ; qu'ainsi fera-t-il s'ils sont bons comme ils le disent, sinon qu'il leur lâchera des tepustles qui les tueront (ils nomment ainsi en leur langue le fer), et que même quelques-uns de ces tepustles sont encore courroucés de la guerre passée. Alors il fit mettre secrètement le feu à la bombarde qui était amorcée, laquelle donna aussi bon tonnerre et aussi roide qu'il était nécessaire. La balle allait ronflant par les bois, et comme il était midi et qu'il faisait calme, elle menait un grand bruit. Et les Caciques s'épouvantèrent de l'ouïr, et comme ils n'avaient jamais vu chose telle, ils crurent que ce que Cortès leur avait dit était la vérité. Et pour les remettre de leur frayeur il leur dit par Aguilar de ne pas avoir peur, qu'il avait commandé au tepustle de ne point faire de mal. En cet instant on amena le cheval qui avait senti la jument, et on l'attacha non loin de l'endroit où était Cortès parlant avec les Caciques et, comme on avait tenu la jument dans ce même logis où Cortès et les Indiens conversaient, le cheval piaffait et hennissait et était en rut, l'œil toujours tourné vers les Indiens et vers le logis où

il avait senti la jument; et les Caciques crurent que
c'était pour eux qu'il se faisait si furieux, hennis-
sant et piaffant : et ils étaient épouvantés. Lorsque
Cortès les vit en cet état, il se leva de son siége et,
allant au cheval, le prit par le frein et dit à Aguilar de
faire accroire aux Indiens qu'il avait commandé au
cheval de ne leur faire aucun mal ; aussitôt il enjoignit
à deux estaffiers de l'emmener loin de là pour que les
Caciques ne le revissent point.

Sur ces entrefaites, arrivèrent environ trente Indiens
sommiers qu'entre eux ils nomment tamemes, lesquels
apportaient un dîner composé de poulets, poisson rôti et
fruits divers. Il paraît qu'ils étaient restés en arrière et
n'avaient pu venir en même temps que les Caciques.
Cortès eut là de grands entretiens avec ces principaux,
lesquels dirent qu'ils viendraient tous le jour ensuivant
apporter un présent et l'entretenir d'autres choses.
Puis ils partirent fort contents. Ainsi les laisserai-je
jusqu'au lendemain.

CHAPITRE XXXVI.

*Comment vinrent tous les Caciques et Calachionis du
Rio de Grijalva, apportant un présent, et de ce qui
en outre se passa.*

L E lendemain matin, qui fut un des derniers jours
du mois de mars de l'an mil cinq cents et dix-
neuf, arrivèrent quantité de Caciques et principaux de

ce pueblo de Tabasco et autres circonvoisins, nous faisant force révérences et apportant un présent d'or qui
fut tel : quatre diadèmes, quelques petits lézards, deux
simulacres de petits chiens, des rouleaux d'oreille,
cinq canards, deux figures à visages d'Indiens, deux
sandales d'or dans le goût de leurs cutaras et autres
bagatelles de peu de prix dont j'ai oublié la valeur.
Ils offrirent aussi des couvertures de celles qu'ils fabriquaient pour leur usage, lesquelles sont très-gros-
sières ; ceux qui ont quelque connaissance de cette
province auront déjà entendu dire qu'il n'y a dans le
pays que des mantes de peu de valeur. Mais tout ce
présent ne fut rien en comparaison de vingt femmes,
dont une fort. excellente qui se nomma doña Marina, après qu'elle fut devenue chrétienne. Et je ces-
serai de deviser d'elle et des autres femmes, pour dire
que Cortès accepta ce présent avec joie et, prenant
à part tous les Caciques, à l'aide de l'interprète Aguilar, il leur dit qu'il recevait à gré ce qu'ils apportaient, mais qu'il les priait d'ordonner que tout le
peuple et les femmes et les enfants rentrassent dans
ce village ; que dans deux jours il le voulait voir
repeuplé, et qu'il connaîtrait ainsi la paix être véritable. Aussitôt les Caciques firent appeler tous les
habitants avec leurs femmes et leurs enfants et en
deux jours le pueblo fut repeuplé. A l'autre commandement que leur fit Cortès de laisser leurs idoles et
sacrifices, ils répondirent qu'ainsi feraient-ils. Et
Cortès, le mieux qu'il put, leur déclara par Aguilar
les choses touchant notre Sainte Foi : que nous

étions chrétiens et adorions un seul Dieu veritable.
Puis, leur montrant une fort dévote Image de Notre-
Dame avec son précieux Fils dans les bras, il leur
expliqua que nous vénérions cette sainte Image
parce qu'elle est ainsi dans le ciel et qu'elle est la
Mère de Notre-Seigneur Dieu. Et les Caciques dirent
que cette grande Tecleciguata leur paraissait fort bonne,
et qu'il la leur donnât pour la tenir dans leur pueblo :
en leur langue ils nomment les grandes dames Tecle-
ciguatas. Cortés répondit qu'il la leur donnerait
volontiers, et leur commanda de bâtir un bon autel
bien travaillé qu'ils firent aussitôt. Le lendemain
matin Cortes ordonna à deux de nos charpentiers de
gros œuvre, qui se nommaient Alonzo Yañez et Alvaro Lopez (déjà par moi mentionnés), d'ouvrer aussitôt une croix bien haute. Tous ces ordres donnés,
il demanda aux Caciques pourquoi par trois fois ils nous
avaient attaqués quand nous les requérions de la paix.
Et l'un d'eux répondit qu'ils en avaient déjà demandé
pardon et que pardon leur avait été octroyé : que
le Cacique de Champoton, son frère, le lui avait conseillé et qu'il l'avait fait afin de n'être pas tenu pour
couard, parce qu'on le tançait et déshonorait de ce
qu'il ne nous avait pas guerroyés dans le temps où vint
un autre Capitaine avec quatre navires (et il le disait,
ce semble, pour Juan de Grijalva). Il dit aussi que
l'Indien que nous menions comme trucheman, et qui
s'était ensauvé une nuit, leur avait conseillé de nous
combattre de jour et de nuit, parce que nous étions
peu nombreux. Cortés leur dit aussitôt d'avoir, en tout

cas, à lui ramener ce traître. Ils répondirent que, ayant vu qu'en la bataille il leur en avait mal succédé, il s'était enfui et qu'ils ne savaient rien de lui, bien qu'ils l'eussent fait rechercher. Nous sûmes depuis qu'ils l'avaient sacrifié en récompense de son conseil qui leur coûta si cher. De plus, Cortes leur demanda de quelle part ils tiraient leur or et ces petits joyaux. Du côté où se couche le soleil, répondirent-ils; et ils disaient : Culua et Mexico. Et comme nous ne savions quelle chose c'était que Mexico ni Culua, nous n'y prêtions guères attention : et nous avions là un autre trucheman, que nous avions pris avec Grijalva, Francisco (déjà une fois par moi nommé), qui n'entendait ni peu ni prou la langue de Tabasco, mais bien celle de Culua qui est la Mexicaine, et moitié par signes, il dit à Cortés que Culua était beaucoup plus avant, et répétait Mexico, Mexico. Et nous ne le comprîmes point.

Là-dessus l'entretien prit fin, jusqu'au lendemain où furent mises sur l'autel la sainte Image de Notre-Dame et la Croix que nous adorâmes tous. Et le Père fray Bartolomé de Olmedo dit la messe, et tous les Caciques et principaux se tenaient devant, et le nom de Santa Maria de la Vitoria fut imposé a ce pueblo et ainsi nomme-t-on maintenant la ville de Tabasco. Et le même Religieux, par Aguilar notre trucheman, prêcha aux vingt Indiennes qu'on nous avait offertes, quantité de bonnes choses de notre sainte Foi, les adjurant de ne plus croire aux idoles en qui elles croyaient auparavant, lesquelles n'étaient

pas des dieux, mais étaient méchantes et les abusaient,
de ne plus leur sacrifier et d'adorer Notre-Seigneur
Jésus-Christ. Aussitôt elles furent baptisées et le
nom de doña Marina fut imposé a cette Dame Indienne qu'ils nous avaient donnée et qui vraiment
était grande Cacique et fille de grands Caciques et
Dame de vassaux, comme il paraissait bien en sa
personne. Je dirai plus loin comment et de quelle
manière elle fut amenée là. Quant aux autres
femmes, je ne me rappelle pas bien tous leurs noms,
et il n'importe guères d'en nommer quelques-unes,
mais elles furent les premières chrétiennes qu'il y eut
en la Nouvelle-Espagne. Et Cortés les répartit, à
chaque Capitaine la sienne, et comme doña Marina
était de bonne mine, engageante et hardie, il la donna
à Alonso Hernandez Puertocarrero, qui, je l'ai déjà
d'autres fois dit, était fort bon gentilhomme et cousin
du comte de Medellin. Et après que le Puertocarrero
fut allé en Castille, la doña Marina se tint avec Cortés
qui eut d'elle un fils qui fut dit don Martin Cortes et
qui, dans la suite des temps, fut Commandeur de
Santiago.

Nous demeurâmes cinq jours dans ce pueblo, tant
pour les blessés que l'on y soignait que pour ceux qui
souffraient de douleurs de reins, dont ils se défirent
là. Cortés en outre y demeura pour attirer avec de
bonnes paroles les Caciques, leur disant que l'Empereur notre Seigneur dont nous sommes vassaux,
tient à son commandement quantité de grands seigneurs, et qu'il serait bon qu'ils se missent en son obéis-

sance ; après quoi, s'ils avaient nécessité de notre aide
ou d'autre chose quelconque, ils n'auraient qu'à le
lui faire savoir en quelque lieu qu'il fût, et qu'il les
viendrait secourir. Tous les Caciques lui en rendirent bien des grâces et, là, se donnèrent pour vassaux à notre grand Empereur. Et ceux-là furent les
premiers vassaux qui, dans la Nouvelle-Espagne, vinrent
en l'obéissance de Sa Majesté. Aussitôt Cortès leur
commanda de venir le lendemain, qui était dimanche
de Rameaux, de fort bon matin, avec leurs enfants
et leurs femmes, à l'autel que nous avions fait afin d'y
adorer la sainte Image de Notre-Dame et la Croix.
Et mêmement il leur enjoignit d'envoyer six Indiens
charpentiers pour aller en compagnie des nôtres dans
le pueblo de Cintla, où il avait plu à Notre-Seigneur
Dieu nous donner la victoire dans la bataille passée,
par moi relatée, pour y faire une croix dans un grand
arbre qu'il y avait là et qu'ils nomment ceiba. Et ils
la firent dans cet arbre à effet qu'elle durât beaucoup,
parce que, l'écorce ayant coutume de reverdir, la
croix reste toujours marquée. Cela fait, il ordonna aux
Caciques de tenir prêtes toutes les canoas qu'ils avaient
pour nous aider à embarquer, car nous voulions
mettre à la voile en ce saint jour, deux pilotes étant
venus alors même dire à Cortès que les navires se
trouvaient en grand risque à raison du nord qui est
vent largue.

Le lendemain, de fort bon matin, tous les Caciques
et principaux vinrent avec toutes leurs femmes et
leurs enfants, et entrèrent dans le préau où étaient

l'église et la Croix et où nous tenions quantité de rameaux coupés, pour aller en procession. Dès que nous vîmes les Caciques rassemblés, Cortès et les Capitaines et nous tous ensemble, bien pieusement, nous fîmes une fort dévote procession. Et le Père de la Merci et Juan Diaz le Clerc, s'étant revêtus, la messe fut dite. Et nous adorâmes et baisâmes la Sainte Croix, et les Caciques et les Indiens nous regardaient. Notre fête solennelle accomplie selon la conjoncture, les principaux s'avancèrent et apportèrent à Cortès dix poules et du poisson rôti et autres victuailles, et nous prîmes congé d'eux, Cortès leur recommandant toujours la sainte Image de Notre-Dame et les saintes Croix, et leur disant de les tenir fort nettes, de balayer la maison et l'église et de les couvrir de ramée et de les vénérer, et qu'ils y trouveraient le salut et de bonnes semailles. Puis, comme il était déjà tard, nous nous embarquâmes.

Le lendemain lundi, dans la matinée, nous mîmes à la voile, et, naviguant heureusement, nous suivîmes la route de San Juan de Ulua, nous tenant toujours près de terre. Le vent était bon. Et nous autres tous, compagnons de Grijalva, qui connaissions cette route, nous disions à Cortès : Monsieur, voici la Rambla, qui dans la langue des Indiens se dit Aguayaluco. Et nous atteignîmes aussitôt les parages de Tonala qui se nomme aussi Sant-Anton, que nous lui signalions. Plus loin, nous lui montrions le grand fleuve de Guazacualco, et il vit les très-hautes sierras neigeuses, et aussitôt les sierras de San-Martin, et, plus avant, la

Roche Fendue dont les grands rochers entrent dans la mer et que signale à son sommet une sorte de chaise; et, plus avant encore, le rio de Alvarado où entra Pedro de Alvarado lors de l'entreprise de Grijalva. Puis nous vîmes le rio de Banderas où nous avions échangé pour seize mille pesos d'or. Et l'Ile Blanche apparut. Et nous lui dîmes où était l'Ile Verte, et, proche la terre, il vit l'Ile de Sacrificios où nous avions avec Grijalva trouvé des autels et des Indiens sacrifiés. Et aussitôt, à la bonne heure, nous arrivâmes à San Juan de Ulua le jeudi de la Cène après midi. Et il me souvient qu'un Cavalier nommé Alonzo Hernandez Puertocarrero s'avança et dit à Cortès : Il me semble, Monsieur, que ces gentilshommes, qui par deux fois ont visité cette terre, sont venus vous dire :

> Vois la France, Montesinos,
> Contemple Paris la cité,
> Et vois où les eaux du Duero
> Vont se décharger dans la mer.

Et moi, je vous dis de regarder ces riches terres et de vous bien savoir gouverner. Cortès comprit bien à quelle fin ces paroles étaient dites, et répondit : Que Dieu nous donne fortune aux armes comme au paladin Roland, et quant au reste, ayant votre Grâce et ces autres Cavaliers pour maîtres, bien saurai-je y entendre. C'est ainsi que la chose se passa, et Cortès entra dans le rio de Alvarado, comme dit Gomara.

CHAPITRE XXXVII.

Comment doña Marina était Cacique et fille de grands Seigneurs et Dame de pueblos et vassaux, et de la manière qu'elle fut amenée à Tabasco.

AVANT de mettre davantage la main à l'histoire du grand Montezuma et de son grand Mexico et de ses Mexicains, je veux dire l'histoire de doña Marina et comment dès son enfance elle fut Dame de pueblos et de vassaux. Son père et sa mère étaient Seigneurs et Caciques d'un pueblo nommé Painala, lequel a pour sujets quelques autres villages à environ huit lieues de la ville de Guazacualco. Et le père mourut, la laissant toute petite et la mère se maria avec un jeune Cacique, et ils eurent un fils ; et, comme il parut bien, ils aimaient ce fils qu'ils avaient eu, car ils résolurent de lui laisser leur office après leur mort, et, pour qu'il n'y eût aucun obstacle, ils donnèrent la petite à des Indiens de Xicalango, de nuit, afin qu'elle ne fût pas vue, et répandirent le bruit qu'elle était morte. Or, en cette saison, une fille d'une Indienne, leur esclave, mourut, et ils publièrent que c'était l'héritière. De sorte que ceux de Xicalango la donnèrent à ceux de Tabasco et ceux de Tabasco à Cortès. Et j'ai connu sa mère et son frère par le ventre, qui était déjà un homme et gouvernait conjointement avec sa mère leur pueblo, le dernier mari de la vieille étant déjà trépassé. Et une fois devenus chrétiens, la vieille fut nommée Marta et le fils Lazaro.

Je suis fort au fait de cette histoire, parce que en l'an mil cinq cent et vingt trois, Mexico ayant été gagnée avec d'autres provinces, Cortès, marchant contre Christoval de Oli qui s'était levé dans les Higueras, passa par Guazacualco. Et nous autres, habitants de cette ville, l'accompagnâmes pour la plupart en ce voyage, ainsi que je le conterai à son temps et lieu, et doña Marina, en toutes les guerres de la Nouvelle-Espagne, Tlascala et Mexico, avait été si excellente femme et bonne interprète, comme je le dirai plus avant, que Cortès l'emmenait toujours avec lui. Ce fut à cette époque et dans ce voyage qu'un hidalgo, nommé Juan Xaramillo, se maria avec elle dans le pueblo d'Orizava, par devant certains témoins, dont l'un qui se nommait Aranda et qui fut habitant de Tabasco, contait le mariage tout autrement que le chroniqueur Gomara. Et doña Marina avait beaucoup de bien et commandait absolument parmi les Indiens dans toute la Nouvelle-Espagne.

Or, Cortès étant en la ville de Guazacualco, fit appeler tous les Caciques de cette province pour avoir avec eux un colloque touchant la sainte Doctrine et savoir s'ils étaient bien traités. Et alors vinrent la mère de doña Marina et son frère de mère Lazaro avec les autres Caciques. Depuis beau temps, la doña Marina m'avait dit qu'elle était de

cette province et Dame de vassaux, et bien le savaient
le capitaine Cortès et Aguilar l'interprète. De sorte
que la mère et le frère étant venus, la mère reconnut
clairement que Marina était sa fille, car elle lui ressemblait fort. Et ils eurent peur d'elle, croyant qu'elle
les avait mandés pour les tuer, et ils pleuraient.
Quand la doña Marina les vit ainsi pleurer, elle les
consola et leur dit de ne pas avoir peur, que lorsqu'ils la livrèrent à ceux de Xicalango, ils ne savaient
ce qu'ils faisaient et qu'elle leur pardonnait. Et,
leur ayant donné quantité de joyaux d'or et de vêtements, elle leur dit de s'en retourner à leur pueblo :
que Dieu lui avait fait grand merci de l'ôter de
l'adoration des idoles et de la faire chrétienne, et de
lui donner un fils de son maître et seigneur Cortès,
et de permettre qu'elle fût mariée avec un gentilhomme comme était son mari Juan Xaramillo : que,
quand bien même on la ferait Cacique de toutes
quantes provinces il y avait en la Nouvelle-Espagne,
elle ne le voudrait point : qu'elle prisait plus haut que
chose au monde le service de son mari et de Cortès.
Et tout ce que je dis là, je le lui ai entendu dire, à
elle-même très-expressément, et je le jure amen.
A mon sentiment, cette aventure ressemble à ce qui
advint, en Égypte, à Joseph avec ses frères quand ils
vinrent en son pouvoir lors de l'affaire du blé. Les
choses se sont passées ainsi et non point comme elles
ont été rapportées au Gomara. Et il en dit bien
d'autres dont je le tiens quitte. Revenons à notre
matière : Doña Marina savait la langue de Guaza-

cualco qui est celle de Mexico et savait celle de Tabasco, tandis que Geronimo de Aguilar savait les
langues de Yucatan et de Tabasco, qui n'en sont
qu'une. Par ainsi ils se comprenaient bien, et l'Aguilar
expliquait en castillan à Cortès. Ce fut un grand commencement pour notre conquête. Et ainsi nous suc-
cédaient les choses (loué soit Dieu!) fort prospère-
ment. J'ai voulu éclaircir ce point, car sans doña
Marina nous ne pouvions entendre la langue de la
Nouvelle-Espagne et de Mexico. Et je laisserai ce
sujet pour dire comment nous débarquâmes dans
le port de San Juan de Ulua.

CHAPITRE XXXVIII.

*Comment nous arrivâmes avec tous les navires
à San Juan de Ulua, et de ce qui nous advint là.*

L E Jeudi Saint de la Cène du Seigneur de l'an
mil cinq cent et dix-neuf, nous arrivâmes avec
toute l'Armada au port de San Juan de Ulua. Et
comme le pilote Alaminos le connaissait fort bien,
depuis le temps où nous y avions abordé avec Juan de
Grijalva, il fit aussitôt mouiller les navires en lieu où
ils fussent à l'abri du nord ; et l'on arbora sur la Nef
Capitane les étendards Royaux et banderoles. Environ une demi-heure après que nous eûmes mouillé
l'ancre, deux canoas fort grandes (en ces pays les
grandes canoas sont nommées piraguas) se détachèrent

de terre. Elles étaient montées par quantité d'Indiens Mexicains qui, voyant les étendards et le grand navire, connurent que c'était là qu'ils devaient aller pour parler au Capitaine. Ils vinrent droit au navire et entrèrent dedans et demandèrent qui était le Tlatoan ; en leur langue ce mot veut dire Seigneur. Et Doña Marina qui les comprit, parce qu'elle savait fort bien la langue, le leur montra. Les Indiens firent grande révérence à Cortès, à leur mode, et lui dirent qu'il fût le bienvenu et qu'un domestique du grand Montezuma, leur maître, les envoyait savoir quels hommes nous étions et ce que nous cherchions, ajoutant que, s'il avait besoin de quelque chose pour nous ou pour les navires, il le leur dît et qu'ils nous en procureraient la commodité. Notre Cortès répondit par les deux interprètes Aguilar et doña Marina qu'il leur en savait gré, et leur fit aussitôt donner à manger et à boire du vin et les gratifia de quelques grains de patenôtres de couleur bleue. Quand ils eurent bu, il leur dit : que nous venions pour les voir et pour trafiquer, et qu'on ne leur donnerait aucun ennui, et qu'ils eussent donc pour bonne notre venue à cette terre. Et les messagers s'en retournèrent à terre fort contents.

Le lendemain, qui était le Vendredi Saint de la Croix, nous débarquâmes tous, chevaux et artillerie, sur des buttes de sable, la côte n'étant point plane mais toute en dunes. Et les canons furent pointés le mieux qu'il parut à l'artilleur Mesa, et nous dressâmes un autel où la messe fut dite incontinent.

Puis on fit des huttes et des loges de ramée pour
Cortès et pour les Capitaines. Et, par escouades de
trois soldats, nous charroyâmes du bois et nous fîmes
nos baraques : et les chevaux furent mis en lieu sûr.
C'est à quoi se passa le Vendredi Saint. Le lendemain
samedi, veille de Pâques, vinrent de nombreux Indiens
envoyés par un personnage qui était gouverneur pour
Montezuma et se nommait Pitalpitoque et que depuis
nous appelâmes Ovandillo. Ils apportèrent des haches
et accommodèrent les loges du Capitaine Cortès et
les cahutes les plus proches, et les couvrirent de
grandes mantes à cause du soleil, car nous étions en
carême et il faisait grand chaud. Ils apportèrent
aussi des poules, du pain de maïs et des prunes dont
c'était la saison. Il me semble aussi qu'ils présentèrent
alors des joyaux d'or et offrirent le tout à Cortès, en
lui disant que, le jour ensuivant, devait venir un
Gouverneur qui amènerait plus de provisions. Cortès
les en remercia beaucoup et leur fit donner quelques-
uns de nos objets d'échange, avec quoi ils s'en
allèrent fort contents.

Le lendemain, Pâques Saintes de Résurrection, le
Gouverneur qu'ils avaient annoncé parut, lequel se
nommait Tendile, bon négociateur, et il amena avec
lui Pitalpitoque qui aussi, parmi eux, était personne
considérable. Ils étaient suivis de quantité d'Indiens
chargés de présents, de poules et autres victuailles.
Tendile ordonna aux porteurs de se tenir quelque
peu à l'écart, et fort humblement il fit trois révérences, à leur mode, d'abord à Cortès, puis à nous

autres tous soldats qui nous trouvions les plus proches.
Cortès leur souhaita la bienvenue par nos interprètes
et les embrassa, et leur dit d'attendre et qu'il leur
parlerait bientôt. Et, ce pendant, il fit dresser un autel
le mieux qu'on le put en la conjoncture. Et Fray
Bartolomé de Olmedo chanta la messe, le Padre
Juan Diaz l'assistant ; et les deux Gouverneurs furent
présents à la messe, ainsi que les principaux de ceux
qu'ils menaient en leur compagnie. La messe ouïe,
Cortès dîna avec quelques-uns de nos Capitaines
et les deux Indiens domestiques du grand Montezuma.
Et, les tables levées, Cortès avec nos deux interprètes, doña Marina et Geronimo de Aguilar, prit
à part les Caciques, et leur dit : Que nous étions chrétiens et vassaux du plus grand Seigneur qui soit au
monde, lequel se nomme l'Empereur Don Carlos et
a pour vassaux et domestiques quantité de grands
seigneurs : que par son commandement nous étions
venus à ces terres, dont il y a longues années qu'il
a connaissance, ainsi que du grand Seigneur qui
les gouverne : que lui, Cortès, le veut avoir pour
ami et lui dire au nom Royal maintes choses qui, entendues et comprises, le réjouiront : qu'il veut aussi
trafiquer de bonne amitié avec lui et ses Indiens et
vassaux : et savoir où il lui plaît qu'il le voie et lui
parle.

Tendile lui répondit avec quelque hauteur : A
peine es-tu arrivé, que tu lui veux déjà parler. Reçois
tout d'abord ce présent que nous te donnons en son
nom et puis tu me diras ce qui te conviendra.

Aussitôt il tira d'une petaca, qui est une sorte de caisse, plusieurs pièces d'or bien ouvrées et riches, et plus de dix charges d'étoffe de coton blanc et de plumes, choses rares à voir, et d'autres joyaux dont il ne me souvient plus depuis tant d'années. Il offrit en outre force victuailles, poules de la terre, fruits et poissons rôtis. Cortès les reçut, riant et de bonne grâce, et leur donna des bracelets de diamants et autres choses de Castille, et les pria de commander à leurs peuples de venir trafiquer avec nous, parce qu'il apportait quantité de ces grains à troquer pour de l'or. Ils dirent qu'ils l'ordonneraient ainsi. D'après ce que nous sûmes depuis, ce Tendile et ce Pital-pitoque étaient Gouverneurs de certaines provinces nommées Cotastlan, Tustepeque, Guazpaltepeque, Tlataltetecło, et autres pueblos qu'ils avaient nouvelle-ment subjugués. Cortès fit aussitôt apporter une chaise à dossier ornée de fort riches sculptures, et des pierres marcassites qui ont à l'intérieur quantité de dessins, enveloppées dans du coton musqué pour qu'elles eussent bonne odeur, et un collier de diamants et un bonnet cramoisi avec sa médaille d'or où était figuré saint Georges, à cheval, et qui semblait percer de sa lance un dragon. Et Cortès dit à Tendile d'en-voyer aussitôt cette chaise pour que le Seigneur Mon-tezuma s'y pût asseoir quand il irait le voir et lui parler, et mêmement ce bonnet pour se le mettre sur le chef : quant à ces pierres et à tout le reste, le Roi notre Seigneur a ordonné de lui en faire don en signe d'amitié, et parce qu'il sait qu'il est grand Sei-

gneur : que lui, Cortès, le prie de marquer quel jour
et en quel lieu il le veut recevoir. Tendile reçut le
présent et dit que son maître Montezuma est si grand
Seigneur qu'il se réjouira de connaître notre grand
Roi : que notre présent lui sera vitement porté et qu'il
rapportera la réponse. Il paraît que le Tendile menait
avec lui de grands peintres, car il y en a de tels en
Mexico, et il fit peindre au naturel le visage, le corps
et les traits de Cortès et de tous les Capitaines et soldats, et les navires et leurs voiles, et les chevaux et
Doña Marina et Aguilar, et les canons et leurs boulets et tout l'équipage que nous menions, jusqu'à
deux lévriers, et porta cette peinture à son maître.

Aussitôt Cortès commanda à nos artilleurs de tenir
les bombardes très-bien amorcées avec une bonne
charge de poudre pour qu'elles fissent un grand tonnerre quand ils lâcheraient le coup, et il ordonna à
Pedro de Alvarado et à tous les gens de cheval de se
tenir prêts pour que ces domestiques de Montezuma
les vissent courir, et d'attacher des sonnettes au poitrail des chevaux. Cortès monta aussi à cheval et dit :
Si nous pouvions courir sur ces dunes, ce serait
bien, mais ils verront que nous enfonçons dans le
sable ; gagnons donc la plage dès que la marée sera
basse et courons deux par deux. Il donna à Pedro
de Alvarado, dont la jument alezane était de grande
vitesse et bien dressée, le commandement de tous les
gens de cheval. Tout cela fut fait devant ces deux
ambassadeurs. Et afin qu'ils vissent partir les canons,
Cortès leur dit qu'il voulait encore parler avec eux et

quantité d'autres principaux, et le feu fut mis aux
bombardes, et comme en ce moment il faisait calme,
les boulets allaient retentissant par les bois avec grand
fracas. Les Gouverneurs et tous les Indiens furent
épouvantés de choses si nouvelles pour eux et firent
peindre le tout par leurs peintres pour que Montezuma le vît. Il paraît qu'un soldat portait un casque à
moitié doré, et Tendile, qui était un Indien plus éveillé
que l'autre, le vit et dit qu'ils en avaient un à peu près
semblable que leur avaient laissé leurs devanciers du
lignage desquels ils sortaient, et qu'ils l'avaient mis sur
le chef de leur idole Huichilobos qui est leur dieu de
la guerre. Il ajouta que son maître Montezuma se
réjouirait de voir ce casque. On le lui donna aussitôt, et Cortès lui dit que, désirant savoir si l'or de
cette terre est le même que celui que l'on tire des
rivières de notre pays, il le priait de lui retourner
ce casque plein de grains d'or pour l'envoyer à notre
grand Empereur.

Ensuite de tout cela, le Tendile prit congé de Cortès
et de nous autres tous, et, après quantité de courtoisies qu'il lui fit, Cortès à son tour l'embrassa et
prit congé de lui. Tendile dit qu'il reviendrait avec
la réponse fort vitement et, lui parti, nous parvînmes à savoir que cet Indien, outre qu'il était fort
grand négociateur, était aussi le plus agile courrier
qu'eût son maître Montezuma. Tendile partit en poste,
et fit par le menu son rapport à son Seigneur et lui
remit le dessin colorié qu'il apportait et le présent
envoyé par Cortès. Et le grand Montezuma en demeura

21

stupéfait et reçut d'autre part force contentement,
et lorsqu'il vit le casque et celui que portait son
Huichilobos, il tint pour assuré que nous étions du
lignage de ceux qui, au dire de ses devanciers, devaient
venir maîtriser cette terre. C'est ici que le chroniqueur Gomara conte quantité de choses qui lui furent
relatées de travers. Laissons-le, pour dire ce qui de
plus nous advint.

CHAPITRE XXXIX.

Comment Tendile alla parler à son maître Montezuma
et lui porta le présent, et de ce que nous fîmes dans
notre camp.

APRÈS que Tendile fut parti avec le présent que
le Capitaine Cortés lui avait donné pour son
maître Montezuma, l'autre Gouverneur nommé Pitalpitoque, qui était demeuré dans notre camp, se logea
dans des huttes séparées des nôtres, et, là, des Indiens
lui faisaient du pain de leur maïs et le pourvoyaient
de poules, fruits et poissons, ainsi que Cortés et les
Capitaines qui mangeaient avec lui; car nous autres
soldats, si nous ne ramassions des coquillages ou n'allions à la pêche, nous n'avions rien. Et en ce moment
vinrent quantité d'Indiens des pueblos par moi nommés, dont étaient Gouverneurs ces domestiques du
grand Montezuma, et quelques-uns d'entre eux apportaient de l'or, des joyaux de peu de valeur et des

poules à troquer pour nos objets d'échange qui étaient des rassades vertes, des diamants et autres choses avec quoi nous nous substantions ; parce qu'en général nous autres soldats, nous avions apporté des objets d'échange, étant avisés depuis le voyage de Grijalva qu'il était bon d'être pourvu de rassades.

Six ou sept jours se passèrent ainsi, et, en ce point, le Tendile arriva un matin avec plus de cent Indiens chargés, et avec eux venait un grand Cacique Mexicain qui, par le visage, les traits et le corps, ressemblait au Capitaine Cortès. Le grand Montezuma l'avait envoyé tout exprès parce que, d'après ce qu'on disait, quand Tendile lui porta le dessin de la figure de Cortès, tous les principaux qui se tenaient avec Montezuma s'écrièrent qu'un personnage nommé Quintalbor était le portrait vivant de Cortès : tel était le nom de ce grand Cacique qui accompagnait Tendile. Et, comme il ressemblait vraiment à Cortès, ainsi l'appelions-nous dans le camp : Cortès par ici, Cortès par là.

Revenons à leur arrivée, et à ce qu'ils firent en approchant de notre Capitaine. Ils touchèrent la terre avec leur main qu'ils baisèrent ensuite, et jetant de leur encens dans des braseros de terre qu'ils apportaient, ils l'encensèrent ainsi que nous autres tous soldats qui nous trouvions auprès. Cortès leur montra grand amour et les fit asseoir à ses côtés. Et ce personnage, qui accompagnait le présent, avait commission de lui parler avec le Tendile ; j'ai déjà dit qu'il se nommait Quintalbor, lequel, après avoir donné à Cortès la bienvenue à cette terre et après maints

autres devis, fit déballer le présent qu'il apportait sur
des nattes qu'ils nomment petates, après y avoir
étendu des couvertures de coton. La première chose
qu'il donna fut une roue en façon de soleil, aussi
grande qu'une roue de charrette, fort bien travaillée,
toute d'or très-fin, ouvrage très-admirable, qui valait,
à ce qu'on dit, après l'avoir pesée, environ vingt mille
pesos d'or. Puis une autre roue plus grande, d'argent,
figurant la lune avec quantité de rayons et autres
images, et elle était de grand poids et valait beaucoup. Il apporta le casque plein d'or en grains cres-
pelés comme on le tire des mines, d'une valeur de
trois mille pesos : nous tînmes à plus haut prix cet or
du casque, qui nous prouvait qu'il y avait de bonnes
mines, que s'ils nous avaient donné trente mille pesos.
En outre, il apporta vingt canards d'or, de travail
très-exquis et fort au naturel, et des espèces de chiens
comme ceux qu'ils ont, et quantité d'objets d'or figurés en forme de tigres, lions et singes, et dix colliers d'une façon fort délicate et autres pendants de
cou, et douze flèches et un arc avec sa corde, et deux
baguettes en manière de verges de justice longues de
cinq empans, et tout cela d'or très-fin et moulé en
creux. Ensuite, il fit apporter des panaches d'or et de
riches plumes vertes et d'autres d'argent, et des éventails de même, puis des cerfs en or creux. Et il y
avait tant de choses et il y a tant d'années que cela
s'est passé, qu'il ne me souvient pas de tout. Enfin,
il fit apporter environ trente charges d'étoffe de
coton si fine et brodée de si diverses façons et tis-

sue de plumes de tant de couleur, que je n'y veux
point mettre la plume, car je ne le saurais décrire.

Après avoir présenté toutes ces choses, le grand
Cacique Quintalbor et le Tendile dirent à Cortès de
recevoir ce don avec le même bon vouloir que leur
maître le lui envoyait et de le répartir entre les
Teules ses compagnons. Cortès reçut le présent
avec joie, et ces ambassadeurs ajoutèrent qu'ils lui
voulaient communiquer ce que leur maître Montezuma lui envoyait dire : En premier lieu, qu'il s'était
réjoui de l'arrivée à son pays d'hommes aussi vaillants que nous étions (car il savait l'affaire de Tabasco) : qu'il désirerait beaucoup voir notre grand
Empereur puisqu'il était si grand Seigneur et qu'il
avait connaissance de lui, Montezuma, dans de si
lointaines contrées comme celles d'où nous venions :
qu'il lui voulait envoyer un présent de riches pierres :
que tant que nous demeurerions dans ce port, s'il
nous pouvait servir en quelque chose, il le ferait de
bonne volonté; quant à l'entrevue, il disait de ne point
s'en occuper, qu'il n'y avait pas de quoi, et mettait en
avant force inconvénients. Cortès, leur faisant bonne
mine, recommença à leur rendre grâces pour le tout
et, avec force caresses, donna à chacun des Gouverneurs deux chemises de hollande et des diamants
bleus et autres bagatelles. Puis il les pria de partir pour
Mexico et, lui tenant lieu d'ambassadeurs, de dire à
leur maître le grand Montezuma que, ayant traversé
avec nous tant de mers et qu'étant venu de si lointaines terres à seule fin de le voir et de parler lui-

même à sa personne, il ne pouvait s'en retourner
ainsi sans courir risque d'être fort mal reçu par notre
Roi et Seigneur : enfin, qu'en quelque lieu que fût Montezuma, il le voulait aller voir et se mettre à ses
ordres. Les Gouverneurs lui répondirent qu'ils iraient
et parleraient, mais que, pour l'entrevue demandée,
ils pensaient que c'était inutile. Et voulant offrir, par
ces messagers, un don à Montezuma, Cortès tira des
pauvres choses que nous avions une coupe de verre
de Florence ciselée et dorée, avec quantité de bocages
et de vèneries qui couraient alentour de sa panse,
trois chemises de Hollande et d'autres objets, leur
recommandant la réponse. Ces deux Gouverneurs
partirent, et Pitalpitoque resta dans le camp, chargé,
paraît-il, par les autres domestiques de Montezuma de
faire porter des vivres des pueblos les plus voisins.
Restons-en là et je dirai ce qui se passa dans notre camp.

CHAPITRE XL.

*Comment Cortès envoya chercher un autre port et
assiette pour faire un établissement, et de ce qui
là-dessus fut fait.*

LES messagers ayant été dépêchés à Mexico, Cortès commanda aussitôt deux navires pour aller
découvrir la côte en avant et, comme Capitaine,
Francisco de Montejo, auquel il enjoignit de suivre
la route que nous avions tenue avec Juan de Grijalva

(ce même Montejo ayant accompagné Grijalva avec nous), lui recommandant de s'employer à chercher un port sûr et des terres où nous pussions demeurer, parce qu'il voyait bien que dans ces sables nous ne pouvions tenir avec les moustiques, ni rester si loin de tout lieu peuplé. Et il désigna pour pilotes Alaminos et Juan Alvarez le Manchot, qui connaissaient cette route, avec ordre de naviguer dix jours en serrant la côte d'aussi près qu'ils pourraient. Ils partirent, et, naviguant ainsi qu'il leur avait été ordonné, ils gagnèrent le parage du grand fleuve qui est proche Panuco, là où l'autre fois nous étions parvenus avec le Capitaine Juan de Grijalva, et, à cause des grands courants, ils ne purent passer au delà. Voyant cette mauvaise navigation, ils virèrent vers San Juan de Ulua, sans pousser plus outre et sans rien rapporter, sinon qu'à douze lieues de là, ils avaient vu un pueblo en façon de forteresse, lequel se nommait Quiahuistlan et qu'il y avait, avoisinant ce pueblo, un port où il semblait au pilote Alaminos que les navires pourraient être à l'abri du nord. Et un nom déshonnête lui fut imposé, qui est le ... de Bernal, parce qu'il ressemblait à un autre port qu'il y a en Espagne et qui portait ce même vilain nom. Montejo employa dix ou douze jours à ces allées et venues.

Revenons au camp pour dire que l'Indien Pitalpitoque, qui était resté avec la charge de nous procurer les vivres, se relâcha de telle façon qu'il ne fournit plus rien du tout, et les subsistances nous faisaient alors grandement faute, car la cassave était

devenue amère, tant elle était moisie, pourrie et
salie par la vermine, de manière que, si nous n'allions ramasser des coquillages, nous ne mangions
point ; et les Indiens qui d'habitude portaient de l'or
et des poules à échanger, déjà ne venaient plus en
si grand nombre comme auparavant, et ceux qui
venaient ne nous approchaient qu'avec méfiance et
craintivement ; et nous étions là, attendant d'heure en
heure les Indiens messagers qui étaient allés à Mexico.

Enfin, Tendile revint avec quantité d'Indiens, et
après avoir fait leur cérémonie accoutumée d'encenser
Cortès et nous autres tous, il donna dix charges
de couvertures de plumes, très-fines et riches, et
quatre chalchihuites qui sont pierres vertes, de fort
grande valeur et tenues en plus haute estime parmi
eux que chez nous les émeraudes, et leur couleur est
verte : puis, quelques pièces en or qui valaient, à ce
qu'on dit, sans compter les chalchihuites, trois mille
pesos. Et alors le Tendile et Pitalpitoque s'approchèrent, l'autre grand Cacique nommé Quintalbor
n'étant pas revenu parce qu'il était tombé malade dans
le chemin. Et ces deux Gouverneurs s'écartèrent avec
Cortès et doña Marina et Aguilar, et lui dirent : Que
leur Seigneur Montezuma avait reçu le présent et s'en
était réjoui : que, pour l'entrevue, il ne voulait plus
en entendre parler : qu'il envoyait pour le grand
Empereur ces riches pierres de chalchihuites, si riches
que chacune d'elles vaut une charge d'or et même
davantage à son estime : enfin, qu'il priait Cortès de ne
plus prendre le soin d'envoyer des messagers à Mexico.

Cortès leur rendit grâces avec courtoisie, bien qu'il
fût certainement marri de ce qu'ils lui déclaraient
si clairement que nous ne pourrions voir le Montezuma. Et il dit à quelques-uns de nous qui nous tenions
là : Vraiment, il doit être grand Seigneur et riche, et,
si Dieu le veut, quelque jour nous l'irons voir. Nous
répondîmes que nous voudrions être déjà aux prises
avec lui. Laissons les questions d'entrevue. C'était
en ce moment l'heure de l'Ave Maria. Nous avions
dans le camp une cloche, et à sa sonnerie nous nous
agenouillions tous devant une croix que nous avions
dressée sur la plus haute dune, pour dire l'oraison
de l'Ave Maria. Et Tendile et Pitalpitoque, comme
ils étaient Indiens fort curieux, demanderent pourquoi
nous nous prosternions devant ce morceau de bois
ainsi taillé. Et Cortès, les ayant entendus, dit au
Frère de la Merci qui était présent : C'est bien maintenant, Padre, qu'il y a lieu de leur faire comprendre
par nos interprètes les choses touchant notre sainte
Foi. Alors il leur fut fait un si bon raisonnement, eu
égard à la conjoncture, que de bons théologiens n'auraient pas mieux dit. Et après leur avoir déclaré que
nous sommes chrétiens et toutes les choses relatives
à notre sainte Foi qui étaient convenables à dire, il
leur fut appris que leurs idoles sont méchantes et non
certes point bonnes, et qu'elles fuient de là où l'on
plante ce signe, parce que sur une croix semblable
souffrit mort et passion le Seigneur du Ciel et de la
terre et de tout le créé, que nous adorons et en qui
nous croyons comme en notre Dieu véritable, lequel

22

se nomme Jésus-Christ et voulut subir et endurer
cette mort pour sauver tout le genre humain, et qui,
étant ressuscité le troisième jour, est dans les Cieux
où nous devons être jugés par lui. Et il leur fut
dit beaucoup d'autres choses très-parfaitement dé-
duites, et ils les entendaient bien, et répondaient
qu'ils les rediraient à leur Seigneur Montezuma. En
outre, il leur fut déclaré que, si notre grand Empereur nous avait envoyés à ces terres, c'était aussi
pour les empêcher de sacrifier des Indiens et de faire
les autres sacrifices mauvais qu'ils avaient accoutumé,
et de se voler les uns les autres, et d'adorer ces
maudites figures. Et le Frère les supplia de mettre en
leur cité, dans les temples de ces idoles qu'ils tiennent
pour dieux, une Croix pareille à celle-là et une image
de Notre-Dame, qu'il leur donna, avec son Fils précieux dans les bras, ajoutant qu'ils verraient combien
ils en tireraient de bénéfice et ce que Notre-Seigneur
ferait pour eux. Et comme je ne puis écrire tout au
long tous les raisonnements qu'on leur tint, j'en de-
meurerai là et je rappellerai que, de nombreux Indiens
étant venus cette dernière fois avec Tendile afin de
troquer des objets d'or de peu de valeur, nous fîmes
tous des échanges. Et cet or que nous troquions,
nous le donnions à nos mariniers qui allaient à la
pêche, en échange de leur poisson, afin d'avoir à
manger, car sans cela nous aurions grandement
souffert de la faim. Cortès se réjouissait de ces
échanges et feignait de n'en rien voir, bien que
les serviteurs et amis de Diego Velazquez lui deman-

dassent pourquoi il permettait de telles choses. Et j'en dirai plus avant les suites.

CHAPITRE XLI.

De ce qui se fit au sujet de l'échange de l'or et d'autres choses qui se passèrent dans le camp.

LORSQUE les amis de Diego Velazquez, gouverneur de Cuba, virent que quelques-uns de nous troquaient de l'or, ils demandèrent à Cortès pourquoi il le souffrait : que Diego Velasquez ne l'avait pas envoyé pour que les soldats emportassent la plus grosse part de l'or : qu'il serait bon de faire publier que nul dores en avant ne pourrait échanger davantage hormis le seul Cortès, avec ordre aux soldats de déclarer tout leur or pour en tirer le Quint Royal, concluant à la nécessité de mettre une personne compétente dans la charge de Trésorier. Cortès répondit à tout que c'était bien, et qu'ils nommassent eux-mêmes celui qui leur agréerait. Ils indiquèrent un certain Gonzalo Mexia. Ceci fait, Cortès leur dit d'un air mal gracieux : Considérez, Messieurs, que nos compagnons souffrent grandement de ne point avoir de quoi se sustenter, et il nous fallait bien fermer les yeux pour que tout le monde eût à manger; d'autant que ce qu'ils peuvent troquer n'est qu'une misère et que, Dieu aidant, nous en aurons bien davantage, car toute chose a sa face et son revers. Enfin le ban est publié, on ne

troquera plus d'or. Vous l'avez voulu. Nous verrons de
quoi nous vivrons. C'est ici que le chroniqueur Gomara dit que Cortès agissait ainsi pour que Montezuma ne crût point que l'or nous tenait à cœur. Il
fut mal informé, car depuis l'affaire de Grijalva au rio
de Banderas, il savait fort bien à quoi s'en tenir, sans
compter que nous lui avions fait demander le casque
plein de grains d'or des mines et qu'on nous voyait
trafiquer journellement. Eh quoi! les Mexicains eussent
été gens à n'y rien comprendre? Allons donc! D'ailleurs, il avoue qu'il n'est renseigné là-dessus que par
des on-dit.

Laissons cela pour dire qu'un beau matin pas un
seul des Indiens qui demeuraient dans les huttes et
portaient habituellement à manger ni de ceux qui
trafiquaient n'apparut, pas plus que Pitalpitoque, qui
sans mot dire s'était enfui avec eux. Et la raison de
ce fait, comme nous l'apprîmes depuis, fut que Montezuma lui envoya l'ordre de ne point pratiquer
davantage Cortès et ses gens. Il paraît que le Montezuma était fort dévot à ses idoles qui se nommaient
Tezcatepuca et Huichilobos (celui-ci, à ce qu'ils
disaient, était le Dieu de la guerre et Tezcatepuca,
le Dieu de l'enfer.) et qu'il leur sacrifiait chaque jour
des enfants dans l'espoir d'apprendre d'eux ce qu'il
devait faire de nous; car il songeait, dans le cas où
nous ne repartirions point dans les navires, à s'emparer de nous tous pour nous faire reproduire et avoir
de notre race et aussi pour avoir de quoi sacrifier.
D'après ce que nous sûmes depuis, ses Idoles lui ré-

pondirent qu'il n'eût garde d'écouter Cortès ni les
paroles qu'il lui envoyait dire au sujet de la Croix, et
qu'il eût soin de ne point laisser porter l'Image de,
Notre-Dame en sa ville. Ce fut pour ces raisons que
les Indiens se sauvèrent sans dire mot. Voyant cette
nouveauté, et croyant qu'ils étaient en état de guerre,
nous nous tenions beaucoup plus sur nos gardes.

Et un jour que moi et un autre soldat étions postés
en vedette dans les sables, nous vîmes venir par la
plage cinq Indiens, et, afin de ne point faire de tumulte
dans le camp pour peu de chose, nous les laissâmes
approcher de nous. Avec des visages allègres, ils nous
saluèrent à leur mode, et nous dirent par signes de
les mener au camp. Et je dis à mon compagnon de
rester au poste et que j'irais avec eux, car en cette
saison, les pieds ne me pesaient pas comme à présent
que je suis vieux. En approchant de Cortès, ils lui
firent grande révérence et lui dirent : Lopelucio, Lopelucio ! ce qui signifie en langue totonaque : Seigneur et grand Seigneur. Ils avaient tous la lippe lar-
gement percée, et y portaient, les uns des rouleaux de
pierres d'après d'azur, les autres de minces feuilles
d'or, et de grands trous aux oreilles où étaient
passés d'autres rouleaux d'or et de pierres, et ils
étaient très-différents par le costume et le parler des
Mexicains qui soulaient demeurer là dans les huttes
avec nous et qu'avait envoyés le grand Montezuma.
Lorsque doña Marina et Aguilar, les truchemans,
ouïrent ce Lopelucio, ils ne le comprirent pas, et la
doña Marina leur demanda en mexicain si parmi eux

il n'y avait point de Naeyauatos, qui sont interprètes de la langue mexicaine. Deux de ces Indiens répondirent que oui, qu'ils la comprenaient et parleraient. Aussitôt, en langue mexicaine, ils nous souhaitèrent la bienvenue et dirent que leur Seigneur les envoyait savoir qui nous étions, lequel se réjouirait de servir des hommes si vaillants, car ils savaient déjà, paraît-il, l'affaire de Tabasco et celle de Champoton. Ils ajoutèrent qu'ils seraient déjà venus nous voir, sans la peur de ceux de Culua, qui devaient être là avec nous. (Par Culua il faut entendre les Mexicains ; c'est comme si nous disions Cordouans ou rustres) ; mais qu'ils avaient vu que, depuis trois jours, ils s'étaient enfuis dans leurs terres. Et de paroles en paroles, Cortès apprit que Montezuma avait des ennemis et adversaires ; de quoi il se réjouit. Et avec des dons et des caresses, il congédia ces cinq messagers, les enchargeant de dire à leur Seigneur qu'il l'irait visiter sous peu. De ce moment, ces Indiens furent surnommés par nous Lopelucios.

Je les laisserai et, passant outre, je dirai que dans ces sables où nous séjournions, il y avait toujours quantité de moustiques, de l'espèce des petits que l'on nomme jejenes, qui sont pires que les grands ; et ils ne nous laissaient pas dormir ; et nous manquions de vivres et la cassave, toute moisie et salie par la vermine, diminuait. Et quelques soldats de ceux qui soulaient avoir des Indiens dans l'île de Cuba, en particulier les domestiques et amis de Diego Velazquez, soupiraient continuellement pour

s'en retourner chez eux. Cortès, voyant les choses et
les volontés ainsi tournées, ordonna que nous parti-
rions pour ce pueblo, en façon de forteresse, nommé
Quiahuistlan, que le Montejo et le Pilote Alaminos
avaient découvert, et que les navires se tiendraient à
l'abri du Peñol par moi nommé. Or, comme on se mettait en besogne pour partir, tous les amis, parents et
domestiques du Diego Velazquez demandèrent à Cortès pourquoi il voulait entreprendre ce voyage sans
vivres : qu'il n'était pas possible de pousser plus avant,
car déjà environ trente-cinq soldats étaient morts dans
le camp des blessures de Tabasco, de maladies et de
faim : que la terre était grande et peuplée de nombreuses gens qui nous attaqueraient un jour ou l'autre :
qu'il serait mieux de nous en retourner à Cuba
rendre compte à Diego Velazquez de l'or échangé qui
était en quantité considérable, et des présents de Montezuma : le soleil d'or et la lune d'argent, et le casque
plein d'or menu des mines et tous les joyaux et étoffes
que j'ai relatés. Cortès leur répondit : que le conseil n'était pas bon de retourner sans avoir vu, puisque,
jusque-là, loin d'avoir sujet de nous plaindre de la
fortune, nous n'avions que des grâces à rendre à Dieu
qui nous aidait en tout : que la mort est accident cou-
tumier dans les travaux et les guerres : qu'il serait
bon de mieux connaître la terre et que, entre temps,
du maïs qu'avaient les Indiens des villages voisins, nous
trouverions à vivre, ou que nous serions bien mala-
droits de nos mains. Cette réponse apaisa quelque peu
la faction du Diego Velazquez, bien qu'il ne laissât pas

d'y avoir dans le camp des commérages et des pra-
tiques sur le retour à Cuba. Restons-en la et je dirai
ce qui de plus nous advint.

CHAPITRE XLII.

*Comment nous proclamâmes Hernando Cortès Capi-
taine Général et Juge Souverain, jusqu'à ce que
Sa Majesté en ordonnât selon son bon plaisir, et
de ce qui fut fait là-dessus.*

J'AI déjà dit que les parents et amis du Diego Velazquez semaient des troubles dans le camp pour
nous empêcher de pousser plus avant, et nous contraindre à revenir de San Juan de Ulua à l'île de
Cuba. Il paraît que déja Cortès était en pourparlers
avec Alonso Hernandez Puertocarrero et Pedro de
Alvarado et ses quatre frères, Jorge, Gonzalo, Gomez
et Juan, tous Alvarado, et Christoval de Oli, Alonso de
Avila, Juan de Escalante, Francisco de Lugo, et avec
moi et d'autres Cavaliers et Capitaines, dans le but de
se faire demander par nous pour Capitaine Général.
Quant à Francisco de Montejo, il avait tout compris
et se tenait à l'aguet.

Or une nuit, après la mi-nuit, Alonso Hernandez
Puertocarrero, Juan de Escalante et Francisco de Lugo
(nous étions quelque peu parents moi et le Lugo et du
même endroit) vinrent à ma baraque et me crièrent :
Eh ! seigneur Bernal Diaz, sortez avec vos armes

pour accompagner Cortes qui fait sa ronde. Et
quand je fus à quelques pas de la hutte, ils me dirent :
Attention, Monsieur, gardez le secret sur quelque
chose que nous voulons vous dire à cette heure et qui
est de grand poids, pour que les compagnons qui sont
dans votre baraque n'en entendent rien, car ils sont
du parti de Diego Velazquez. Ce qu'ils me contèrent
fut tel : Vous semble-t-il bien, Monsieur, que Hernando Cortés nous ait ainsi tous trompés, lui qui a fait
crier à son de trompe à Cuba qu'il venait pour fonder
un établissement. Et voilà que nous apprenons qu'il
n'a de pouvoirs que pour faire des échanges, et qu'on
veut nous ramener à Santiago de Cuba avec tout l'or
qu'on s'est procuré ; et nous serons joués, car le
Diego Velazquez mettra la main sur l'or comme
l'autre fois. Considérez, Monsieur, que c'est la troisième expédition, en comptant celle-ci, que vous avez
accompagnée dépensant votre avoir, vous endettant
même et aventurant tant de fois votre vie avec tant
de blessures. Il faut aviser, monsieur, à ce que cela
n'aille pas plus loin. Or, nous et nombre de Cavaliers
qui, nous le savons, sont des amis de Votre Grâce,
sommes d'opinion qu'un établissement soit fait en
cette terre, au nom de Sa Majesté, et que Hernando
Cortés s'y emploie en son Royal Nom, sous condition,
dès qu'il nous sera possible, de le faire savoir en Castille à notre Roi et Seigneur. Ayez donc soin,
Monsieur, de bien donner le vote, afin que Cortés
soit élu Capitaine par une unanime volonté, car ainsi
le veut le service de Dieu et de notre Roi et Seigneur.

23

Je répondis que le retour à Cuba était une mauvaise résolution et qu'il serait bon de s'établir dans le pays et d'élire Cortès Général et Juge Souverain jusqu'à ce que Sa Majesté en ordonnât autrement.

Cette convention courant de soldat en soldat, les parents et amis de Diego Velazquez, qui étaient beaucoup plus nombreux que nous, parvinrent à la connaître, lesquels avec des paroles quelque peu outrecuidantes demandèrent à Cortès pourquoi il usait de ruses pour rester en ce pays, au lieu d'aller rendre ses comptes à celui qui l'y avait envoyé comme Capitaine : que Diego Velasquez ne lui en saurait certes pas bon gré : qu'il fallait aussitôt s'embarquer sans plus de détours et de menées secrètes avec les soldats, puisqu'il n'avait ni vivres ni hommes ni possibilité aucune de rien fonder. Cortès répondit sans montrer de colère que c'était bon, et qu'il n'irait pas à l'encontre des instructions et mémoires qu'il tenait du Seigneur Diego Velazquez. Il fit aussitôt faire un ban par lequel il ordonna que le jour suivant nous eussions tous à nous embarquer, chacun dans le navire où il était venu. Et nous tous qui avions pris part à l'accord lui répondîmes : que ce n'était pas bien de nous avoir trompés : qu'il avait fait publier à Cuba qu'il allait fonder un établissement et non pas seulement trafiquer : que nous le requérions, de par Dieu Notre-Seigneur et Sa Majesté, de ne point faire autre chose que ce qu'il avait promis pour le très-grand bien et service de Dieu et de Sa Majesté. Maintes autres choses bien dites lui furent récitées à l'appui :

que les naturels ne nous laisseraient point débarquer
une autre fois si facilement : qu'une fois établis
dans cette terre, des soldats y afflueraient de toutes
les Iles pour nous aider : que Velasquez nous avait
poussés à notre perte, en publiant faussement
qu'il avait des provisions de Sa Majesté qui l'au-
torisaient à établir : que nous, nous voulions faire établissement et que ceux qui ne le voulaient point s'en
allassent à Cuba. Nous en dîmes tant que Cortès
accepta quoiqu'il se fît beaucoup prier (et comme dit le
proverbe : Tu m'en supplies et moi je le veux bien),
à condition que nous le ferions Juge Souverain et Capitaine Général; et le pire de tout fut que nous consentîmes à lui donner le cinquième de l'or qui resterait,
le Quint Royal prélevé. Aussitôt nous lui donnâmes,
par devant un notaire du Roi, nommé Diego de
Godoy, les pouvoirs les plus étendus pour tout ce que
j'ai dit ici. Et tout à l'instant nous résolûmes de créer
et fonder et peupler une ville qui fut nommée la Villa
Rica de la Vera-Cruz : Vera-Cruz, parce que nous
étions arrivés le Jeudi de la Cène et avions débarqué
le Vendredi-Saint de la Croix, et Rica, à cause de ce
Cavalier dont j'ai parlé à son chapitre, lequel s'appro-
cha de Cortès et lui dit d'examiner les riches terres
et de bien savoir se gouverner, c'est-à-dire d'y demeurer comme Capitaine Général; ce Cavalier était Alonso
Hernandez Puertocarrero. Revenons à notre récit.

La ville fondée, nous nommâmes les Alcaldes et Régidors. Les premiers Alcaldes furent Alonso Hernandez de Puertocarrero et Francisco de Montejo : ce

Montejo n'était pas très-bien avec Cortès, et Cortès, malgré cela voulant le mettre au nombre des premiers et principaux, le fit nommer Alcalde. Quant aux Régidors, je m'abstiendrai de les ecrire, car il importe peu que j'en nomme quelques-uns, et je dirai qu'un poteau de justice fut planté dans la place et, en dehors de la ville, une potence. Nous désignâmes pour Capitaine des entrées Pedro de Alvarado, pour Mestre de Camp Christoval de Oli, pour Alguazil Mayor Juan de Escalante, pour Trésorier Gonzalo Mexia, pour Contador Alonso de Avila, pour Alferez N... Corral, parce que le Villareal qui était Alferez, ayant fait à Cortès je ne sais quel trait au sujet d'une Indienne de Cuba, la charge lui avait été ôtée. Enfin furent élus Alguazils du camp Ochoa, Biscayen, et un certain Alonso Romero. On demandera, sans doute, comment il se fait que je ne nomme point en cette relation le Capitaine Gonzalo de Sandoval qui fut un Capitaine si renommé et la seconde personne après Cortès et dont ouit tant parler l'Empereur notre Seigneur. A cela je dis que comme il était alors jouvenceau on ne fit pas autant de cas de lui (ni d'autres valeureux Capitaines) que plus tard, quand nous le vîmes florir de telle sorte que Cortès et tous les soldats le tenions en aussi grande estime que Cortès lui-même, comme je le dirai plus avant.

Restons-en là de notre récit, et je dirai comment le chroniqueur Gomara prétend savoir par des relations exactes tout ce qu'il écrit, bien qu'il ne l'ait fait que sur de méchants rapports, tandis que, moi, ce que

je dis s'est vraiment passé comme je le dis. Et je vois
en outre que tout ce qu'il conte dans le cas présent,
pour donner à son récit couleur de vérité, est fort
au rebours de la réalité, pour bonne rhétorique qu'il
y mette. Laissons-le là, et je dirai ce que la faction du
Diego Velazquez fit pour mettre à néant l'élection de
Cortès comme Capitaine et nous contraindre à retourner a l'île de Cuba.

CHAPITRE XLIII.

*Comment la faction de Diego Velazquez troublait le
pouvoir que nous avions donné à Cortès et de ce qui
là-dessus fut fait.*

O R, ceux de la faction de Diego Velazquez, voyant
que de fait nous avions élu Cortès Capitaine
Général et Juge Souverain, nommé la Ville et ses
Alcaldes et Régidors, le Capitaine des entrées, l'Alguazil Mayor et le Mestre de Camp, et fait tout ce
que j'ai relaté, devinrent si furieux et enragés qu'ils
commencèrent à dresser des menées et à dire des
coïonneries et même de fort méchantes paroles
contre Cortès et contre nous qui l'avions élu : que son
élection ne valait rien, n'ayant pas été faite au su de
tous les Capitaines et soldats et que Diego Velazquez
ne lui avait donné que les pouvoirs bastants pour
échanger. Et, nous autres du parti de Cortès, nous
avions fort à faire pour qu'ils ne perdissent point toute

vergogne et n'en vinssent aux armes avec nous. Alors
Cortès, y employant secrètement Juan de Escalante,
se fit demander par nous l'exhibition des instructions
de Diego Velazquez. Cela fait, Cortès les tira aussitôt
de son sein et les donna à un notaire du Roi pour
qu'il les lût. Leur teneur était telle : Dès que vous
aurez échangé autant que vous aurez pu, vous revien-
drez. Et elles étaient signées par le Diego Velazquez
et contre-signées par son secrétaire Andrés de Duero.
Nous demandâmes à Cortès qu'il les fît immatriculer
conjointement avec le pouvoir que nous lui avions
donné et le ban qui avait été publié dans l'île de Cuba,
afin que Sa Majesté sût en Espagne comment tout ce
que nous faisions était en son Royal service et qu'on
ne nous suscitât quelque chicane contre la vérité; et
bien nous en prit, de la façon dont nous traitait en
Castille don Juan Rodriguez de Fonseca, Évêque de
Burgos et Archevêque de Rosano, qui, nous le sûmes
de manière très-certaine, travaillait à nous ruiner rien
que parce qu'il était mal informé, comme je le dirai
plus loin.

Ceci fait, les mêmes amis et domestiques du Diego
Velazquez recommencèrent à dire que nous avions
mal agi d'avoir élu Cortès sans eux et qu'ils ne voulaient pas être sous ses ordres, mais retourner immédiatement à l'île de Cuba. Cortès leur répondit qu'il
ne retiendrait personne de force, et qu'à tous ceux
qui lui viendraient demander licence, il la beillerait
de bonne volonté, quand même il devrait rester seul.
Il en apaisa ainsi quelques-uns, mais non pas le Juan

Velazquez de Leon qui était parent du Diego Velazquez, ni Diego de Ordas ni Escobar, que nous appelions le Page parce qu'il avait été domestique du
Gouverneur, ni Pedro Escudero et autres amis du
Diego Velazquez. Et la chose en vint à un tel point
qu'ils ne voulaient obéir ni peu ni prou, et Cortès,
avec notre aide, résolut de faire empoigner le Juan
Velazquez de Leon, le Diego de Ordas, Escobar le
Page, Pedro Escudero et d'autres dont il ne me
souvient plus. Ils demeurèrent quelques jours aux
fers et sous bonne garde. Quant aux autres, nous nous
contentâmes de les empêcher de faire aucun bruit. Je
passerai outre pour dire comment Pedro de Alvarado
fit une incursion dans un pueblo voisin.

Ici le chroniqueur Gomara dans son histoire dit
tout le contraire de ce qui s'est passé. Celui qui la
lira verra qu'il est fort accompli dans son langage et
que s'il eût été bien informé il eût très-bien narré
les faits, mais tout n'est que menterie.

CHAPITRE XLIV.

Comment il fut convenu d'envoyer dans l'intérieur
Pedro de Alvarado chercher du maïs et des provisions
et de ce qui en outre nous advint.

APRÈS que nous eûmes fait et réglé tout ce que
j'ai dit, nous résolûmes d'envoyer Pedro de
Alvarado dans l'intérieur vers des pueblos que nous

savions être proches, pour qu'il vît quelle terre c'était
et qu'il nous rapportât du maïs et quelques provisions,
car nous endurions de dures nécessités dans le camp.
Il emmena cent soldats dont quinze arbalétriers et
six escopettiers, et plus de la moitié de ces soldats
étaient de la faction de Diego Velazquez. Nous
autres tous du parti de Cortès demeurâmes avec lui
pour empêcher tout tumulte, coïonneries et soulève-
ment jusqu'à ce que la chose fût mieux affermie. Alvarado alla donc à de petits villages soumis à un autre
pueblo nommé Costastlan qui était de la terre de
Culua. Ce nom de Culua est employé dans ces pays
comme celui de Romains pour les peuples qui faisaient
partie de l'Empire ; aussi cette langue est-elle celle de
tout l'empire de Mexico et de Montezuma, et c'est
pourquoi dans toute cette terre quand je dirai Culua
il faut entendre les vassaux et sujets de Mexico. Et le
Pedro de Alvarado, étant arrivé aux pueblos qui avaient
été désertés ce même jour, trouva dans des Cues des
hommes et des femmes sacrifiés et les murailles et les
autels couverts de sang et les cœurs des victimes pré-
sentés aux idoles, ainsi que les pierres sur lesquelles
on les sacrifiait et les grands couteaux de pierre à
feu avec lesquels on leur ouvrait la poitrine pour leur
ôter le cœur. Le Pedro de Alvarado dit qu'il avait
trouvé la plupart de ces corps sans bras ni jambes et
qu'il avait su par d'autres Indiens qu'on les avait em-
portés pour les manger. Nos soldats s'émerveillèrent
fort de si grandes cruautés. Cessons de parler de tous
ces sacrifices, car depuis lors, dans chaque pueblo, nous

ne rencontrâmes pas autre chose, et revenons à Pedro
de Alvarado : il trouva ces dits villages fort bien ap-
provisionnés de vivres et si bien abandonnés de ce
jour même qu'il ne put mettre la main que sur
deux Indiens qui lui apportèrent du maïs ; aussi,
ayant chargé chaque soldat de poules et de victuailles,
il s'en vint au camp sans leur faire plus de mal,
bien qu'il en eût eu l'occasion, parce que Cortès lui
avait ordonné de ne point agir comme à Cozumel. Et
dans le camp nous nous réjouîmes avec ce peu de
provisions qu'il apporta, car tous les maux et les travaux s'oublient en mangeant. Ici le chroniqueur
Gomara dit que Cortès entra dans les terres avec
quatre cents soldats ; il fut mal informé, car le premier qui y alla fut Alvarado et non pas un autre.
Revenons à notre récit.

Comme Cortès apportait en tout grande diligence,
il moyenna de se faire ami des partisans de Diego
Velazquez : aux uns donnant de ce métal qui brise
les rochers, faisant aux autres de belles promesses, il
les attira à son service, et les ôta tous de prison, hors
Juan Velazquez de Leon et Diego de Ordas qui
étaient aux fers dans les navires. Peu de jours après,
il les mit également en liberté et s'en fit de bons et
véritables amis, comme on verra plus avant, et tout
cela à l'aide de l'or qui apprivoise si bien les hommes.
Toutes choses ainsi réglées, nous résolûmes de partir
pour le pueblo fortifié, déjà mentionné, qui se nomme
Quiahuistlan, tandis que les navires iraient au port du
Peñol qui était situé en face à environ une lieue.

24

Or, pendant que nous marchions le long de la côte, je me rappelle qu'on tua un grand poisson que la mer avait laissé à sec sur le rivage. Puis nous arrivâmes à une rivière, là où la Vera-Cruz est aujourd'hui établie, et, comme l'eau était assez profonde, nous la traversâmes, les uns dans de mauvaises canoas, les autres sur des radeaux, et moi à la nage. Sur cet autre bord de la rivière étaient situés des villages soumis à un autre grand pueblo nommé Cempoala dont étaient natifs les cinq Indiens aux anneaux d'or qui étaient venus comme messagers vers Cortès et que dans le camp nous avions surnommés Lopelucios. Là, nous trouvâmes les maisons des idoles et des sacrificateurs et du sang répandu et l'encens dont ils usent et autres objets idolâtriques et leurs pierres de sacrifices et des plumes de perroquets et quantité de livres de leur papier cousus sur des remplis à la façon des vêtements de Castille, mais pas un seul Indien. Ils s'étaient tous enfuis, car n'ayant jamais vu des hommes comme nous ni des chevaux, ils avaient pris peur. Cette nuit-là il n'y eut pas de quoi souper. Puis, laissant la côte, nous entrâmes dans les terres en tirant vers le ponent sans savoir le chemin, et nous rencontrâmes de bonnes prairies, qu'ils nomment savanes, où paissaient des cerfs. Pedro de Alvarado, sur sa jument alezane, en poursuivit un à qui il donna un coup de lance, mais le cerf blessé se mit dans un bois et on ne put l'avoir.

En ce moment, nous vîmes s'avancer douze Indiens qui habitaient ces maisons où nous avions dormi; ils venaient de parler à leur Cacique et apportaient des poules et du pain de maïs. Ces Indiens dirent à Cortès, à l'aide de nos interprètes, que leur Seigneur nous envoyait ces poules pour manger et nous priait d'aller à son pueblo qui était éloigné, à ce qu'ils affirmèrent, d'un soleil, c'est-à-dire d'une journée de marche. Cortès les remercia et les caressa, et, poursuivant notre chemin, nous dormîmes dans un autre hameau où nous trouvâmes aussi beaucoup d'hommes sacrifiés. Et comme on doit être rassasié d'ouïr parler de tant d'Indiens et d'Indiennes sacrifiés que nous rencontrions dans tous les pueblos et par tous les chemins, je passerai outre sans plus les répéter et les décrire, et je dirai qu'on nous donna à souper dans ce petit hameau. Là, nous apprîmes que le chemin pour aller à Quiahuistlan qui, comme je l'ai dit, était situé sur une montagne, passait par Cempoala. Et j'avancerai mon récit et conterai comment nous entrâmes dans Cempoala.

CHAPITRE XLV.

Comment nous entrâmes dans Cempoala qui, à cette époque, était une fort bonne ville et de ce qui nous y advint.

APRÈS avoir dormi dans le hameau où nous logèrent les douze Indiens que j'ai dit, et après nous être bien informés du chemin que nous devions tenir pour aller au pueblo du Peñol, de grand matin,

nous fîmes savoir aux Caciques de Cempoala que nous
irions à leur ville, espérant que notre venue leur
serait agréable. A cet effet Cortès envoya six des
Indiens comme messagers, et les six autres restèrent
pour nous guider. Cortès fit ranger en bon ordre
l'artillerie, les escopettiers et arbalétriers, commanda
qu'il y eût toujours des coureurs pour éclairer la marche,
et que les gens de cheval et tous les autres se tinssent
fort sur leurs gardes. Nous cheminâmes ainsi jusqu'à
une lieue de la ville. Et, comme nous en étions déjà
proche, vingt Indiens des principaux sortirent nous
recevoir de la part du Cacique ; ils apportèrent des
espèces de pommes de pin du pays, rouges et très-
parfumées, et les donnèrent à Cortès et aux gens de
cheval, avec grande affection, disant que leur Seigneur nous attendait dans ses appartements, lequel,
pour être homme fort gros et pesant, ne pouvait venir à notre rencontre. Cortès leur rendit grâces, et
ils prirent les devants.

Sitôt que nous commençâmes à entrer parmi les
maisons et que nous vîmes une si grande peuplade,
n'en ayant jamais vu d'autre aussi considérable, nous
en fûmes très-émerveillés, ainsi que de l'exubérance
de la terre qui n'était qu'un verger, et de l'innom-
brable population d'hommes et de femmes qui sortaient pour nous voir et dont les rues étaient pleines ;
et nous donnions bien des louanges à Dieu qui nous
avait fait découvrir de si nobles terres. Il paraît que
nos coureurs, qui étaient à cheval, parvinrent à la
grande place et aux préaux où étaient les apparte-

ments que les Indiens avaient, peu de jours auparavant, si bien blanchis à la chaux, qu'ils reluisaient,
ce qu'ils savent faire à merveille ; et il sembla à un
de nos cavaliers que ce blanc qui reluisait était
argent, lequel retourna à bride abattue annoncer
à Cortès que les murailles étaient en argent. Doña Marina et Aguilar dirent que ce devait être plâtre ou
chaux, et nous eûmes bien de quoi rire avec son
argent et sa folie, et nous lui disions toujours depuis
que tout ce qui était blanc était argent. Laissons
cette gausserie pour dire comment nous arrivâmes
aux appartements.

Le Gros Cacique sortit jusqu'au préau pour nous
recevoir ; et, comme il était très-gros, je le nommerai de ce surnom. Il fit très-grande révérence à Cortès et l'encensa (telle est leur coutume), et Cortès
l'embrassa. Là nous fûmes logés dans des appartements
bons et vastes à suffisance, car nous y tenions tous ;
on nous donna à manger, et on nous servit des cor-
beilles de prunes, dont il y avait quantité, parce que
c'en était la saison, et du pain de maïs. Et comme nous
étions affamés et n'avions jamais vu tant de victuailles,
nous donnâmes à cet endroit le nom de Villa-Viciosa ;
d'autres la nommèrent Séville. Cortès défendit aux
soldats de faire aucune injure aux habitants et de s'é-
loigner de cette place. Quand le Gros Cacique sut que
nous avions mangé, il envoya dire à Cortès qu'il le
voulait aller visiter. Il vint avec une bonne suite
d'Indiens principaux ; tous portaient de grands anneaux
d'or à la lippe et de riches couvertures. Cortès, lui

aussi, sortit du logement à sa rencontre, et avec de
grandes et flatteuses caresses l'embrassa derechef.
Le Gros Cacique fit aussitôt apporter un présent qu'il
tenait préparé, consistant en joyaux d'or et en
couvertures qui n'étaient pas, à vrai dire, choses de
haute valeur. Et il dit à Cortès : Lopelucio, Lopelucio, reçois ce présent de bon cœur, et sois assuré que
si j'avais plus, je te le donnerais. J'ai déjà dit qu'en
langue totonaque Lopelucio veut dire Seigneur et
grand Seigneur. Cortès lui répondit par doña Marina
et Aguilar : Qu'il reconnaîtrait sa courtoisie par de
bons services et que nous l'aiderions volontiers en
toutes ses nécessités, car nous sommes vassaux de
l'Empereur don Carlos qui est si grand Seigneur qu'il
régit quantité de Royaumes et Seigneuries, lequel
nous envoie pour redresser les torts, châtier les
méchants et empêcher les sacrifices humains. Puis
il lui donna à entendre maintes autres choses touchant notre sainte Foi. A peine le Gros Cacique l'eût-il
ouï, que, poussant des soupirs, il se plaignit fortement
du grand Montezuma et de ses gouverneurs, disant
que, depuis peu de temps, Montezuma lui avait imposé
son joug, lui avait enlevé tous ses joyaux d'or et les
tenait lui et ses peuples si serrés, qu'ils n'osaient rien
faire que ce qu'il leur commandait ; car il est Seigneur
de grandes cités, terres et vassaux et armées de
guerre. Et comme Cortès comprit qu'il ne pouvait
s'occuper, pour le moment, de ces plaintes que lui
portait le Cacique, il lui dit qu'il agirait de manière
à redresser leurs griefs ; que pour le moment il allait

voir ses acales (c'est ainsi que, dans leur langue, les
Indiens nomment les vaisseaux) et établir le siége de
sa demeure dans le pueblo de Quiahuistlan; mais que,
dès qu'il y serait fixé, ils pourraient se voir plus à
loisir. A quoi le Gros Cacique acquiesça volontiers.

Le jour suivant, au matin, nous sortîmes de Cempoala ; et le Cacique tenait équipés environ quatre cents
Indiens sommiers (que dans ces contrées on nomme
tamemes) et qui, portant à dos un poids de deux
arrobas, peuvent fournir leur traite de cinq lieues ;
en voyant tant d'Indiens sommiers nous nous réjouîmes, car auparavant ceux de nous qui n'avaient
pas amené des Indiens de Cuba (et il n'en avait passé
sur l'Armada que cinq ou six, et non tous ceux
que dit Gomara) portaient toujours à dos leurs bissacs.
Doña Marina et Aguilar nous dirent que, dans ces
pays, en temps de paix, sans qu'il fût besoin de le
leur demander, les Caciques ont obligation de fournir de tels tamemes. Depuis lors, partout où nous
allions, nous requérions des Indiens pour porter le
bagage. Enfin, Cortes ayant pris congé du Gros
Cacique, nous cheminâmes tout le jour notre chemin
et allâmes dormir proche Quiahuistlan, à un hameau
qui était abandonné, et les gens de Cempoala nous
procurèrent de quoi souper.

Ici, le chroniqueur Gomara dit que Cortès demeura
plusieurs jours dans Cempoala où furent concertées
la rébellion et ligue contre Montezuma. Il fut mal
informé, car, ainsi que je l'ai dit, le lendemain de
notre arrivée nous quittâmes cette ville. Je conterai

plus loin comment et en quel lieu fut concertée la
rébellion. Restons-en là, pour narrer notre entrée
dans Quiahuistlan.

CHAPITRE XLVI.

*Comment nous entrâmes dans Quiahuistlan qui était
un pueblo situé en lieu fort et où nous fûmes reçus
en amis.*

L e lendemain sur les dix heures, nous arrivâmes
au pueblo fortifié de Quiahuistlan, assis parmi de
grands rochers et de hauts escarpements et qui, en
cas de résistance, serait roide à prendre. Et, craignant
d'être attaqués, tous en bonne disposition et ordonnance, l'artillerie devant, nous montions à cette forteresse, de façon à pouvoir, en cas d'accident, y bien
faire notre devoir. Alonso de Avila remplissait alors
l'office de Capitaine, et comme il était superbe et de
mal gracieuse humeur, voyant un soldat nommé
Hernando Alonso de Villanueva qui ne marchait pas à
son rang, il lui donna dans le bras un coup de lance
dont il demeura manchot et fut appelé depuis lors
Hernando Alonso de Villanueva le Manchot. On dira
que je sors toujours des rangs, au meilleur moment,
pour conter de vieux contes. Laissons donc cela, et
disons que, jusqu'au milieu de ce village, nous ne trouvâmes aucun Indien à qui parler, de quoi nous étions
émerveillés ; ils s'étaient enfuis ce jour même en nous

voyant monter à leurs cases. Et quand nous fûmes
parvenus au milieu de la forteresse, à une place voi-
sine des Cues ou grandes maisons de leurs idoles, nous
y vîmes quinze Indiens vêtus de bonnes couvertures, et chacun d'eux portait un brasero de braises
où fumait de leur encens ; ils s'avancèrent vers Cortès et, l'ayant encensé, ainsi que tous les soldats
qui étaient avec lui, lui dirent après de grandes révérences de leur pardonner de n'être point sortis à
sa rencontre : ils nous souhaitèrent la bienvenue,
nous engageant à nous reposer, et contèrent que les
habitants s'étaient enfuis et absentés jusqu'au moment
où ils seraient rassurés sur notre compte, car ils
avaient grand'peur de nous et des chevaux. Ils ajoutèrent que, cette nuit même, ils les feraient rentrer
dans le pueblo. Cortès leur témoigna beaucoup d'a-
mour et leur dit beaucoup de choses touchant notre
sainte Foi, comme nous avions coutume de le faire
partout où nous arrivions : que nous étions vassaux
de notre grand Empereur Don Carlos, et leur donna
quelques rassades vertes et autres bagatelles de Castille. Eux aussitôt apportèrent des poules et du pain
de maïs. Pendant ces entretiens, on vint aviser Cortès que le Gros Cacique de Cempoala arrivait dans
une litière et la dite litière sur les épaules de plusieurs Indiens principaux.

Aussitôt arrivé, le Gros Cacique, conjointement
avec le Cacique et d'autres personnages de cet endroit,
parla à Cortès, se plaignant grièvement de Montezuma et narrant sa grande puissance, et il le disait

avec des larmes et des soupirs tels que Cortès et
nous autres tous qui nous trouvions présents en
étions émus de pitié. Après avoir conté par quels
voies et moyens il les avait assujettis, il ajouta que,
chaque année, Montezuma exigeait quantité de leurs
fils et filles pour sacrifier et d'autres pour servir
dans ses maisons et cultures. Puis il fit beaucoup
d'autres plaintes et en si grand nombre, qu'il ne m'en
souvient plus : Que les collecteurs d'impôts de Montezuma leur prenaient leurs femmes et leurs filles, si
elles étaient belles, et les forçaient, et qu'ils en
faisaient tout autant dans toutes les terres de la
langue totonaque qui comprenaient plus de trente
peuplades. Cortès les consolait par nos interprètes
autant qu'il pouvait, disant qu'il les favoriserait de
tout son pouvoir et les débarrasserait de ces pilleries
et injures et que, à cet effet, l'Empereur notre Seigneur nous avait envoyés dans ces contrées ; puis
il les conforta à n'avoir plus aucun chagrin, car
bientôt ils verraient ce que nous ferions pour eux.
Les Indiens reçurent quelque contentement de ces
paroles, mais leur cœur ne se rassurait pas de la
grande peur qu'ils avaient des Mexicains.

Sur ces entrefaites, des Indiens de ce même pueblo
vinrent annoncer à tous les Caciques qui conversaient
là avec Cortès l'arrivée de cinq Mexicains qui étaient
les collecteurs de Montezuma. A cette nouvelle, les
Caciques changent de couleur, se mettent à trembler la peur, et, laissant Cortès seul, sortent pour les
recevoir, et, en toute hâte, font orner une salle de

ramées, et leur apprêtent à manger et leur font force
cacao qui est leur breuvage le plus exquis. Les cinq
Mexicains, étant entrés dans le village, marchèrent
vers le lieu où nous nous tenions et où les maisons
du Cacique et nos logements étaient situés. Ils s'avancèrent avec une contenance si haute et si arrogante
que, sans parler à Cortès ni à aucun de nous, ils nous
passèrent devant et s'en allèrent. Ils portaient de
riches mantes brodées et des braguettes de même
(en ce temps ils portaient des braguettes) et leur
chevelure luisante était relevée et attachée au sommet de la tête, et chacun d'eux tenait d'une main
des roses qu'il respirait et de l'autre un bourdon avec
son crochet. Ils étaient suivis d'autres Indiens d'apparence servile, portant des chasse-mouches, et accompagnés des principaux personnages des autres peuples
de la langue totonaque, lesquels ne les quittèrent
qu'après les avoir logés et leur avoir servi à manger
fort magnifiquement. Après qu'ils eurent mangé, ils
mandèrent le Gros Cacique et les autres principaux,
et, leur faisant force menaces, les tancèrent, leur
demandant pourquoi ils nous avaient hébergés dans
leurs pueblos; et qu'avaient-ils maintenant à voir et
à parler avec nous? Que leur Seigneur Montezuma ne
trouvait pas cela de son goût; et comment, sans sa
permission et son ordre, avaient-ils osé nous retirer
dans leurs maisons et nous donner des joyaux d'or?
Là-dessus ils dirent au Gros Cacique et autres principaux, avec force menaces, d'avoir à leur remettre
immédiatement vingt Indiens et Indiennes pour apai-

ser leurs dieux courroucés de leurs méchants offices.

A ce moment, surpris de ce qu'il voyait, Cortès s'informa de Doña Marina et de Geronimo de Aguilar, nos interprètes, pourquoi les Caciques etaient si troublés depuis l'arrivée de ces Indiens, et qui étaient ces gens. Et la Doña Marina, qui avait fort bien compris tout, lui conta ce qui en était. Cortès fit aussitôt appeler le Gros Cacique et tous les autres principaux, et leur demanda qui étaient ces Indiens à qui ils faisaient tant fête. Ils répondirent : Ce sont les collecteurs du grand Montezuma qui viennent voir pourquoi nous vous recevons dans notre pueblo sans permission de leur maître, et maintenant ils exigent de nous vingt Indiens et Indiennes pour sacrifier à leur dieu Huichilobos, afin qu'il leur donne la victoire contre vous, car ils disent que Montezuma vous veut prendre et faire de vous ses esclaves. Cortès les consola et leur dit de ne point avoir peur, qu'il était là avec nous tous et qu'il les châtierait. Passons à un autre chapitre et je dirai fort amplement ce qui fut fait à ce sujet.

CHAPITRE XLVII.

Comment Cortès fit empoigner ces cinq collecteurs de Montezuma et ordonna aux Indiens de ne plus dorénavant lui obéir ni payer le tribut, et de la rébellion qui fut alors ourdie contre Montezuma.

ORTÈS, ayant entendu les paroles des Caciques, leur répondit : Qu'il leur avait dit déjà plusieurs fois que le Roi notre Seigneur lui avait ordonné de venir châtier les malfaiteurs et de ne point souffrir les sacrifices et les pilleries : que, puisque ces collecteurs étaient venus dans cette intention, il leur commandait de les empoigner et tenir prisonniers jusqu'à ce que leur maître Montezuma fût informé de la cause, et comment ils étaient venus voler et emmener leurs femmes et leurs enfants et faire d'autres violences. Lorsque les Caciques l'entendirent, ils demeurèrent épouvantés de cette audace et de l'ordre de maltraiter les messagers du grand Montezuma, et ils tremblaient et ils n'osaient le faire. Et derechef, Cortès les exhorta à les saisir immédiatement, et ainsi firent-ils, et en telle façon qu'ils les attachèrent à de longues perches avec des colliers (selon leur usage), de sorte qu'ils ne pouvaient se sauver ; et l'un d'eux, qui ne voulait pas se laisser attacher, fut bâtonné. En outre, Cortès ordonna à tous les Caciques de refuser tout

tribut et toute obéissance à Montezuma, et de publier cette défense dans toutes les peuplades alliées
et amies, ajoutant que, s'il y avait d'autres semblables collecteurs dans d'autres endroits, on le lui fît
savoir et qu'il y enverrait. Cette nouvelle éclata dans
toute cette province, car le Gros Cacique envoya aussitôt des messagers pour l'annoncer, et elle fut également publiée par les principaux que les collecteurs
avaient amenés en leur compagnie, et qui, les voyant
prisonniers, se tinrent quittes de leurs fonctions et
s'en allèrent chacun chez soi, remplir la commission
et conter l'aventure. Et, voyant des choses si mer-
veilleuses et de si grand poids pour eux, ils dirent que
les hommes qui les accomplissaient ne pouvaient être
que des Teules (tel est le nom de leurs idoles) et non
simplement des hommes ; et, pour cette raison, ils
nous appelèrent dès lors Teules, ce qui signifie, comme
j'ai dit, ou dieux ou démons, et quand j'écrirai, au
cours de ce récit : Teules, dans des cas relatifs à nos
personnes, que l'on sache qu'il s'agit de nous-mêmes.

Revenons aux prisonniers. Les Indiens, par le conseil de tous les Caciques, les voulaient sacrifier, pour
que nul d'entre eux ne pût aller donner avis à Mexico ;
mais Cortès, l'ayant su, leur commanda de ne pas les
tuer, car il voulait, disait-il, les garder. Il mit, en
effet, des soldats en sentinelle auprès d'eux. Et, sur la
mi-nuit, il fit appeler ceux de nos soldats qui les gar-
daient, et leur dit : Ayez soin de délier deux des prisonniers qui vous paraîtront les plus dispos, de façon
à ce que les Indiens de ce pueblo ne s'en doutent

point, et menez-les à mon logis. Ainsi fut fait, et lorsqu'il les eut devant lui, il leur demanda par nos interprètes, faisant l'homme qui ne savait rien, pourquoi on les avait emprisonnés et de quel pays ils étaient. Ils répondirent que les Caciques de Cempoala et de ce pueblo, avec son appui et le nôtre, les avaient arrêtés. Cortès repartit qu'il n'en savait rien et qu'il en était bien marri. Puis il leur fit donner à manger et leur dit avec des paroles très-caressantes : d'aller aussitôt dire à leur maître Montezuma que nous étions tous ses grands amis et serviteurs, et que, pour les empêcher d'être plus maltraités, il les avait délivrés, et avait tancé les Caciques qui les retenaient prisonniers : qu'il leur rendrait de très-bon cœur tous les services qui leur pourraient être nécessaires : que, quant à leurs trois compagnons qui sont encore emprisonnés, il les fera lâcher et garder : enfin, il les engagea à partir au plus tôt pour ne point courir le risque d'être repris et tués. Les deux prisonniers lui dirent qu'ils lui étaient fort reconnaissants, mais qu'ils craignaient bien de retomber dans les mains des Totonaques, parce qu'ils ne pouvaient éviter de passer par leurs terres. Aussitôt Cortès ordonna à six hommes de mer de les mener, cette nuit même, dans un bateau à environ quatre lieues de là en terre sûre, hors des limites de Cempoala. Au matin, le Gros Cacique et les Caciques de Quiahuistlan, trouvant en moins les deux prisonniers, voulaient absolument sacrifier ceux qui restaient si Cortès ne les eût ôtés de leurs mains, en faisant même l'homme courroucé de ce que les

deux autres s'étaient enfuis. Il fit apporter une chaîne
d'un des vaisseaux, y mit les prisonniers et les fit
aussitôt mener aux navires, disant qu'il voulait les
garder puisqu'on avait eu si peu de soin des deux
autres. Dès qu'ils furent dans les navires, il leur fit
ôter les fers et leur dit avec de bonnes paroles qu'il
les enverrait bientôt à Mexico.

Laissons là ces prisonniers. Cela fait, tous les Caciques de Cempoala et de Quiahuistlan et les autres
de la langue totonaque, qui s'étaient rassemblés en
ce lieu, demandèrent à Cortès ce qu'ils pourraient
faire, attendu que le grand Montezuma, apprenant
l'emprisonnement de ses collecteurs, leur tomberait
certainement dessus avec toute la puissance de Mexico,
et qu'ils ne pourraient manquer d'être tués et dé-
truits. Cortès leur repartit avec une mine joyeuse que
lui et ses frères sauraient bien les defendre et tuer
ceux qui les voudraient molester. Alors tous ces
peuples et Caciques promirent unanimement qu'ils
seraient avec nous en tout ce que nous leur voudrions commander, et qu'ils réuniraient toutes leurs
forces contre Montezuma et ses alliés. Et là, ils
jurèrent obéissance à Sa Majesté par devant le notaire Diego de Godoy, et firent savoir aux autres
peuples de cette province ce qui s'était passé; et,
comme ils ne payaient plus aucun tribut et que les
collecteurs ne paraissaient plus, ils ne se tenaient pas
de joie d'être débarrassés de cette tyrannie. Laissons
cela, et je dirai comment nous résolûmes de descendre
à la plaine, dans des prairies où nous commençâmes

à faire une forteresse. Les faits se sont ainsi passés et non comme il a été rapporté au chroniqueur Gomara.

CHAPITRE XLVIII.

Comment nous résolûmes d'établir la Villa Rica de la Vera-Cruz et de faire une forteresse dans des prés avoisinant des salines, proche le port de Nombre-Feo où étaient ancrés nos navires, et de ce qui fut fait en ce lieu.

APRÈS que nous eûmes fait ligue et amitié avec plus de trente peuplades des montagnes qui se nommaient les Totonaques, lesquelles se rebellèrent alors contre le grand Montezuma et jurèrent obéissance à Sa Majesté et s'offrirent à notre service, nous résolûmes, avec cette aide qui venait si à propos, d'établir et de fonder la Villa Rica de la Vera-Cruz dans des plaines, à demi-lieue du pueblo en façon de forteresse qui se nomme Quiahuistlan. Nous traçâmes l'église, la place et les arsenaux et tout ce qu'il fallait pour donner apparence de ville. Et nous fîmes une forteresse et, tout aussitôt, les fondements, et nous mîmes tant de hâte à achever de l'élever, pour la charpenter, et à faire les mâchicoulis, torrions et barbacanes, que Cortés commença tout le premier à porter de la terre sur ses épaules, et des pierres, et à creuser les fondations, donnant l'exemple aux Capi-

26

taines et soldats. Pour la terminer au plus vite, nous
nous employâmes continuellement à ces travaux, les
uns aux fondations, les autres à faire les murs de
terre, d'autres à charroyer de l'eau, et, dans les fours
à chaux, à fabriquer des briques et des tuiles, d'autres
à procurer la nourriture et le bois, et nos forgerons
(car nous avions des forgerons) à travailler à la fer-
ronnerie. Ainsi faisions-nous sans cesse ni trêve
depuis le plus grand jusqu'au plus petit. Et les Indiens nous aidaient de telle sorte que l'église et les
maisons étaient déjà finies et la forteresse presque
achevée.

Cependant, il paraît que le grand Montezuma,
ayant appris dans Mexico qu'on avait arrêté ses collecteurs et détourné l'obéissance de ses sujets, et que les
peuples totonaques s'étaient rebellés, avait manifesté
contre Cortès et nous tous un grand courroux et
ordonné à une de ses grandes armées de guerriers
d'aller attaquer les peuples qui s'étaient révoltés
contre lui, et de n'en pas laisser homme vivant. Il se
préparait de son côté à marcher contre nous avec
une autre grande armée et de vaillants Capitaines.
Sur ces entrefaites, arrivèrent à Mexico les deux
Indiens prisonniers que Cortès avait fait lâcher,
comme je l'ai dit dans le chapitre passé. Lorsque Montezuma apprit que Cortès les avait tirés de prison et
les avait envoyés à Mexico pour lui porter de courtoises paroles, Notre-Seigneur Dieu permit que cette
colère s'apaisât ; et Montezuma résolut de savoir de
nous-mêmes quelle était notre volonté. A cet effet,

il envoya deux jeunes hommes, ses neveux, accompagnés de quatre vieux, grands Caciques, qui en étaient chargés, et, par eux, un présent d'or et de couvertures, les enchargeant de remercier Cortès d'avoir mis ses domestiques en liberté. D'autre part, il lui faisait faire force plaintes de ce que, grâce à notre assistance, ces peuples lui avaient osé faire une si grande trahison et lui refuser et le tribut et l'obéissance ; que, en considération de la certitude qu'il a que nous sommes de son lignage, étant ceux-là même que ses ancêtres ont dit devoir venir à ses terres, il n'a pas fait aussitôt détruire les maisons de ces traîtres parce que nous y séjournions, mais que, dans la suite des temps, ils n'auraient point à se louer de leurs trahisons. Cortès reçut l'or et les étoffes, qui valaient environ deux mille pesos, et embrassa les ambassadeurs, leur disant pour se disculper que lui et nous tous étions fort des amis de leur maître Montezuma, et que, pour le bien servir, il lui avait gardé ses trois collecteurs, lesquels il fit aussitôt tirer des navires et leur remit vêtus de bonnes couvertures et en bon état. Alors Cortès, lui aussi, se plaignit fort de Montezuma, et dit à ces ambassadeurs : Comment leur gouverneur Pitalpitoque, une nuit, s'en était allé du camp sans lui parler : que ce fut mal agir : qu'il croit et tient pour assuré que jamais le seigneur Montezuma n'a pu donner l'ordre de faire une telle vilenie, en suite de laquelle nous nous étions retirés à ces pueblos où nous nous trouvions présentement et où nous avions été honnêtement reçus : qu'il prie donc

en grâce Montezuma de leur pardonner leur irrévé-
rence à son égard : quant au tribut qu'il réclame,
que ses gens ne peuvent servir deux maîtres à la fois,
vu que, pendant notre séjour parmi eux, ils nous
ont servis au nom de notre Roi et Seigneur : enfin que
lui, Cortès, avec tous ses frères, ira sous peu le
visiter et servir, et se mettre en personne à ses
ordres. Après ces devis et maints autres, Cortès fit
donner à ces jeunes hommes qui étaient grands
Caciques et aux quatre vieux personnages, qui les
accompagnaient, des diamants bleus et des grains
verts, et il leur fut fait honneur. Et, comme il y
avait là de bonnes prairies, Cortès commanda à Pedro
de Alvarado, dont la jument alezane était très-bonne
et voltait bien, ainsi qu'à d'autres cavaliers, de courir
et d'escarmoucher devant eux. Les ambassadeurs se
réjouirent de les avoir vus courir et, ayant pris congé,
très-contents de Cortès et de nous tous, ils s'en
allèrent à leur Mexico.

En cette saison le cheval de Cortès mourut, et il
en acheta ou on lui en donna un autre appelé le
Muletier, qui était bai-brun et avait appartenu à
Ortiz le Musicien et à un certain Bartolome Garcia,
mineur. Ce cheval fut un des meilleurs de ceux que
nous avions amenés sur l'Armada. Laissons cela, et je
dirai que ces peuples de la montagne et celui de Cempoala, étant accoutumés auparavant à trembler devant
les Mexicains, croyaient que le grand Montezuma les
enverrait détruire avec ses formidables armées de
guerriers ; et, quand ils virent ces parents du grand

Montezuma, apportant ce présent que j'ai dit, se donner pour serviteurs de Cortès et de nous tous, ils demeurèrent épouvantés, et les Caciques se disaient les uns aux autres : que certainement nous étions Teules, puisque Montezuma nous craignait, car il nous envoyait de l'or en présent. Et si auparavant nous étions réputés valeureux, d'ores ils nous tinrent en bien plus grande estime. J'en resterai là, et je dirai ce que firent le Gros Cacique et ses amis.

CHAPITRE XLIX.

Comment le Gros Cacique et autres principaux vinrent se plaindre par devant Cortès des grands dommages que leur faisait la garnison mexicaine d'un pueblo fortifié nommé Cingapacinga et de ce qui fut fait à ce sujet.

Les messagers mexicains ayant pris congé, le Gros Cacique avec d'autres principaux, nos amis, vint prier Cortès d'aller aussitôt à un pueblo nommé Cingapacinga, distant de deux jours de marche ou environ huit ou neuf lieues de Cempoala, parce que, disait-il, quantité de guerriers indiens de ceux de Culua, c'est-à-dire des Mexicains, s'y étaient rassemblés et leur détruisaient leurs semailles et cultures et détroussaient leurs vassaux et leur faisaient d'autres mauvais traitements. Cortès les crut, tant ils y mettaient d'insistance. Et, oyant ces plaintes faites avec tant d'importunité,

comme il leur avait promis qu'il les aiderait et tuerait
ceux de Culua ou tous autres Indiens qui les voudraient molester, il ne savait que dire ni que faire
hormis tenir sa parole. Après être demeuré un instant pensif, il dit en riant à quelques-uns de nous
qui étions en sa compagnie : Savez-vous, Messieurs,
que nous avons déjà, ce me semble, dans toutes ces
terres, renommée de personnes valeureuses, et, d'a-
près ce que ces gens ont vu des collecteurs de Montezuma, ils nous tiennent pour des dieux ou pour des
êtres semblables à leurs idoles : j'ai pensé, afin qu'ils
croient qu'un seul de nous suffit à déconfire tous ces
guerriers indiens leurs ennemis qu'ils disent être dans
cette forteresse, à envoyer Heredia le Vieux. Cet
Heredia était Biscayen et de mine farouche, avait la
barbe grande et le visage à moitié tailladé, borgne
d'un œil, boiteux d'une jambe, d'ailleurs escopettier.
Cortès le fit appeler et lui dit : Allez avec ces Caciques
jusqu'à la rivière (qui était à un quart de lieue de là),
et, quand vous y serez arrivé, faites en sorte de vous
arrêter pour boire et vous laver les mains et lâchez
un coup de votre escopette, après quoi je vous ferai
appeler : je fais cela pour qu'ils estiment que nous
sommes dieux et dignes du nom et renommée où ils
nous ont mis, et, comme vous êtes de mine farouche,
qu'ils croient que vous êtes idole. Et l'Heredia le fit
selon et de la manière qu'il lui avait été ordonné ;
aussi bien avait-il été soldat en Italie. Aussitôt Cortès fit appeler le Gros Cacique et tous les autres principaux qui étaient là, attendant l'aide et le secours

promis, et leur dit : J'envoie là-bas avec vous ce mien
frère pour qu'il tue ou chasse tous les Culuas du
pueblo que vous avez dit et qu'il m'amène prisonniers
tous ceux qui ne voudraient point s'ensauver. A l'entendre, les Caciques demeurèrent extasiés et, ne sachant s'ils le devaient croire ou non, ils regardaient
attentivement Cortès et, voyant qu'aucun change-
ment ne se faisait sur son visage, ils crurent que ce
qu'il leur disait était la vérité. Et le vieil Heredia,
ayant chargé son escopette, s'en fut avec eux ; et il s'en
allait par les bois tirant des coups de feu en l'air, afin
d'être vu et entendu des Indiens. Et les Caciques
envoyèrent donner avis aux autres pueblos qu'ils
emmenaient un Teule pour tuer les Mexicains qui
étaient dans Cingapacinga. Je conte cela pour donner
à rire et pour qu'on voie les tours d'adresse que savait
Cortès, lequel, lorsqu'il pensa que l'Heredia était
arrivé à la dite rivière, commanda qu'on le fît vitement appeler. Les Caciques et le vieil Heredia étant
revenus, Cortès derechef parla aux Caciques et leur
dit que, mû par la bonne volonté qu'il leur portait, il
voulait lui-même de sa personne, avec quelques-uns
de ses frères, aller les secourir de son aide et voir
ces terres et forteresse : que, à cet effet, ils lui pro-
curassent aussitôt cent tamemes pour porter les
tepustles qui sont les canons. Le lendemain, dans
la matinée, ils vinrent, et nous devions partir ce
même jour avec quatre cents soldats et quatorze cavaliers et arbalétriers et escopettiers qui avaient été
commandés à cet effet, lorsque quelques soldats de la

faction du Diego Velazquez refusèrent de partir,
disant que Cortès y pouvait bien aller avec ceux qui
voudraient mais que, pour eux, ils voulaient s'en
retourner à Cuba. Je dirai plus avant ce qui eut lieu
à ce sujet.

CHAPITRE L.

*Comment certains soldats de la faction du Diego
Velazquez, voyant que nous voulions faire un établissement effectif et que nous commencions à
pacifier les peuples, dirent qu'ils voulaient ne
prendre part à aucune entreprise, mais s'en retourner à l'île de Cuba.*

On m'aura déjà entendu dire dans le chapitre
précédent que Cortès, devant aller à un pueblo
nommé Cingapacinga, comptait mener avec lui quatre
cents soldats et quatorze Cavaliers et arbalétriers et
escopettiers. Or, quelques soldats de la faction du
Diego Velazquez avaient été mis sur la liste pour aller
en notre compagnie, et, lorsque les sergents allèrent
les prévenir de sortir aussitôt avec leurs armes et,
ceux qui en avaient, avec leurs chevaux, ils répondirent arrogamment : Qu'ils ne voulaient aller à aucune
entreprise, mais s'en retourner à leurs estancias et
domaines qu'ils avaient laissés à Cuba : qu'ils avaient
bien assez perdu depuis que Cortès les avait tirés de
leurs maisons : qu'il leur avait promis dans les dunes

que, à quiconque voudrait s'en aller, il baillerait et le
congé et un navire et des provisions de bord. Ils
étaient sept soldats préparés à s'en retourner à Cuba.
Cortès, l'ayant su, les fit appeler et leur demanda
pourquoi ils faisaient une chose si vilaine. Ils répondirent, quelque peu émus : Qu'ils s'étonnaient comment il voulait s'établir avec si peu de soldats dans
une terre qui avait la réputation d'être peuplée de
tant de milliers d'Indiens et de si grandes villes : que,
pour eux, ils étaient malades et harassés d'errer d'un
côté et de l'autre, et qu'ils voulaient s'en retourner
à Cuba en leurs maisons et domaines : qu'il leur donnât donc à l'instant leur congé ainsi qu'il leur avait
promis. Cortès leur répondit doucement que c'était
vrai qu'il le leur avait promis; mais qu'ils ne feraient
point leur devoir en abandonnant ainsi l'enseigne de
leur Capitaine. Tout aussitôt il leur ordonna de s'aller
embarquer sans retardement aucun et leur désigna un
navire et leur fit donner de la cassave et une jarre
d'huile et d'autres vivres tirés des provisions que
nous avions. Et l'un de ces soldats qui se nommait N... Moron, habitant de la ville de Bayamo,
possédait un bon cheval aubère qui avait eu le feu
aux jambes de devant, et il le vendit sur l'heure, par
bon contrat, à un certain Juan Ruano en échange
d'autres biens que le dit Juan Ruano avait laissés à
Cuba. Au moment où ils voulaient mettre à la voile,
nous allâmes tous, soldats, Alcaldes et Régidors de
notre Villa Rica, sommer Cortès de ne donner en
aucune façon licence à qui que ce fût de sortir du

pays, parce qu'ainsi le voulait le service de Dieu
notre Seigneur et de Sa Majesté, concluant à ce que
celui qui demanderait une telle licence fût tenu pour
homme qui méritait la peine de mort, conformément
aux lois de l'ordre militaire, puisqu'il voulait abandonner son Capitaine et son enseigne à la guerre
et en péril, et spécialement, dans notre cas, au milieu
d'une si grande multitude de peuples et d'Indiens
guerriers. Cortès fit mine de leur vouloir donner la
licence, mais finalement il la leur revoqua. Ils restèrent avec leur courte honte et le Moron sans son
cheval, car le Juan Ruano à qui il l'avait vendu ne
voulut pas le lui rendre. Toute cette affaire fut menée
par Cortès. Et nous partîmes pour l'expédition de
Cingapacinga.

CHAPITRE LI.

*De ce qui nous advint à Cingapacinga et comment, en
revenant par Cempoala, nous y renversàmes les
idoles, et d'autres événements qui eurent lieu.*

LES sept hommes qui voulaient s'en retourner à
Cuba étant enfin tranquilles, nous partîmes aussitôt avec les soldats d'infanterie que j'ai déjà dénombrés et allâmes dormir au pueblo de Cempoala où
deux mille Indiens de guerre, en quatre compagnies,
avaient été équipés pour marcher avec nous. Le premier jour nous cheminàmes cinq lieues en bon ordre

et, le lendemain un peu après vêpres, nous arrivâmes
aux estancias qui touchaient le pueblo de Cingapacinga. Les naturels de ce village avaient eu connaissance de notre marche, et comme nous commencions
à monter vers la forteresse et les maisons qui étaient
situées parmi de grands précipices et rochers, huit
Indiens principaux et Papas sortirent pacifiquement
au-devant de nous et demandèrent, en pleurant, à
Cortès pourquoi il les voulait tuer et détruire, eux
qui ne lui en avaient donné aucun sujet, d'autant
que nous avions renommée de faire du bien à tous et
de venir en aide aux opprimés, et que nous avions
arrêté les collecteurs de Montezuma : que ces Indiens guerriers de Cempoala qui nous accompagnaient
étaient mal avec eux par suite de vieilles contestations
touchant des terres et limites : que maintenant ils
venaient avec notre aide les tuer et les voler : que,
à la vérité, les Mexicains tenaient habituellement
garnison dans leur pueblo, mais que, peu de jours
auparavant, ayant su la prison des collecteurs, ils
étaient partis pour leur pays : qu'ils le suppliaient
donc d'arrêter la marche de l'armée et de vouloir
bien leur prêter faveur. Cortès, les ayant fort bien
compris à l'aide de nos interprètes Doña Marina et
Aguilar, commanda aussitôt en toute hâte au Capitaine Pedro de Alvarado et au Mestre de Camp
Christoval de Oli et à nous autres tous qui venions
en sa compagnie d'empêcher les Indiens de Cempoala de pousser plus avant. Ainsi fîmes-nous, mais
pour prompts que nous fûmes à les retenir, ils

étaient déjà en train de piller les estancias. Cortès,
fort en colère, fit aussitôt appeler les capitaines qui
commandaient ces guerriers de Cempoala, et, avec des
paroles grosses de courroux et de menaces, leur ordonna de lui amener sur l'heure les Indiens et Indiennes, et de lui apporter les couvertures et les
poules qu'ils avaient enlevés dans les estancias, avec
défense à nul d'entre eux de pénétrer dans ce pueblo. Il ajouta que, puisqu'ils lui avaient menti et
étaient venus pour faire des sacrifices et piller leurs
voisins avec notre assistance, ils avaient mérité la
mort : que notre Roi et Seigneur dont nous sommes
vassaux ne nous avait pas envoyés dans ces contrées
et pays pour leur laisser commettre ces iniquités :
qu'ils eussent donc soin de bien ouvrir les yeux pour
qu'il n'en arrivât pas une autre comme celle-là, sinon
que pas un seul d'entre eux ne resterait vivant. Immédiatement les Caciques et capitaines de Cempoala
apportèrent à Cortès tout ce qu'ils avaient pillé, tant
Indiens qu'Indiennes et volailles, qu'on rendit à leurs
propriétaires, et avec une mine très-furieuse Cortès
leur commanda de nouveau de descendre dans la
plaine, et ainsi firent-ils.

Lorsque les Caciques et Papas de ce pueblo et
autres voisins virent que nous étions si justes et entendirent les paroles affectueuses que leur disait Cortès
par nos interprètes et aussi, comme nous avions
coutume, les choses relatives à notre sainte Foi, et
nos exhortations à abandonner les sacrifices et les
larcins et leurs saletés de sodomies et l'adoration

de leurs maudites idoles et maintes autres bonnes choses qui leur furent récitées, ils nous prirent en si grande affection qu'ils allèrent aussitôt appeler d'autres peuplades avoisinantes. Là, tous jurèrent obéissance à Sa Majesté, nous faisant aussi force plaintes de Montezuma tout comme les gens de Cempaola lors de notre séjour à Quiahuistlan. Le lendemain matin Cortès fit appeler les Caciques et capitaines de Cempoala qui étaient demeurés dans la plaine, attendant nos ordres, encore tout tremblants de ce qu'ils avaient osé faire en mentant à Cortès. Quand ils furent en sa présence, Cortès moyenna entre eux et les gens de Cingapacinga une paix qui ne fut oncques rompue par aucun d'eux.

Ensuite nous partîmes pour Cempoala par un nouveau chemin qui traversait deux vilages amis de Cingapacinga ; et nous étions à nous reposer dans l'un d'eux, car il faisait un rude soleil et nous étions très-las de marcher avec les armes à dos, quand un soldat nommé N... de Mora, natif de Ciudad Rodrigo, prit deux poules dans une case d'Indien. Cortès, qui le surprit, fut si courroucé de ce que ce soldat avait osé faire en sa présence en dérobant des poules dans un village ami, qu'il lui fit à l'instant mettre une corde au col, et il était bel et bien pendu si Pedro de Alvarado, qui se trouvait près de Cortès, n'eût coupé la corde avec son épée ; et le pauvre soldat resta sur la place à moitié mort. J'ai voulu remémorer ici ce fait pour que les curieux lecteurs voient combien exemplairement procédait Cortès et toute l'importance

de cet acte dans cette occasion. Ce soldat mourut
depuis à la guerre sur un rocher, dans la province de
Guatemala. Revenons à notre propos.

En sortant de ces villages, que nous laissâmes
paisibles derrière nous, sur le chemin de Cempoala,
nous rencontrâmes le Gros Cacique et d'autres principaux qui nous attendaient dans des cabanes avec
des vivres; et, bien que simples Indiens, ils virent et
comprirent que la justice est sainte et bonne et que
les paroles de Cortès, par lesquelles il déclarait que
nous venions redresser les griefs et ôter les tyrannies,
étaient conformes à ce qui s'était passé en cette affaire,
et ils nous en estimèrent beaucoup plus qu'auparavant. Nous dormîmes là, dans ces cabanes, et tous les
Caciques nous firent compagnie jusqu'à nos logements
dans Cempoala; et véritablement ils auraient voulu
ne pas nous voir sortir de leurs terres, car ils avaient
peur que Montezuma n'envoyât ses gens de guerre
contre eux. Ils dirent à Cortès que, nous ayant déjà
pour amis, ils nous voulaient aussi avoir pour frères,
et que, pour fixer davantage nos amitiés, il nous serait
bon de prendre de leurs filles et parentes pour en
avoir lignée ; et ils amenèrent huit Indiennes, toutes
filles de Caciques, et en donnèrent à Cortès une qui
était la propre nièce du Gros Cacique, et une autre à
Alonso Hernandez Puertocarrero, laquelle était fille
d'un autre grand Cacique qui se nommait Cuesco dans
leur langue. Et toutes les huit étaient vêtues de riches
chemises du pays et bien attifées à leur mode; chacune d'elles avait un collier d'or au col et des anneaux

d'or aux oreilles, et elles étaient accompagnées d'autres Indiennes pour les servir.

Quand le Gros Cacique les présenta, il dit à Cortés : Tecle (ce qui signifie en leur langue Seigneur), ces sept femmes sont pour tes Capitaines et celle-ci, qui est ma nièce, est pour toi, car elle est Dame de pueblos et vassaux. Cortés les reçut avec une mine joyeuse, et lui dit : Qu'il prisait fort ce don, mais que, pour accepter ces femmes d'eux, en qualité de freres, il est nécessaire qu'ils ne croient et n'adorent plus ces idoles qui les tiennent abusés, et qu'ils ne leur sacrifient plus : que lorsque ces objets diaboliques auront été jetés à terre et les sacrifices abandonnés, alors sera bien plus ferme notre commune fraternite : que ces femmes doivent devenir chrétiennes avant que d'être reçues par nous : et qu'il faut qu'ils soient purs, eux aussi, de sodomies. Car ils tenaient des petits garçons vêtus d'habits de femmes, lesquels faisaient leur gain dans ce metier maudit; et chaque jour ils sacrifiaient devant nous trois ou quatre ou cinq Indiens et offraient leurs cœurs aux idoles et plaquaient leur sang sur les murailles et leur coupaient jambes, bras et cuisses et les mangeaient comme vache qu'on prend aux boucheries dans notre pays, et je crois même qu'ils vendaient cette chair au détail dans les Tiangues, qui sont leurs marchés. Enfin, Cortés leur promit, pourvu qu'ils laissassent du tout ces horreurs, que non-seulement nous leur serions amis, mais qu'il les ferait encore seigneurs d'autres provinces. Et tous les Caciques, Papas et

principaux répondirent : qu'il ne leur convenait point
d'abandonner leurs idoles et sacrifices : que ces dieux
leur donnaient la santé et de bonnes semailles et tout
ce dont ils avaient besoin ; quant aux sodomies qu'ils
en prohiberaient dorénavant la pratique.

A cette réponse irrévérencieuse, Cortès et nous
tous qui avions vu de si grandes cruautés et turpitudes, déjà maintes autres fois par moi rapportées,
nous ne les pûmes souffrir davantage. Alors Cortes
parla, nous recordant de saintes et bonnes doctrines :
Comment, disait-il, pouvions-nous faire rien de bon
si nous ne défendions l'honneur de Dieu en abolis-
sant les sacrifices que ces gens font à leurs idoles?
Il nous recommanda de nous tenir prêts à la bataille
au cas qu'ils voudraient nous empêcher d'abattre
leurs dieux, qui, à tout prix, même au coût de notre
vie, devaient en ce jour rouler sur le sol. Lorsque
nous fûmes tous bien en point avec nos armes, comme
nous avions coutume pour donner bataille, Cortès dit
aux Caciques qu'il fallait abattre ces idoles. Ce que
voyant, le Gros Cacique commanda à ses capitaines
de rassembler quantité de guerriers pour la défense
des dites idoles et, quand il vit que nous voulions
monter sur leur temple, lequel était haut et de tant
de degrés qu'il ne me souvient plus de leur nombre,
le Gros Cacique ainsi que d'autres principaux, fort
émus et furieux, demandèrent à Cortès pourquoi
nous les voulions détruire : que, si nous leur ôtions
leurs dieux ou leur faisions outrage, ils périraient
tous et nous avec eux. Cortès, très-courroucé, leur

repartit : Qu'il leur avait déja dit de ne point sacrifier à ces méchantes figures pour qu'elles ne les
abusassent pas davantage et que, pour cette raison,
nous les voulions ôter de la : qu'ils eussent à les ôter
eux-mêmes immédiatement, sinon que, dans l'instant,
on les ferait rouler en bas des degrés : que nous ne
les tiendrions point pour amis, mais pour ennemis
mortels, puisqu'il leur donnait un bon conseil et qu'ils
ne le voulaient point croire : qu'il était courroucé contre
eux parce qu'il avait vu leurs capitaines s'avancer, armés
en guerre, et qu'ils le lui paieraient de leur vie.

Voyant Cortes les tancer ainsi, et notre inter-
préte Doña Marina leur traduisant fort bien sa colère
et les menaçant même de la puissance de Montezuma
qui n'attendait qu'une occasion, les Caciques tremblants dirent qu'ils n'étaient point dignes de s'approcher de leurs dieux, et que si nous les voulions renver-
ser, ce ne serait point de leur consentement, mais
que nous étions libres de les abattre nous-mêmes et
de faire à notre volonté. A peine eurent-ils dit, que
nous montâmes au nombre d'environ cinquante soldats et précipitâmes les idoles qui roulèrent en morceaux, lesquelles étaient en forme de dragons épou-
vantables aussi grands que des veaux ; d'autres figu-
raient des moitiés d'hommes, et de grands chiens, et
toutes d'horrible aspect. Quand ils virent leurs dieux
ainsi brisés en morceaux, les Caciques et les Papas qui
se tenaient avec eux pleuraient et se couvraient les
yeux, et dans leur langue totonaque leur disaient de
leur pardonner, qu'ils n'avaient plus le pouvoir de les

défendre, qu'ils n'étaient point coupables envers eux
et que toute la faute en était à ces Teules qu'ils
n'osaient attaquer par peur des Mexicains. En ce
moment les compagnies d'Indiens guerriers, dont j'ai
parlé et qui s'étaient rassemblées pour nous assaillir,
commencèrent à vouloir nous tirer leurs flèches. A
cette vue, nous empoignâmes le Gros Cacique et six
Papas et autres principaux, et Cortès leur dit qu'au
moindre manque de respect de leurs guerriers, ils
mourraient tous. Aussitôt le Gros Cacique ordonna
à ses gens de se retirer de devant nous sans plus
d'hostilité. Lorsque Cortès les vit ainsi calmés il leur
fit une harangue que je rapporterai plus loin, et tout
s'apaisa. Cette expédition de Cingapacinga, la première
que fit Cortès dans la Nouvelle-Espagne, fut de grand
profit. Et dans cette affaire il n'en alla point comme
écrit le chroniqueur Gomara, qui prétend que tant
de milliers d'hommes y furent massacrés, pris et
ruinés par nous. Que le curieux lecteur considère
combien la distance est grande d'un récit à l'autre; et,
pour bon que soit le style qu'il emploie dans sa chronique, elle n'en est pas moins contraire à la vérité des
faits.

CHAPITRE LII.

Comment Cortès fit faire un autel où furent mises une image de Notre-Dame et une Croix, et où la messe fut dite, et comment furent baptisées les huit Indiennes.

LES Caciques et Papas et tous les principaux s'étant enfin tus, Cortès ordonna d'emporter les débris des idoles dans un lieu où elles fussent désormais hors de vue, et de les brûler. Et aussitôt huit Papas, leurs desservants, sortirent d'un logis, et, prenant leurs idoles, ils les emportèrent dans cette même case d'où ils étaient sortis et les y brûlèrent. Ces Papas avaient pour habit des couvertures noires en façon de linceuls et des robes longues tombant sur les pieds et les uns portaient une sorte de chape dans le goût de celles des dominicains, et les autres des capuchons comme ceux des dominicains. Et ils avaient des cheveux fort longs jusques à la ceinture et quelques-uns même jusques aux pieds, et tout collés de sang et tellement enchevêtrés qu'ils ne se pouvaient démêler, et les oreilles déchiquetées, dont ils offraient les lambeaux en sacrifices. Et ils puaient le soufre et une autre fort mauvaise odeur comme de chair morte. Et d'après ce qu'on disait et ce que nous parvînmes à savoir, ces Papas étaient fils de personnes principales ; ils n'avaient point de femmes, se donnaient au maudit métier de sodomie et jeûnaient à de certains jours. Et ils ne mangeaient que des noyaux et des graines de coton épluché, à moins qu'ils ne mangeassent d'autres choses qu'il ne m'ait point été loisible de voir.

Laissons les Papas et revenons à Cortès qui leur fit un bon raisonnement à l'aide de nos interprètes Doña Marina et Geronimo de Aguilar, et leur dit : Que, maintenant qu'ils étaient vraiment nos frères, il les favoriserait de tout son pouvoir contre Montezuma et ses Mexicains à qui il avait déjà envoyé l'ordre de ne plus leur faire la guerre et de ne plus lever de tribut sur eux : que, puisque dans leurs hauts Cues ils ne devaient plus tenir d'idoles, il leur voulait laisser une grande Dame qui est la mère de Notre-Seigneur Jésus-Christ, en qui nous croyons et que nous adorons, afin qu'eux aussi la tiennent pour leur Dame et advocate. Et là-dessus et sur les autres choses traitées, il leur fut fait un bon raisonnement et si bien déduit pour la circonstance qu'il n'y avait rien de plus à dire. Et il leur fut déclaré maintes choses touchant notre sainte Foi aussi bien que les Religieux aujourd'hui le leur peuvent enseigner, de telle sorte qu'ils écoutaient de bonne volonté. A l'heure même, Cortès leur commanda d'appeler tous les Indiens maçons de ce pueblo, et d'apporter force chaux dont il y avait quantité, et de râcler l'enduit de sang qui encroûtait ces Cues, et de les mettre en état. Le lendemain on commença à blanchir à la chaux, et on fit un autel paré de belles mantes, et Cortès fit

apporter quantité de roses naturelles à cette terre et
qui étaient très-odorantes, et force ramée dont il le
fit orner, leur recommandant de le tenir continuellement net et balayé. Et, pour en avoir le soin, il désigna
quatre Papas qui se tondraient la chevelure, qu'ils
avaient longue comme je l'ai déjà dit, et qui vêti-
raient des mantes blanches au lieu des noires qu'ils
portaient, et se tiendraient toujours propres, et ser-
viraient cette sainte Image de Notre-Dame en balayant
le sanctuaire et l'ornant de ramée. Et, pour qu'ils en
eussent plus de soin, il établit là comme ermite un
soldat boiteux et vieux qui se nommait Juan de Torres
de Cordoue, lequel fut chargé de veiller à ce que les
Papas fissent chaque jour ce qu'il leur avait prescrit.
Cortès ordonna aussi à nos charpentiers, déjà par moi
nommés, de tailler une Croix et de la mettre sur un
pilier nouvellement fait et fort bien blanchi à la
chaux. Le lendemain matin la messe fut dite à l'autel par le Padre Fray Bartolomé de Olmedo. Et alors
il fut réglé qu'avec l'encens du pays seraient encensées
la Sainte Image de Notre-Dame et la Sainte Croix.
On leur apprit aussi à faire des chandelles avec la
cire du pays, et on leur recommanda de tenir toujours
de ces chandelles allumées sur l'autel : jusques alors
ils ne savaient pas tirer parti de la cire.

Les principaux Caciques de ce pueblo et d'autres
qui s'y étaient rassemblés assistèrent à la messe. Et
là aussi furent amenées, pour être faites chrétiennes,
les huit Indiennes qui jusqu'alors étaient restées en
puissance de leurs pères et oncles, et on leur fit

entendre qu'elles ne devaient plus faire de sacrifices
ni adorer les idoles, mais qu'elles devaient croire en
Notre-Seigneur Dieu : et on leur remontra quantité
de choses touchant notre sainte Foi ; elles furent
baptisées, et la nièce du Gros Cacique fut nommée
Doña Catalina ; elle était fort laide, et sa main fut
mise dans celle de Cortès qui la reçut d'un air content. La fille de Cuesco, qui était un grand Cacique,
reçut le nom de Doña Francisca : celle-ci était très-
belle pour une Indienne et Cortès la donna à Alonzo
Hernandez Puertocarrero.

Quant aux six autres, je ne me rappelle plus tous
leurs noms, mais je sais que Cortès les répartit entre
les soldats. Cela fait, nous prîmes congé de tous les
Caciques et principaux qui de ce moment nous tinrent
en très-bonne amitié, surtout quand ils virent que
Cortès avait reçu leurs filles et que nous les emme-
nions avec nous. Et après quantité d'offres de service
que leur fit Cortès, nous partîmes pour notre Villa
Rica et je dirai plus loin ce que nous y fîmes. Les
choses se sont ainsi passées dans ce pueblo de Cempoala, et non comme l'ont écrit le Gomara et les
autres chroniqueurs.

CHAPITRE LIII.

Comment nous arrivâmes à notre Villa Rica
de la Vera-Cruz et de ce qui s'y passa.

CETTE expédition achevée, et Cingapacinga demeurant amie de Cempoala, et d'autres peuples voisins ayant juré obéissance à Sa Majesté, et
l'Image de Notre-Dame et la Sainte Croix ayant été
mises au lieu des idoles renversées, avec le vieux soldat pour ermite, nous partîmes à notre Ville, emme-
nant avec nous quelques-uns des principaux de Cempoala. Ce même jour, un navire était arrivé de l'île
de Cuba, ayant pour capitaine un certain Francisco
de Saucedo que nous appelions le Pulido parce qu'il
faisait par trop état d'être galant et bien accoutré.
Il avait été, à ce qu'on disait, maître d'hôtel de l'Amiral
de Castille et était natif de Medina de Rioseco. Avec
lui, vinrent alors Luis Marin, personne de grande
valeur qui fut Capitaine dans l'entreprise de Mexico,
et dix soldats. Le Saucedo avait un cheval et Luis
Marin une jument. Ils apportaient des nouvelles de
Cuba, à savoir que les provisons et pouvoirs pour
échanger et établir étaient arrivés de Castille au Diego
Velasquez dont les amis se réjouirent fort, surtout en
apprenant qu'il avait reçu le titre d'Adelantado de
Cuba.

Or, nous tous les autres soldats qui restions dans

la Villa Rica, n'ayant d'autre occupation que de para-
chever la forteresse, nous proposâmes à Cortès de
nous en tenir à ce qui était fait, puisqu'il n'y manquait que la charpente : qu'il y avait plus de trois mois
que nous étions dans cette terre et qu'il serait bon
d'aller voir ce qu'il en était du grand Montezuma,
et chercher notre vie et tenter la fortune : mais qu'il
fallait, avant de nous mettre en chemin, envoyer baiser
les pieds à Sa Majesté et Lui rendre compte de tout ce
qui nous était advenu depuis notre sortie de l'île de
Cuba. Il était aussi question d'envoyer à Sa Majesté
l'or que nous avions eu tant par les échanges que par
les présents de Montezuma. Cortès répondit que l'avis
était bon et qu'il en avait déjà parlé avec quelques
Cavaliers ; mais qu'il y aurait peut-être des soldats qui
réclameraient leur part de l'or et, qu'en cas de partage, il resterait fort peu de chose à envoyer. C'est
pourquoi il enchargea de cette affaire Diego de Ordas
et Francisco de Montejo, qui étaient personnes propres
à négocier, lesquels prenant à part chaque soldat, surtout ceux que l'on soupçonnait devoir réclamer leur
part d'or, leur disaient ces paroles : Messieurs, vous
savez que nous voulons faire un présent à Sa Majesté
de l'or que nous avons ici gagné et, pour être le premier que nous envoyons de ces terres, il faudrait
qu'il fût le plus considérable possible : il nous semble
bon de Lui faire tous hommage des parts qui nous re-
viennent : aussi nous autres Cavaliers et soldats in-
scrits sur ce papier, avons signé une renonciation à nos
parts, voulant en faire hommage à Sa Majesté avec

l'espoir d'en obtenir des grâces : celui qui voudra sa part l'aura : pour celui qui ne la voudra pas, qu'il fasse comme nous, qu'il signe.

Ils s'y prirent de telle façon que tous unanimement signèrent. Cela fait, Alonso Hernandez Puertocarrero et Francisco de Montejo, auquel Cortès avait donné environ deux mille pesos pour le tirer à son parti, furent, à l'heure même, nommés nos Procurateurs pour aller en Castille. Le meilleur navire de la flotte fut mis en état, équipé de quinze mariniers, muni de toute sorte de provisions de bord et confié à deux pilotes, dont l'un était Anton de Alaminos qui savait comment débouquer par le canal de Bahama, ayant le premier navigué par le dit canal. Cela réglé, nous résolûmes d'écrire et de faire savoir à Sa Majesté tout ce qui nous était advenu. Cortès écrivit de son côté, à ce qu'il nous dit, une fort équitable relation, mais nous ne vîmes pas sa lettre. La Municipalité écrivit conjointement avec dix soldats de ceux qui avaient été d'avis d'établir dans le pays et avaient proclamé Cortès Général. Et j'étais de ceux-là. En toute vérité rien ne fut omis dans la lettre au bas de laquelle j'apposai mon seing. En outre, nous écrivîmes, entre tous les Capitaines et soldats, une autre lettre et relation dont le contenu est comme suit.

CHAPITRE LIV.

*De la relation et lettre que nous écrivîmes à Sa
Majesté par nos Procurateurs Alonso Hernandez
Puertocarrero et Francisco de Montejo, laquelle
était signée de quelques Capitaines et soldats.*

APRÈS avoir commencé notre lettre par la for-
mule de respect obligatoire due à la si grande
Majesté de l'Empereur notre Seigneur et qui fut telle :
Toujours Sacrée, Catholique, Césarienne, Royale Majesté, nous y écrivîmes, article par article, les autres
choses qu'il était convenable de dire dans la relation
et compte de notre vie et voyage, et que je résumerai
brièvement ainsi : Comment nous étions sortis de
l'île de Cuba avec Hernando Cortès qui avait publié,
par ses bans, que nous allions pour faire un établissement, tandis que Diego Velasquez, en secret, envoyait
échanger et non établir : comment Cortès avait voulu
s'en retourner avec la quantité d'or acquis par échange,
conformément aux instructions qu'il tenait de Diego
Velasquez et que nous nous étions fait représenter :
comment nous avions obtenu de Cortès qu'il fît un
établissement, le nommant Capitaine Général et Juge
Souverain jusqu'à ce qu'il plût à Sa Majesté d'en ordonner autrement : comment nous lui avions promis le cinquième de l'or, le Quint Royal une fois prélevé : comment nous avions abordé à Cozumel, et par quelle

aventure Geronimo de Aguilar fut trouvé à la Pointe de Cotoche, et la manière dont il contait y avoir pris terre avec un certain Gonzalo Guerrero, lequel était demeuré avec les Indiens à cause qu'il était marié, avait des enfants et était devenu de tout point Indien : comment nous étions arrivés à Tabasco, et des guerres et batailles que nous eûmes avec les naturels de ce lieu : comment nous les attirâmes à la paix : comment, partout où nous arrivons, de bons raisonnements et éclaircissements touchant les choses de notre sainte Foi sont faits aux Indiens afin qu'ils laissent leurs idoles : comment les naturels de Tabasco avaient juré obéissance à Sa Royale Majesté, devenant ainsi ses premiers vassaux dans ces contrées : comment ces gens nous avaient fait un présent de femmes parmi lesquelles une Cacique, de grande valeur pour une Indienne, laquelle sait la langue de Mexico dont on se sert dant toute cette terre : ainsi que, par elle et Aguilar, nous avons de vrais interprètes : comment nous avions débarqué à San-Juan de Ulua, et des colloques avec les ambassadeurs du grand Montezuma, et qui était le grand Montezuma, ce qu'on disait de ses grandeurs et du présent qu'il nous envoya : comment nous étions allés à Cempoala qui est une grande ville et, de là, à un autre pueblo situé en lieu fort et nommé Quiahuistlan : comment, dans ce lieu, les habitants et ceux de plus de trente autres pueblos avaient fait avec nous une ligue et confédération, et, abandonnant le service de Montezuma, avaient tous juré obéissance à Sa Majesté, faisant dès lors partie de Son Royal patrimoine : comment nous étions allés à Cingapacinga, et avions bâti une forteresse.

Nous ajoutions : Que nous étions à cette heure sur le point de nous acheminer par l'intérieur des terres jusqu'à nous trouver en présence du Montezuma : que cette terre est fort grande, pleine de nombreuses cités et merveilleusement peuplée d'hommes très-belliqueux : qu'ils parlent des langues fort différentes et se font la guerre les uns aux autres : qu'ils sont idolâtres et font des sacrifices où ils tuent quantité d'hommes et d'enfants et de femmes : qu'ils mangent de la chair humaine et pratiquent maintes autres turpitudes : que celui qui le premier découvrit cette terre fut un certain Francisco Hernandez de Cordova que suivit presque immédiatement Juan de Grijalva : que présentement nous faisions hommage à Sa Majesté de l'or que nous avions eu, à savoir : le soleil d'or et la lune d'argent et un casque plein de grains d'or tel qu'on le recueille dans les mines, et quantité de morceaux d'or de tout genre et diversement travaillés, des couvertures de coton très-déliées et fort bien brodées de plumes, quantité d'autres objets d'or tels que chassemouches, rondaches et autres pièces dont il ne me souvient plus depuis tant d'années : que nous lui envoyions aussi quatre Indiens que nous avions ôtés aux gens de Cempoala qui les tenaient à l'engrais dans des cages de bois, dans le but de les sacrifier et de les manger quand ils seraient gras à point.

Ensuite de ce récit, nous contions à Sa Majesté comme quoi nous restions en Ses nouveaux royaumes au nombre de quatre cent et cinquante soldats, en fort

grand péril, au milieu d'une telle multitude de peuples
et de gens belliqueux et très-grands guerriers, pour
servir Dieu et Sa Royale Couronne, Le suppliant, en
toute occasion, de nous réserver Ses bonnes grâces et
de ne point favoriser personne d'aucune charge Royale
ni du Gouvernement de ces terres qui sont telles en
richesses et en grandeur de peuples et de cités, qu'elles
ne sauraient convenir qu'à un Infant ou grand Seigneur ; car nous avions la crainte que Don Juan Rodriguez de Fonseca, Évêque de Burgos et Archevêque de
Rosano, gouvernant comme Président du Royal Conseil toutes les Indes, ne le donnât à quelque sien parent ou ami et en particulier à un certain Diego Velasquez, gouverneur de l'île de Cuba : et la raison pour
laquelle il est à craindre que ce Gouvernement ou
toute autre charge quelconque lui soit donnée, est que
le dit Velasquez fait constamment sa cour avec des présents d'or au dit Évêque auquel il a abandonné dans
son île des villages d'Indiens qui lui tirent de l'or des
mines : qu'il aurait dû premièrement donner les meilleurs de ces pueblos à Sa Royale Couronne à qui il n'en
a laissé aucun, se rendant, par ce seul fait, indigne de
toute faveur : que nous, comme Ses très-loyaux serviteurs, qui jusqu'à la fin de leur vie La veulent servir, nous Lui faisons savoir ces choses afin qu'Elle ait
connaissance de tout : que nous sommes déterminés à
attendre que Sa Majesté ait daigné permettre à nos
Procurateurs de baiser Ses pieds Royaux, et qu'elle ait
vu nos lettres, et que nous, de notre côté, nous ayons
vu Son Seing Royal, pour alors, en toute humilité,

obéir à Ses Royaux commandements : et que, si l'Évêque de Burgos, en Son Nom, nous envoyait une personne quelconque pour Gouverneur ou Capitaine, auparavant que de lui obéir, nous le ferions savoir à Sa
Royale personne en quelque lieu qu'Elle se trouvât, et
que à ce qu'Elle daignerait nous commander, nous
prêterions l'obéissance dont nous sommes tenus envers notre Roi et Seigneur. Nous suppliâmes en outre Sa Majesté que, jusqu'à ce qu'Elle voulût bien en
ordonner autrement, Elle octroyât le Gouvernement
à Hernando Cortés, comme à Son meilleur serviteur
que nous portions jusqu'aux nues par nos louanges.
Après avoir écrit toutes ces relations, avec tout le
respect et humilité possibles et convenables, article
par article, déclarant chaque chose et comment et
quand et de quelle manière elle s'était passée, ainsi
qu'il convenait à notre Roi et Seigneur et en de
meilleurs termes que ceux que j'emploie pour ce
récit, nous tous, Capitaines et soldats du parti de
Cortés, signâmes cette lettre en double expédition.
Cortés nous pria de la lui montrer, et, lorsqu'il y vit
le récit si véridique et les hautes louanges que nous
faisions de lui, il en eut grand plaisir et dit qu'il nous
en savait bon gré et nous fit force belles promesses.
Cependant, il aurait préféré que nous n'eussions dit
mot ni fait mention aucune du cinquième de l'or que
nous lui avions promis et que nous n'eussions point
parlé des premiers qui avaient découvert cette terre,
car, à ce que nous comprîmes, il ne disait mot dans sa
lettre ni de Francisco Hernandez de Cordova ni de

Grijalva et s'attribuait la gloire de la découverte et tout l'honneur; et il dit que, pour le moment, il aurait mieux valu écrire comme lui et ne rien rapporter de tout cela à Sa Majesté; mais il ne manqua pas qui lui répartit que rien ne devait être célé à notre Roi et Seigneur.

Or donc, ces lettres écrites et remises à nos Procurateurs, nous leur recommandâmes fort de n'entrer à la Havana sous aucun prétexte, et de ne point aller à une estancia que possédait là le Francisco de Montejo, laquelle se nommait le Marien et avait un port pour les navires, de peur que le Diego Velazquez n'arrivât à savoir ce qui se passait : et ils firent au rebours comme je le dirai plus avant. Tout étant donc à point pour leur embarquement, le Père de la Merci, Fray Bartolomé de Olmedo, dit la messe, les recommandant à l'Esprit-Saint afin qu'il les guidât, et le vingt-sixième jour du mois de juillet de l'an mil cinq cent et dix-neuf, ils partirent de San-Juan de Ulua et, le temps les favorisant, arrivèrent à la Havana. Et le Francisco de Montejo importuna tellement le pilote Alaminos pour se faire mener à son estancia, soi-disant dans le but d'y prendre des provisions de porc et de cassave, qu'il lui fit faire à sa volonté. Montejo fit donc jeter l'ancre près de son estancia, ne tenant aucun compte du Puertocarrero, lequel était fort malade; et la nuit de son arrivée, un marinier fut jeté à terre avec des lettres et avis pour le Diego Velazquez, comme nous le sûmes depuis, d'après les ordres de Montejo. Le dit marin s'en alla fort vitement à travers l'île de Cuba de pueblo en pueblo, publiant tout

ce que j'ai raconté ci-dessus, si bien que le Diego Velazquez en fut informé. Et je dirai plus loin ce que là-
dessus il fit.

CHAPITRE LVI.

*Comment Diego Velazquez, gouverneur de Cuba, sut
par lettres, d'une façon fort certaine, que nous envoyions des Procurateurs avec des Ambassades et
présents pour notre Roi, et de ce que là-dessus il fit.*

LORSQUE Diego Velazquez, Gouverneur de Cuba,
connut les nouvelles, tant par les lettres que lui
avait envoyées le Montejo, à ce qu'on soupçonna, que
par le récit du matelot qui, s'étant trouvé présent à
tout ce que j'ai rapporté dans le chapitre passé, s'était
jeté à la nage pour lui apporter des lettres, et quand il
eut vent du grand présent d'or que nous envoyions à
Sa Majesté et sut quels étaient les ambassadeurs, il prit
peur et disait de fort piteuses paroles, maudissant
Cortés et le Secrétaire Duero et le Contador Amador
de Lares. Et, en toute hâte, il fit armer, avec toute
l'artillerie et soldats qu'il put avoir, deux navires de
faible tonnage, grands voiliers, commandés par deux
Capitaines, dont l'un se nommait Gabriel de Rojas et
l'autre N... de Guzman, leur ordonnant d'aller jusqu'a
la Havana et, de toute façon, de prendre et lui amener
la nef que montaient nos Procurateurs et tout l'or
qu'ils portaient. Et, en hâte, suivant les ordres reçus,

ils partirent et, arrivés en quelques jours au canal de
Bahama, ils interrogeaient les bateaux de transport
qui naviguaient par cette mer, leur demandant s'ils
avaient vu passer un navire de grand port ; et tous en
donnaient des signes, disant qu'il devait avoir débou-
qué par le canal de Bahama, ayant toujours eu bon
vent. Après avoir couru des bordées avec leurs deux
navires entre le canal et la Havana, n'ayant rien
trouvé de ce qu'ils étaient venus chercher, les gens
du Gouverneur s'en retournèrent à Santiago de Cuba.
Et si le Diego Velazquez était triste avant d'envoyer les navires, il fut bien plus affligé encore quand
il les vit ainsi revenir. Alors ses amis lui conseil-
lèrent de faire parvenir ses plaintes en Espagne à
l'Évèque de Burgos, Président des Indes, lequel faisait beaucoup pour lui ; il envoya aussi faire ses doléances à la Royale Audience qui résidait dans l'île de
Santo-Domingo et aux Frères Hiéronymites qui la
gouvernaient et qui se nommaient Fray Luis de
Figueroa, Fray Alonso de Santo-Domingo et Fray
Bernardino de Manzanedo (ces dits religieux résidaient
habituellement au monastère de la Mejorada qui est
à deux lieues de Medina del Campo). Velazquez envoya
donc en hâte un navire à l'Ile Espagnole, faisant force
plaintes de Cortès et de nous tous. Mais la Royale
Audience étant informée de nos grands services, les
Frères répondirent : qu'il n'était point possible de
jeter du blâme sur Cortès et sur ceux qui guer-
royaient avec lui, puisqu'en toutes choses ils avaient
recours à leur Roi et Seigneur auquel ils envoyaient

30

un si grand présent que depuis bien longtemps il n'en
avait point été vu de pareil en notre Espagne. Ils
parlaient ainsi parce que, en ce temps et saison, il n'y
avait point de Pérou, et qu'il n'en était pas même
question. Ils ajoutèrent que nous étions bien plutôt
dignes des faveurs de Sa Majesté.

Ce fut à cette époque, ou peu de temps auparavant,
qu'un Licencié nommé Zuazo fut envoyé par lesdits
Frères dans l'île de Cuba pour faire rendre compte au
Diego Velazquez de son administration. En recevant
cette réponse, le Gouverneur en fut si fort marri,
que lui, qui auparavant était très-gros, devint maigre
en quelques jours. Aussitôt et fort diligemment il fit
rechercher tous les navires qu'il y avait dans l'île et
équiper soldats et Capitaines dans le but d'envoyer
une forte armée pour prendre Cortés et nous autres
tous. Il y mit une telle diligence que lui-même en personne allait de ville en ville et d'une estancia à l'autre,
et écrivait dans tous les endroits de l'île où il ne
pouvait aller lui-même, suppliant ses amis de se joindre
à cette expédition ; de sorte que, dans l'espace de onze
à douze mois environ, il rassembla dix-huit navires
grands et petits et à peu près treize cents hommes
entre soldats, Capitaines et mariniers : car, comme on
le voyait, ainsi que je l'ai dit, se démener si passion-
nément encoléré, tous les plus considérables parmi
les habitants de Cuba, aussi bien ses parents que
ceux qui avaient des Indiens, se mirent en état de le
servir. Et Velazquez choisit pour Capitaine Général de
toute cette armée un hidalgo nommé Panfilo de Nar-

vaez, homme de haute taille, membru, qui avait le
verbe quelque peu emphatique et arrogant. Il était
natif de Valladolid, et s'etait marié dans l'île de Cuba
avec une duègne déjà veuve nommée Maria de Valen-
zuela, et, tenant de bons pueblos d'Indiens, il était fort
riche. Je le laisserai là, pour l'instant, formant et
équipant son armée, pour revenir à nos Procurateurs
et à leur bon voyage. Et, comme trois ou quatre événements advenaient à la fois, il ne m'est point possible,
pour suivre le fil d'un seul récit, de laisser de côté des
faits du plus haut intérêt; et c'est pourquoi je ne dois
pas être blâmé de ne pas suivre l'ordre des temps
pour raconter ce qui s'est passé plus tard.

CHAPITRE LVI.

Comment nos Procurateurs débouquèrent heureusement
par le canal de Bahama et arrivèrent en peu de jours
en Castille, et de ce qui leur advint à la Cour.

J'AI déjà dit que nos Procurateurs étaient partis du
port de San-Juan de Ulua le sixième jour du mois
de juillet de l'an mil cinq cent et dix-neuf, et étaient
heureusement arrivés à la Havana; ils débouquèrent
immédiatement par le canal, étant, à ce qu'on dit, les
premiers qui y naviguèrent, et, en peu de temps, parvinrent aux îles de la Tercera et, de là, à Séville d'où
ils partirent en poste pour la Cour qui se tenait à Valladolid. Et le Président du Royal Conseil des Indes,

don Juan Rodriguez de Fonseca, qui était Évêque de
Burgos et titulaire de l'Archevêché de Rosano, gouvernait toute la Cour, parce que l'Empereur notre
Seigneur était tout jeune encore et demeurait dans
les Flandres. Nos Procurateurs, tout joyeux et croyant
en tirer des faveurs, allèrent baiser les mains au Président, lui remirent nos lettres et relations et lui
présentèrent tout l'or et les joyaux, le suppliant d'envoyer aussitôt à Sa Majesté ce présent et ces lettres
par un messager qu'ils accompagneraient eux-mêmes
afin de baiser Ses pieds Royaux. Au lieu de leur faire
bon accueil, le Président leur montra peu d'amour et
ne les favorisa nullement, et leur dit même des paroles sèches et âpres. Nos ambassadeurs répondirent :
que Sa Seigneurie voulût bien considérer les grands
services que Cortès et ses compagnons rendaient à Sa
Majesté : qu'ils suppliaient derechef Sa Seigneurie d'envoyer aussitôt tous ces joyaux d'or, lettres et relations
à Sa Majesté pour qu'Elle fût informée de tout, et
qu'eux-mêmes accompagneraient le présent. L'Évêque
leur repartit fort superbement, leur ordonnant de ne
point se mêler de cela et ajoutant que, lui, écrirait à
Sa Majesté ce qui se passait et non point ce qu'ils
prétendaient, car ils s'étaient révoltés contre Diego
Velazquez. Ils échangèrent quantité d'autres paroles
aigres.

En cette conjoncture, le chapelain de Diego Velazquez, Benito Martin, déjà par moi nommé, arriva à
la Cour, porteur de toutes les plaintes contre Cortès
et nous ; de quoi l'Évêque se courrouça plus encore.

Et, comme le Montejo n'osait pas déplaire au Président, Alonso Hernandez de Puertocarrero, en qualité
de gentilhomme cousin du comte de Medellin, disait
à l'Évêque qu'il le suppliait fort instamment de les
oüir sans passion et ne point parler comme il faisait
et d'envoyer aussitôt ces présents et messages tels
qu'ils les apportaient pour Sa Majesté : que nous
étions serviteurs de la Royale Couronne et dignes
de faveurs et non d'être outragés en paroles. Pour
cette réponse, l'Évêque le fit mettre en prison sous
prétexte qu'il avait tiré de Medellin, trois ans avant,
une femme nommée Maria Rodriguez qu'il avait
menée aux Indes. De sorte que, tous nos services et
nos présents d'or demeurant en ce désarroi, nos ambassadeurs résolurent de se taire jusqu'en temps et lieu.

L'Évêque écrivit à Sa Majesté, dans les Flandres, en
faveur de son familier et ami Diego Velazquez et en
fort méchants termes contre Cortès et nous tous ;
mais il ne fit mention aucune des lettres que nous Lui
avions envoyées, ne relatant que la rébellion d'Hernando Cortès contre Diego Velazquez et autres contes.
Il nous faut revenir à l'Alonso Hernandez Puertocarrero et au Francisco de Montejo et parler aussi de
Martin Cortès, père de notre Capitaine, et d'un certain
Licencié Nuñez, Rapporteur du Royal Conseil de Sa
Majesté et proche parent du même Cortès, qui tra-
vaillaient tous pour lui. Ils résolurent d'envoyer dans
les Flandres des messagers porteurs de lettres semblables à celles remises à l'Évêque de Burgos, car nos
Procurateurs les avaient en double expédition, et ils

écrivirent à Sa Majesté tout ce qui passait, Lui envoyant le mémoire de tous les joyaux d'or qui com-
posaient le présent et se plaignant de l'Évêque et
découvrant les trafics qu'il avait avec le Diego Velazquez. Ils furent aussi favorisés par d'autres Cavaliers
qui n'étaient pas très-bien avec le Don Juan Rodriguez de Fonseca, lequel, à ce qu'on disait, était dé-
testé pour quantité d'excès de pouvoirs et d'orgueil
dont il usait dans les grandes charges qu'il tenait. Et,
comme nous mettions toutes nos forces à servir Dieu
et Sa Majesté, Dieu permit que Sa Majesté vînt à
connaître clairement toute cette affaire, laquelle, vue
et comprise, lui apporta tel contentement, ainsi qu'aux
Ducs, Marquis et Comtes et autres Cavaliers qui étaient
en Sa Royale Cour, que pendant plusieurs jours on
n'y parlait que de Cortès et de nous tous, ses compagnons de conquête, et des richesses que nous avions
envoyées de ces contrées; et, par ainsi, Sa Majesté
connut que tout était au rebours de la vérité dans les
lettres et gloses que lui avait écrites à ce sujet l'É-
vêque de Burgos, et dès ce moment. Elle retira sa bonne
grâce audit Évêque, principalement à cause qu'il ne
Lui avait pas envoyé tous les objets d'or, en ayant
retenu quantité par devers lui. L'Évêque, à qui on en
écrivit des Flandres, fut informé de tout et en conçut
un grand ennui; et, si déjà avant que nos lettres eussent été présentées à Sa Majesté, il disait tout le mal
possible de Cortès et de nous, depuis lors il nous appelait traîtres à pleine bouche. Mais Dieu voulut qu'il
perdît son audace orgueilleuse, car, deux ans après, il

fut révoqué, demeurant en outre honteux et bafoué, tandis que nous conservâmes notre renom de loyaux serviteurs, comme je le dirai plus loin, en temps opportun. Et Sa Majesté écrivit que, sous peu, Elle viendrait en Castille et songerait à nous pour nous octroyer les grâces convenables; et, comme j'en dois faire, plus loin, le récit fort par le menu, j'en resterai là pour l'heure, laissant également nos Procurateurs dans l'attente de la venue de Sa Majesté.

Avant que de passer plus outre, je veux répondre à la curiosité bien légitime de certains Cavaliers qui se sont enquis comment je puis écrire, dans cette relation, ce que je n'ai pas vu, puisque j'étais en cette saison occupé aux conquêtes de la Nouvelle-Espagne, alors que les Procurateurs remirent les lettres, commissions et présent d'or qu'ils portaient pour Sa Majesté et eurent ces démêlés avec l'évêque de Burgos. A cela je réponds : que nos Procurateurs nous écrivaient à nous, les véritables conquérants, article par article, mot pour mot, ce qui se passait, tout, et l'affaire de l'Évêque de Burgos et ce que Sa Majesté voulut bien ordonner en notre faveur : Cortés, de son côté, nous envoyait aux villes, où nous vivions à cette époque, d'autres lettres qu'il recevait de nos Procurateurs, pour que nous vissions bien quels bons négociateurs nous avions auprès de Sa Majesté et quel grand ennemi nous était l'Évêque de Burgos. Telle est ma décharge vis-à-vis de ces Cavaliers qui me questionnaient. Laissons cela pour dire dans un autre chapitre ce qui advint dans notre camp.

CHAPITRE LVII.

*De ce qui eut lieu dans le camp après le départ de
nos Ambassadeurs portant à Sa Majesté tout l'or
et les lettres et relations, et de l'exécution de justice que fit faire Cortès.*

L ES cœurs des hommes sont véritablement bien
divers de qualités et de sentiments! Quatre jours
après le départ de nos Procurateurs envoyés à l'Empereur notre Seigneur, certains amis et domestiques
du Diego Velazquez complotèrent de s'emparer d'un
navire de faible tonnage pour s'en aller à Cuba.
C'était Pedro Escudero, un certain Juan Cermeño,
un Gonzalo de Umbria, pilote, Bernaldino de Coria
qui fut depuis habitant de Chiapa et père d'un N...
Centeno, un Clerc nommé Juan Diaz et quelques
hommes de mer nommés les Peñates, natifs de Gibraleon. Ils étaient mal avec Cortès, les uns parce qu'il
ne leur avait pas baillé congé pour s'en retourner à
Cuba, comme il le leur avait promis, d'autres parce
qu'il ne leur avait pas donné leur part de l'or envoyé
en Castille, les Peñates parce qu'il les avait fait fouetter à Cozumel, comme je l'ai dit plus haut, lorsqu'ils
volèrent le lard d'un soldat nommé Berrio. Ces gens
voulaient en outre aviser le Diego Velazquez qu'il
pourrait faire saisir à la Havana, dans l'estancia de

Francisco de Montejo, nos Procurateurs, avec l'or et les commissions qu'ils emportaient ; le tout d'après le conseil de certains personnages importants de notre camp, qui écrivirent même au Diego Velazquez afin qu'il fût à temps de faire cette saisie. Et ces hommes que j'ai nommés avaient déjà porté à bord leurs provisions : pain cassave, huile, poisson, eau douce et autres pauvres choses telles qu'ils les pouvaient avoir.

Au moment de s'embarquer, à la minuit passée, l'un d'eux, qui était le Bernaldino de Coria, se repentant, paraît-il, de s'en retourner à Cuba, alla conter le tout à Cortès ; lequel, ayant su comment et en quel nombre et pour quelles raisons ils voulaient s'en aller et quels étaient les ourdisseurs de cette trame, leur fit aussitôt enlever les voiles, la boussole et le gouvernail du navire, les emprisonna et entendit leurs aveux. Ils confessèrent la vérité, et ils chargèrent d'autres qu'on tint quittes pour le moment, la conjoncture ne permettant pas davantage. Et Cortès, par sentence, fit pendre Pedro Escudero et Juan Cermeño, couper les pieds au pilote Gonzalo de Umbria et donner deux cents coups de fouet à chacun des mariniers Peñates. Quant au Padre Juan Diaz, si ce n'eût été un homme d'église, il l'eût bien châtié, mais il se contenta de lui mettre la peur au ventre. Et il me souvient que, lorsque Cortès signa cette sentence, il dit avec de grands soupirs et regrets : « Oh ! que je voudrais ne pas savoir écrire pour n'avoir point à signer de morts d'homme ! » Il me semble que cette parole est fort commune parmi les juges qui condamnent quelqu'un

31

et qu'elle a été prise à ce cruel Néron dans le temps
où il donnait espérance qu'il serait bon Empereur.

La sentence à peine exécutée, Cortès partit aussitôt
à crève-cheval pour Cempoala qui est à cinq lieues
de notre Villa-Rica, nous commandant de le suivre
au nombre de deux cents soldats avec tous les gens de
cheval. Il me souvient qu'à Pedro de Alvarado, qu'il
avait trois jours avant expedié avec deux cents autres
soldats dans les villages de la sierra pour en tirer
des vivres dont nous avions grande nécessité dans
notre ville, il envoya l'ordre d'avoir à le rejoindre à
Cempoala pour y concerter notre voyage à Mexico ; de
sorte que le Pedro de Alvarado ne se trouva pas
présent à l'exécution que j'ai dite. Et je conterai plus
loin toutes les dispositions qui furent prises, lorsque
nous fûmes tous rassemblés dans Cempoala.

CHAPITRE LVIII.

*Comment nous résolûmes d'aller à Mexico et, avant
notre départ, de faire échouer tous les navires,
laquelle résolution fut prise par le conseil et avis de
tous les amis de Cortès.*

CEPENDANT que nous étions dans Cempoala
'comme je l'ai dit, devisant avec Cortes des
choses de la guerre et de notre marche en avant, de
devis en devis, nous autres tous, qui étions ses amis, en
vînmes à lui conseiller de ne point laisser aucun navire

dans le port et de les faire aussitôt tous échouer, pour
ôter tout prétexte, tandis que nous serions dans l'intérieur des terres, à de nouveaux soulèvements ; sans
compter que nous avions grand besoin de l'aide des
maîtres, pilotes et mariniers, qui étaient sur le pied de
cent hommes, lesquels nous aideraient bien davantage
aux guerres et batailles qu'en demeurant dans le port.
Et, d'après ce que je vis et compris, ce plan de faire
échouer les navires que nous proposâmes alors avait
déjà été combiné par Cortès lui-même ; mais il voulut
qu'il vînt de nous, afin que, si le prix des navires lui
était jamais réclamé, il pût répondre qu'il n'avait agi
que par notre conseil, nous tenant ainsi tous obligés à
les payer. Cortès ordonna immédiatement à un certain
Juan de Escalante, qui était Alguazil Mayor, personne
de beaucoup de valeur et aussi fort son ami qu'ennemi de Diego Velazquez qui, dans l'île de Cuba,
ne lui avait pas donné de bons Indiens, d'aller aussitôt
à la Villa-Rica, et, après avoir fait ôter de tous les
navires les ancres, câbles, voiles, et toute chose dont
il serait possible de tirer parti, de les faire tous
échouer en ne conservant que les bateaux. Les pilotes, maîtres et matelots trop vieux, impropres à la
guerre, demeureraient dans ladite ville et, avec deux
seines qu'il y avait, s'emploieraient à pêcher dans ce port
où on trouvait toujours du poisson quoiqu'il n'y foison-
nât point. Le Juan de Escalante fit exactement ce qui
lui avait été ordonné et s'en revint aussitôt à Cempoala,
menant avec lui une compagnie formée avec les
hommes de mer qui avaient été tirés des navires :

quelques-uns d'entre eux devinrent d'excellents soldats.
Cela fait, Cortès manda tous les Caciques des peuples
de la montagne, révoltés contre le grand Montezuma,
et nos confédérés, et leur dit que leur devoir était de
servir ceux qui restaient dans la Villa-Rica et d'achever l'église, la forteresse et les maisons ; et là, devant
eux, il prit par la main le Juan de Escalante et leur
dit : « Celui-ci est mon frère ; faites ce qu'il vous
commandera et, si vous avez besoin d'aide et de faveur
contre les Indiens Mexicains, adressez-vous à lui, et
il ira en personne à votre secours. » Tous les Caciques promirent de faire de bon cœur ce qu'il leur
commanderait ; et je me souviens qu'ils encensèrent
aussitôt le Juan de Escalante avec leur encens, malgré
qu'il s'y refusât. J'ai déjà dit que l'Escalante était personne fort suffisante pour quelque charge que ce fût
et ami de Cortès qui, dans cette confiance, le fit Capitaine de cette ville et port, pour résister à toute
entreprise de Diego Velazquez. Laissons-le là pour
suivre le fil des événements.

C'est ici que le chroniqueur Gomara conte que
Cortès fit saborder les navires ; il dit aussi que Cortès
n'osait point faire savoir aux soldats sa volonté d'aller à
Mexico en quête du grand Montezuma. Croit-il donc
que les Espagnols soient d'humeur à ne pas marcher
en avant et à s'attarder en lieu où il n'y ait ni guerre
ni profit à espérer ? Le même Gomara prétend que
Pedro de Ircio resta comme Capitaine à la Vera-Cruz ;
il fut mal informé. Moi, je dis que c'est Juan de Escalante qui a été Capitaine et Alguazil Mayor de la Nou-

velle-Espagne : que le Pedro de Ircio n'avait encore
eu aucune charge, pas même celle de sergent, et
n'était point homme à en avoir, et qu'il n'est point
juste d'ôter à l'un ses mérites pour les attribuer à
l'autre.

CHAPITRE LIX.

*D'une harangue que nous fit Cortès après avoir fait
échouer les navires et comment nous préparâmes
notre marche sur Mexico.*

LES navires ayant été échoués au grand jour et non
de la façon que le prétend Gomara, un matin,
après la messe, que nous étions tous rassemblés, Capitaines et soldats, autour de Cortès, causant avec lui des
choses de la guerre, il nous pria en grâce de le vouloir
bien ouïr et nous dit dans la harangue qu'il nous fit :
Que nous connaissions déjà l'entreprise que nous allions
tenter, où, moyennant Notre Seigneur Jésus-Christ,
nous étions assurés de vaincre en toutes batailles et
rencontres : qu'il fallait nous y tenir aussi bien préparés
qu'il convenait, car, en quelque lieu que nous fussions
(ce qu'à Dieu ne plaise) déconfits, nous ne pourrions
plus relever la tête à cause de notre trop petit
nombre; que, n'ayant plus de navires pour retourner à Cuba, nous n'avions plus à attendre de secours
et d'aide que de Dieu, de la valeur de nos bras et de

la force de nos cœurs. Là-dessus il déduisit quantité
de comparaisons avec les actions héroïques des Romains. Et tous, d'une seule voix, nous lui répondîmes
que nous ferions à sa volonté, que le sort en était
jeté à la bonne ou à la male-heure, comme dit Julius
Cæsar sur le Rubicon, et que nous emploierions toutes
nos forces au service de Dieu et de Sa Majesté. En
suite de cette harangue, qui fut certainement fort
belle et dite en paroles si emmiellées et éloquentes
que je ne les sais répéter ici, Cortès fit aussitôt appeler
le Gros-Cacique et lui rappela de nouveau qu'il devait
tenir en très-grande vénération et fort nettes l'Église
et la Croix; il ajouta que, voulant partir incontinent
pour Mexico afin de commander à Montezuma de ne
plus voler ni sacrifier, il avait besoin, pour le transport
de l'artillerie, de deux cents Indiens tamemes qui, je
l'ai déjà dit, peuvent marcher cinq lieues avec un
poids de deux arrobes sur le dos. Il lui demanda
aussi cinquante de ses meilleurs guerriers pour nous
accompagner.

Nous étions donc sur le point de partir, quand arriva
un soldat porteur d'une lettre de Juan de Escalante
que Cortès avait déjà renvoyé à la Villa-Rica avec ordre
de lui expédier un renfort de soldats. Escalante écrivait : Qu'un navire croisait sur la côte, auquel il avait
fait quantité de signaux, en allumant de grands feux et
en arborant des couvertures blanches : que lui-même
avait chevauché son cheval, couvert d'une cape
d'écarlate rouge, pour se faire voir des gens du
navire : qu'il lui avait semblé qu'ils avaient bien

vu les signaux, bannières, cheval et cape et qu'ils n'avaient point voulu arriver au port : qu'il avait aussitôt dépêche des Espagnols pour voir à quel parage allait ce navire, lesquels lui avaient rapporté que, à trois lieues de là, il était mouillé près de l'embouchure d'une rivière ; toutes choses qu'il lui faisait savoir dans l'attente de ses ordres. Au vu de cette lettre, Cortès remit aussitôt à Pedro de Alvarado le commandement de toute l'armée qui était assemblée dans Cempoala, lui adjoignant Gonzalo de Sandoval qui donnait déjà des signes de devoir être un fort vaillant homme, comme il fut toujours. C'est le premier emploi qu'eut Gonzalo de Sandoval, et ce commandement, qui lui fut donné de préférence à Alonso de Avila, fit naître des riottes entre ces deux Capitaines. Revenons à notre conte. Cortès monta aussitôt à cheval, accompagné de quatre cavaliers, et nous le suivîmes au nombre de cinquante soldats, les plus lestes, qu'il avait désignés par leurs noms. Cette nuit même nous arrivâmes à la Villa-Rica. Je dirai plus loin ce qui s'y passa.

CHAPITRE LX.

Comment Cortès alla à l'endroit où était mouillé le navire, et comment nous prîmes six soldats et matelots qui étaient sortis dudit navire, et de ce qui s'ensuivit.

En arrivant à la Villa-Rica, comme je l'ai dit, Juan de Escalante vint parler à Cortès et lui dit qu'il serait bon d'aller cette nuit même au navire, de peur que par aventure il ne hissât ses voiles et ne prît le large : que Cortès pouvait reposer quelque peu, tandis que lui, Escalante, s'y acheminerait avec vingt soldats. Cortès lui repartit qu'il ne pouvait reposer, parce que la chèvre qui a une épine dans le pied ne doit pas perdre son temps à faire la sieste, et qu'il voulait aller en personne avec les soldats qu'il amenait. Et sans manger un morceau, nous nous acheminâmes le long de la côte, et, en chemin, nous nous trouvâmes tout à coup en face de quatre Espagnols qui venaient prendre possession de cette terre pour Francisco de Garay, gouverneur de la Jamaïque. Ils étaient envoyés par un Capitaine nommé Alonzo Alvarez de Pineda ou Pinedo qui, depuis peu de jours, avait entrepris un établissement sur la rivière de Panuco. Des quatre Espagnols que nous arrêtâmes, le premier,

nommé Guillen de la Loa, venait la en qualité
de notaire, et, des témoins qu'il amenait pour la
prise de possession, l'un se nommait Andrès Nuñez,
charpentier de navire, et l'autre maître Pedro le
Harpiste, Valencien ; quant au troisième, j'ai oublié
son nom.

Et lorsque Cortès eut bien compris qu'ils venaient
prendre possession au nom de Francisco de Garay,
lequel, étant resté à la Jamaïque, envoyait des Capitaines, il leur demanda comment et à quel titre venaient ces Capitaines. Les quatre hommes répondirent que, en l'année mil cinq cent et dix-huit,
la renommée des terres que nous avions découvertes avec Francisco Hernandez de Cordova et
Juan de Grijalva, et d'où nous avions rapporté à
Cuba vingt mille pesos d'or à Diego Velasquez,
s'étant répandue dans toutes les Iles, le Garay
avait appris alors, par le rapport du pilote Anton de
Alaminos et d'un autre pilote qui nous avait accompagnés, qu'il lui était loisible de demander à Sa Majesté
de lui réserver tout le pays qu'il pourrait découvrir
par la bande du nord à partir de la rivière de San
Pedro et San Pablo. Or, le Garay, ayant à la Cour des
gens qui lui prêtaient faveur dans l'espérance d'en
avoir le loyer, y envoya pour négocier cette affaire un
sien Majordome nommé Toralva, lequel lui rapporta
des provisions d'Adelantado et Gouverneur de tout le
pays qu'il pourrait découvrir à partir du rio San Pedro
et San Pablo ; et, de par ces provisions, Garay avait
aussitôt expédié trois navires avec pas moins de deux

cent soixante et dix soldats, des vivres et des chevaux,
sous les ordres de ce Capitaine Alonzo Alvarez Pineda
ou Pinedo déjà par moi nommé, lequel était en train
de faire un établissement sur la rivière de Panuco, à
environ soixante et dix lieues de la. Ces hommes
ajoutèrent, que n'ayant fait qu'obéir aux ordres de
leur Capitaine, ils n'étaient aucunement coupables.
Cortès, ayant compris la chose, les flatta avec des paroles amicales et leur demanda si nous ne pourrions
pas nous emparer de ce navire. Le Guillen de la Loa,
qui était le personnage de la bande, répondit qu'ils
agiteraient leurs capes et feraient tout leur possible.
Mais pour bien qu'il les appelèrent et agitèrent leurs
capes et pour signaux qu'ils leur purent faire, les gens
du navire ne voulurent point venir, et, d'après le dire
de ces hommes, leur Capitaine leur avait bien re-
commandé d'éviter toute rencontre avec les soldats
de Cortès, car il avait connaissance que nous étions
dans cette terre. Quand nous vîmes que le bateau
n'arrivait point, nous comprîmes bien que du navire
on nous avait vus nous acheminer le long de la côte et
que nous ne pourrions, sans quelque ruse, les faire
revenir à terre. Alors Cortès pria ces hommes de se
dépouiller de leurs habits que revêtiraient quatre de
nos hommes. Ce qu'ils firent. Et aussitôt nous reprîmes le long de la côte le chemin par lequel nous
étions venus, afin que les gens du navire, nous
voyant retourner, crussent que nous nous en allions
pour de bon. Nos quatre soldats, qui avaient échangé
leurs habits avec les quatre hommes de Garay, de-

meurèrent. Nous autres, nous restâmes cachés dans
le bois avec Cortès jusqu'à plus de minuit, attendant
qu'il fît noir pour nous en revenir au petit ruisseau,
fort en cachette, de façon que nul ne parût, fors nos
quatre soldats.

Au point du jour, les dits quatre soldats commencèrent à faire signe avec leurs capes. Aussitôt six
mariniers parurent avec le bateau, et deux d'entre eux,
portant deux jarres à eau, sautèrent sur la plage. Cependant, nous tous qui étions aux aguets avec Cortès,
nous attendions le débarquement des autres matelots,
mais ils ne voulurent point descendre à terre. Nos
quatre soldats déguisés en gens de Garay faisoient
mine de se laver les mains, se cachant la figure, tandis
que ceux du bateau leur criaient : Embarquez donc !
Qu'est-ce que vous faites? Pourquoi n'arrivez-vous
pas? Un des nôtres répondit : Sautez à terre et venez
donc un peu ici. Mais les gens du bateau, ne recon-
naissant pas la voix, poussèrent au large. Les nôtres
eurent beau les appeler, ils ne voulurent pas répondre. Nous voulions les tirer avec nos escopettes et
arbalètes, mais Cortès dit de ne point le faire et de
les laisser aller à la grâce de Dieu rendre leurs
comptes à leur Capitaine. En somme, nous eûmes
de ce navire six soldats : les quatre que nous prîmes
d'abord et les deux matelots descendus à terre. Et
nous retournâmes ainsi à Villa-Rica, toujours à jeun.

Tels sont les faits, et non point comme en écrit le
chroniqueur Gomara, qui affirme à tort que, à cette
époque, Garay vint en personne, lequel, devant qu'il

parût, envoya trois vaisseaux et leurs Capitaines. Je
conterai plus avant en quel temps vinrent lesdits
Capitaines et Garay lui-même et ce qu'on fit à leur
égard. Passons outre pour dire comment nous résolûmes d'aller à Mexico.

Fin du Tome premier.

NOTES

ET ÉCLAIRCISSEMENTS

ITRE. *Véridique Histoire de la Conquête de la Nouvelle-Espagne.* — Historia Verdadera de la Conquista de la Nueva España por Fernando Cortès, y de las cosas acontecidas desde el año 1518, hasta la su muerte en el año 1547, y despues hasta el 1550, escrita por el Capitan Bernal Diaz del Castillo uno de sus Conquistadores, y sacada a luz por el P. F. Alonso Remon. *Madrid* 1632, in-fº.

Il existe deux éditions sous cette date. L'une, que Brunet regarde comme la seconde, est considérée comme la première, nous ne savons pour quel motif, par don Enrique de Vedia. Elle se distingue par son exécrable papier, par sa mauvaise impression, par un frontispice signé : *I. de Courbes* et par l'adjonction d'un 212e chapitre (mal coté CCXXII).

Ce livre a été réimprimé avec des suppressions à Madrid, 1794-95, 4 vol. in-8º, à Salem, 1823, 2 vol. in-12, à Paris, Rosa, 1837, 4 vol., et dans le second vol. des Historiadores primit. de Indias. Tome XXVI de la collection Rivadeneyra. Madrid, 1861. — Traduit en anglais, Londres, 1800, in-4º.

Pages 1 *et* 5. *Dédicaces.* — Le manuscrit sur lequel l'édition que nous avons suivie (1632) a été faite fut tiré de la bibliothèque de don Lorenzo Ramirez de Prado par le Padre Frai Alonso Remon. La dédicace à Philippe IV est signée de Frai

Diego Serrano, Alonso Remon étant mort sans avoir pu achever
la publication, comme nous l'apprend un catalogue qui suit cette
dédicace dans l'édition originale et qui contient les titres de
trente-neuf ouvrages de ce Religieux. Il nous a paru inutile de
traduire cette nomenclature, parfois singulière.

Dans la notice biographique sur Bernal Diaz, insérée au
tome II des « Historiadores primitivos de Indias » (de la Bibliothèque des auteurs espagnols de Rivadeneyra, Madrid 1861), don
Enrique de Vedia nous apprend que le manuscrit appartenant à
Lorenzo Ramirez de Prado, sur lequel ont été faites les deux
éditions de Madrid 1632, n'était pas même une copie authen-
tique de l'original resté à Santiago de Guatemala. Don Nicolas
Antonio, dans sa « Bibliotheca nova scriptorum Hispaniæ »,
avance qu'après la mort d'Alonso Remon, l'impression des deux
éditions de Madrid, 1632, fut achevée par le Padre Frai Gabriel
Adarzo de Santander, qui fut depuis évêque d'Otrante, dans le
royaume de Naples.

Page 7, l'Auteur. — Don Enrique de Vedia a eu sous les yeux,
en manuscrit, la première partie de l'histoire de Guatemala,
écrite vers 1689, par don Francisco de Fuentes y Guzman
Jimenez de Urrea, arrière-petit-fils de notre Bernal Diaz. Cet
historien se plaint des retranchements et altérations que Frai
Alonso Remon aurait fait subir au texte original de la Chronique
du Conquistador, et rétablit ainsi, d'après le manuscrit, les premières lignes du prologue de l'auteur : « Bernal Diaz del
Castillo, habitant et Regidor de la Très-Noble Cité de Santiago
de Guatemala, l'un des inventeurs de la Nouvelle-Espagne et ses
Provinces, depuis, Officier de guerre dans l'expédition de Honduras et Higueras (nom que porte là-bas cette terre), natif de la
Très-Noble et Insigne Ville de Medina del Campo, fils de Francisco Diaz del Castillo, qui en fut Regidor et que, d'un autre
nom, on appelait le Galan, et de doña Maria Diez Rejon, que
Dieu les tienne en sa sainte gloire, etc. » (Biblioteca de autores
españoles de Rivadneyra, tome XXVI ; historiadores primitivos
de Indias, tome II, page 7 ; Madrid, 1861). Ces quelques mots
prouvent que Bernal Diaz n'était point d'une naissance obscure,
comme l'avance Prescott, mais qu'il appartenait au contraire à

une famille distinguée. D'ailleurs, le fait seul d'avoir su écrire en est une preuve suffisante.

Page 7, ligne 13. Gomara. — Francisco Lopez de Gomara, ou Gomora, né à Séville, vers 1510, étudia à Alcala, fut ordonné prêtre et passa à Rome. A son retour, vers 1540, il entra comme chapelain, au service de Fernand Cortès, déjà Marquis del Valle, et publia, en 1552, à Saragosse, son « Historia de las Indias », dédiée à l'Empereur, et sa « Cronica de la Conquista de Nueva España », dédiée à don Martin Cortès, fils et héritier du Conquistador. Ces ouvrages furent réimprimés en 1553, à Medina del Campo, par Guillermo de Millis; en 1554, à Saragosse, par Pedro Bernuz et Agustin Millan et, la même année, à Anvers, par Martin Nucio et Juan Steelsio. Cette histoire, ainsi favorisée par le public, déplut à la Cour: car une cédule du Prince don Philippe, datée de Valladolid, 17 novembre 1553, contre-signée du Secrétaire Samano et publiée l'année suivante, ordonna la saisie de tous les exemplaires restant, édictant une amende de deux cent mille maravédis contre ceux qui voudraient réimprimer ou vendre ce livre. En 1727, don Andrès Gonzalez Barcia obtint la levée de cet interdit et donna place à Gomara dans sa « Coleccion de Historiadores primitivos de las Indias Occidentales ».

Gomara a été traduit en italien par Agustin Cravaliz, Venise, 1560 et 1565; en français par Martin Fumée, seigneur de Genillé, Paris, 1569-78, 80-84, et, en anglais, London, 1578, in-4º gothique. On n'a aucun détail sur les dernières années de la vie de Gomara: on sait seulement qu'il accompagna Cortès à l'expédition d'Alger. On ignore la date de sa mort.

Page 7, ligne 16. Illescas. — Historia Pontifical y Catolica, en laqual se contienen las vidas y hechos de todos los Sumos Pontifices Romanos, por Gonzalo de Illescas. Madrid, 1564; Burgos, 1578; Barcelone 1596; Madrid, Sanchez, 1562 et suiv.

Page 7, ligne 16. Paul Jove. — Paolo Giovio, évêque de Nocera, né à Côme en 1483, mort en 1552. Bernal Diaz fait allusion au plus important des ouvrages de ce prélat, l'Histoire de son Temps. en latin et en XLV livres. dont douze manquent. Florence, 1550;

Paris, 1553; Bâle, 1567. Traduit en français par Denis Sauvage, Paris, 1579, 2 vol. in-f⁰.

Page 9, ligne 3. Pedro Arias de Avila ou Pedrarias Davila, gentilhomme de Ségovie, fin courtisan, surnommé le Galan pour sa magnificence et le Justador pour son adresse dans les joutes et tournois, fut nommé par Ferdinand le Catholique, en 1514, gouverneur du Darien et de la Castille d'Or, en remplacement de l'illustre Adelantado Vasco Nuñez de Balboa auquel il fit trancher la tête en 1517. Sous sa déplorable administration, quantité d'injustices et de cruautés furent commises et la ville de Santa-Maria de la Antigua de Darien, fondée par Balboa, fut dépeuplée et détruite. Malgré l'influence de sa femme, l'intrépide Ysabel de Bobadilla, et sur les plaintes portées contre lui en Castille par l'historien Oviedo lui-même, il fut révoqué en 1526 et remplacé par don Pedro de los Rios. Pedrarias obtint néanmoins d'être pourvu du gouvernement de Nicaragua, et y mourut, dans la ville de Léon, à l'âge de quatre-vingts ou quatre-vingt-dix ans.

Voyez Gonzalo Hernandez de Oviedo, Historia general y natural de las Indias. Lib. XXIX et XLII. Ed. de la Acad. R. de la Historia, Madrid, 1851 et suiv.

Page 9, ligne 7. Nombre de Dios, port célèbre du temps de la Conquête, situé à l'embouchure de la rivière de Chagres, à environ 75 kilomètres de Panama. Cette ville a disparu et la moderne Chagres, défendue par le vieux fort de San-Lorenzo, est, croit-on, bâtie sur son emplacement.

Page 9, ligne 7. Et en ce temps il y eut une pestilence. — Quoi qu'il soit malaisé de tirer un diagnostic sûr d'après ces quelques mots de Bernal Diaz, il est presque certain, en comparant les témoignages des historiens contemporains, qu'il s'agit ici de la syphilis. Voyez aussi page 133, ligne 7. Voici ce que Gomara rapporte de cette maladie : « Les naturels de cette Ile Espagnole ont tous des bubons, et, comme les Espagnols dormaient avec les Indiennes, ils furent aussitôt tout gonflés de bubes, maladie des plus contagieuses, et qui torture par de cruelles douleurs. Se sentant travaillés et ne pouvant amender leur état,

beaucoup d'entre eux s'en retournèrent en Espagne, les uns pour
se soigner, les autres parce qu'ils y avaient affaire, et gâtèrent
de leur maladie cachée maintes courtisanes; elles, à leur tour,
infectèrent quantité d'hommes qui, allant en Italie guerroyer à
Naples pour le roi don Ferdinand contre les Français, y
apportèrent leur mal. En fin de compte, ils le passèrent aux
Français et, comme ce fut fait tout d'un temps, les Français
crurent le tenir des Italiens et le nommèrent mal napolitain; les
autres le nommèrent mal français, croyant l'avoir pris des Français. Il y eut même des gens pour désigner cette maladie sous le
nom de gale espagnole. » (Francisco Lopez de Gomara, Hist. de
las Indias, p. 174, premier vol. des Hist. primit. de Indias.
Collect. Rivadeneyra, Madrid, 1863).

Voltaire, qui n'avait pas lu Gomara, dresse une généalogie de
la syphilis que nous ont rappelée ces lignes d'un grave historien
(Cf. Candide, chap. IV.)

Page 10, ligne 1. Hidalgo. De *hijo,* fils, *de algo,* de quelque
chose. Personne noble descendant de race et de maison connues,
et, comme telle, exempte des tailles et droits que paient les vilains.
Hidalgo de privilegio, roturier, ayant obtenu pour quelques
services particuliers les priviléges de l'hidalguia. — *Hidalgo
de cuatro Costados,* noble à quatre quartiers.— *Hidalgo de braguela,*
roturier qui par le nombre de ses enfants mâles a obtenu les
priviléges de l'hidalgo. — *Hidalgo de gotera,* noble qui en Castille, dans son village, avait seul le privilége d'avoir une gout-
tière.

Page 10, ligne 3. Vasco Nuñez de Balboa. — Hidalgo, né à
Xerez de Badajoz, vers 1475, passa à Hispaniola, prit part aux
expéditions de Rodrigo de Bastidas et, pour fuir ses créanciers,
se sauva de Santo Domingo dans le navire du Bachelier Enciso
qui allait à l'Isthme de Darien. Ayant acquis, dans cette colonie,
une grande renommée par ses entreprises heureuses et ses qualités personnelles, il contribua à en chasser l'infortuné Nicuesa,
fit arrêter Enciso, l'expédia en Espagne et, resté seul gouverneur du Darien, fit une expédition pour retrouver les temples
d'or de Doboyba. Enfin en 1513, il partit à la recherche d'une

mer, vers le Sud, et, après des travaux inouïs, le mardi 25 septembre 1513, à dix heures du matin, marchant à la tête de sa petite troupe dont faisait partie Francisco Pizarro, le futur conquérant du Pérou, il découvrit l'Océan Pacifique dont il prit possession, au nom de Ferdinand le Catholique et de la reine doña Juana, sa fille, le 29 du même mois, en entrant jusqu'aux genoux dans l'eau du golfe de San-Miguel, l'étendard Royal d'une main, l'épée de l'autre et la rondache au bras. Sur les plaintes de Enciso, il fut remplacé en 1514 par Pedrarias Davila, qui le fit décapiter en 1517, sur la place d'Acla.

Oviedo Lib. XXIX, cap. II.

Page 10, ligne 11. Diego Velazquez de Leon, né vers 1465, à Cuellar (province de Ségovie). Après avoir servi plusieurs années dans les guerres européennes, cet hidalgo, des plus pauvres, accompagna Christophe Colomb à son deuxième voyage en 1493 et s'établit à Hispaniola. Sous le gouvernement d'Ovando, il y rendit de grands services dans les guerres contre Anacaona, la Sémiramis indienne. (V. Oviedo, lib. V, cap. III, p. 154.) En 1509, Velazquez fut chargé par l'amiral don Diego Colomb de conquérir Cuba. Après avoir pacifié cette ile, à l'aide de son lieutenant Panfilo de Narvaez, il en fut nommé Gouverneur, y fonda la Havana, Puerto-Principe, Trinidad et Matanzas et établit le siége du gouvernement à Santiago de Cuba. Par la faveur de Ferdinand le Catholique, il en demeura Gouverneur malgré don Diego Colomb. Mais la monnaie de la pièce qu'il avait faite à l'Amiral, son protecteur, lui fut, selon l'expression d'Oviedo, rendue avec usure par Fernand Cortès. « Il était, dit Herrera, citant les paroles de Las Casas, homme de terrible naturel pour ceux qui le servaient et aidaient, et tel qu'il s'indignait facilement contre eux. » — « Homo probus, opibus, genere et famâ clarus, honoris cupidus, pecuniæ aliquanto cupidior. » (De rebus gestis Ferdinandi Cortesii M. S.) Aussi, entretint-il une haine opiniâtre contre Cortés qui lui avait dérobé la gloire et le profit de la conquête du Mexique. En suite du mauvais succès de l'expédition de Narvaez, Velazquez arma contre son lieutenant une flotte de sept ou huit navires qu'il monta en personne, mais il n'alla pas plus loin que

Yucatan et s'en revint sans avoir touché terre, « con infamia suya », dit Oviedo. Enfin, l'année suivante, 1524, au moment où il se disposait à aller porter à l'Empereur ses plaintes et doléances contre Cortés, « cette résolution définitive et universelle de toute noise, qui est la mort, traversa ses projets et mit fin à sa vie, à ses disputes et même à ses richesses qui avaient été grandes, et ainsi finit l'Adelantado Diego Velazquez. » Telle est l'oraison funèbre que lui consacre le chroniqueur Oviedo (Lib. XVII, cap. xix, page 511). Diego Velazquez est, dit-on, enterré dans la vieille église de Notre-Dame de Dolorès à Santiago de Cuba. Aujourd'hui, sa pierre tombale est ignorée. La pompeuse épitaphe castillane ou latine est effacée. D'ailleurs, l'oubli des morts est grand sur cette terre où le soleil fait la vie si exubérante et si facile.

Vingt-huit ans après la mort du conquérant de Cuba et soixante ans après la découverte de cette île par Christophe Colomb, on pouvait écrire ces terribles paroles : « Era Cuba muy poblada de Indios, agora no hay sino Españoles ». Cuba était fort peuplée d'Indiens, aujourd'hui (1552) il n'y a plus que des Espagnols.

(Gomara. Historia de las Indias, vol. I, page 185, Historiadores primit. de Indias de la coll. Rivadeneyra.)

Page 10, ligne 25. Premiers Indiens vacants. — Bernal Diaz fait ici allusion au système des repartimientos — partage ou répartition des Indiens comme esclaves entre les Conquérants — inauguré par Colomb, aboli par Ysabel et rétabli par Charles-Quint.

Page 11, ligne 6. Pueblo — Ce mot en espagnol a une signification très-large et désigne le hameau le plus intime comme le gros bourg ou la petite ville ; aussi avons-nous presque toujours, dans notre traduction, conservé le mot espagnol, excepté dans les cas de répétition trop fréquente et dans ceux où le mot correspondant en français était clairement indiqué par le sens du texte.

Page 11, ligne 25. Provision de pain cassave qui se fait d'une racine qu'ils nomment Yuca. — Yuca, en français manioc (Manihot utilissima, jatropha Manihot, Linn., — famille des euphorbiacées). La racine de cette plante contient un suc vénéneux. Pour préparer le manioc, ou râpe la racine, on écrase la pulpe ainsi obtenue et on la lave dans plusieurs eaux. Après cette opération, il reste une excellente farine. Les Espagnols nomment pain cassave (en Indien caçabi) cette farine cuite en galettes minces. Voy. Du Tertre. Hist. gen. des Antilles, tome II, page 112.

Page 11, ligne 27. Qui coûtaient en ce temps trois pesos. — « Y pues que los extranjeros no sabrán leyendo aquesto, que peso es el del *castellano* que acá en Indias deçimos un *peso*, digo que un *peso* ó un *castellano* es una misma cantidad, que pesa ocho tomines, é un ducado pesa seys; de manera que el *peso* monta é tiene una quarta parte mas de peso que el ducado. »

(Oviedo, Hist. gen. y nat. Lib. VI, cap. VIII, page 188 et 189, 1er vol. de l'édit. de la Real Academia de la Historia.)

Avant l'adoption du système métrique décimal, les poids usités en Espagne et dans les colonies étaient : la *libra,* valant 460 grammes, se subdivisant en 16 *onzas,* l'*onza* en 8 *dracmas,* la *dracma* en 2 *adarmes,* l'*adarme* en 2 *tomines,* le *tomin* en 12 *granos,* le *grano* équivaut à 0,0499 grammes.

Un *tomin* équivaut donc à 0,5988 grammes.

Le *ducado,* pesant 6 tomines, pesait en grammes. . . . 3,5928

Le *peso de oro* » 8   »   »   » 4,7904

et vaudrait respectivement au prix de l'or aujourd'hui (3 131 fr. 44 le kilog.) fr. 12,34 le *ducado* et le *peso, de oro,* fr. 16,45.

Mais, en tenant compte du *pouvoir* de l'argent, c'est-à-dire de son prix comparé avec celui des différentes marchandises, valeur qui a été calculée pour les différents siècles par Leber, Michel Chevalier, et, pour l'Espagne, par Clemencin (tome VI, Memorias de la Real Academia de la Hist., Madrid 1821), le *peso* ou *castellano* d'or vaudrait aujourd'hui un peu plus de soixante francs de notre monnaie.

Page 12, ligne 2. Armada. — Le mot d'Armada signifie tout armement de terre ou de mer; aujourd'hui il n'est plus employé que dans le sens de flotte. L'invincible Armada l'a naturalisé français.

Page 12, ligne 3. Alaminos. — Ce marin, né à Palos de Moguer, fut le pilote de Colomb dans son dernier voyage. Il guida depuis les expéditions de Juan Ponce de Leon à la Floride, de Francisco Hernandez de Cordova, de Grijalva et de Cortès.

Page 12, ligne 17. La Havana. — L'étymologie du nom de la capitale de l'île de Cuba est le mot indien havana dont les Espagnols ont fait savana et les Français savane, nom des prairies ou terrains herbeux en Amérique.

Page 12, ligne 28. Quint Royal. — La cinquième partie du butin qui, avant tout partage, se prélevait au profit du souverain.

Page 14, ligne 11. Canoa. — Étymologie du mot français canot. Voy. Oviedo. Gomara, passim. Du Tertre, Hist. nat. des Antilles, page 397.

Page 15, ligne 8. Nagua ou enagua. — Ce mot est resté dans la langue espagnole et signifie jupon ou jupe de dessous. L'étroit tablier des Indiennes s'est singulièrement allongé et élargi en acquérant droit de cité, du moins quant au nom, parmi les graves Espagnols.

Page 15, ligne 21. Pointe de Cotoche. — Aujourd'hui le cap Catoche, à l'extrémité nord-est du Yucatan, vis-à-vis le cap San Antonio de Cuba.

Page 16, ligne 9. Tant escopettes qu'espingardes. — Le plus ancien document qui fasse mention d'armes à feu portatives est un inventaire de Bologne à la date de 1397. Elles y sont appelées *scolpos,* dont on a fait plus tard les noms de *sclopeti,* puis *escopettes* (Études sur l'artillerie par M. le colonel Favé, cité dans le cat. du Musée d'artillerie, par Penguilly-L'Haridon.)

L'espingarde était une sorte d'arquebuse ou de couleuvrine à main. Ce mot, qui n'est pas dans le Dict. de la langue franç. de M. Littré, se trouve dans Rabelais sous la forme *espingardine.* Littré donne le mot *espringale* dans le sens de baliste. « Canon ne espringalle ne leur vaudra néant. » — Guesclin. « Et (le château) fit pourvoir moult bien d'espringales, de bombardes, etc. » — Froissart.

Page 16, ligne 14. Escadron. — Ce mot, qui signifie aujourd'hui
division d'un régiment de cavalerie, servait autrefois à désigner
toute espèce de bande comparée à un escadron de guerre. « Ils
n'allèrent guères loing qu'ils ne trouvassent aucuns escadrons de
gens de pied qui... » — M. du Bellay. — « Un escadron de Sorbo-
nistes. » — Sat. Mén., page 195. — Voy. Littré, Dict. de la langue
franç., p. 1484.

Page 16, ligne 20. Armures de coton. — La cuirasse de coton
piqué se nommait au Mexique *escaupil.* — « Les armes de guerre
défensives sont des espèces de plastrons semblables à des pourpoints, faits et rembourrés en coton, ils sont de l'épaisseur d'un ou
deux doigts et très-forts. » (Relation d'un gentilhomme, trad. par
Ternaux Compans. Relations et mémoires sur l'Amérique, tome X,
p. 56.)

Oviedo prétend qu'au Yucatan ce n'était pas des cuirasses que
portaient les guerriers indiens. Voici la traduction du curieux
passage de l'historien des Indes : « Ils portaient des bandes ou
lisières de coton qui faisaient plusieurs fois le tour de leur corps.
Ces bandes larges d'une main étaient, une fois tordues, de la grosseur du pouce et leur tournaient vingt ou trente fois autour des
reins ; de cette ceinture pend un bout avec lequel ils couvrent leur
vergogne, de telle sorte que, le détachant, ils peuvent facilement
uriner ou soulager leur ventre, parce que ce bout, qui leur sert
de braguette, leur part du dos, passe entre les jambes et vient
s'attacher à quelqu'un des tours de la ceinture sur le ventre. Les
chrétiens pensaient qu'ils portaient ces bandes comme cuirasses
ou armes défensives, mais c'est leur costume habituel. Les jeunes
gentilshommes indiens font faire encore un plus grand nombre de
tours à cette ceinture. Il est vrai que, dans le combat, ils préfére-
raient voir les flèches venir frapper là-dessus plutôt qu'en quelque
autre endroit de la personne, car ils ont tout le reste du corps nu.
(Oviedo, Hist. gen. y nat. de Indias. Lib. XVII, cap. xi, page 512
et 513, 1re partie. Édit. de la Real Academia de la Historia,
Madrid, 1851.)

Page 17, ligne 1. C'était des temples. — Bernal Diaz les nomme
des *Cues.* Ce nom provient probablement des îles ou de l'Isthme de

Darien. — « Un pueblo nommé Mochi, composé d'environ cent bonnes maisons et de nombreux *qües* qui sont temples, oratoires de pierre fort bien taillée. (Oviedo, 2ª parte, lib. XXXII, cap. II, page 227, édit. acad. hist., Madrid.) — Au Mexique ces temples se nommaient *Teocallis,* maisons de Dieu.

Page 17, ligne 6. Faire des sodomies. — « On ne peut pas dire d'eux (les Indiens) : *l'homme ne doit point séparer ceux que Dieu unit.* Car c'est bien plutôt le Diable qui les unit, selon la forme qu'ils gardent en cela..... Ce que j'en ai dit est fort public, tant pour ces iles et les iles voisines que pour la Terre-Ferme, où quantité d'Indiens et d'Indiennes étaient sodomites, comme on le sait. Et voyez en quelle estime ils tiennent un tel péché : car, de même que d'autres gens ont coutume de se mettre au col des joyaux d'or et de précieuses pierres, ainsi, en quelques endroits de ces Indes, se plaisaient-ils à porter pour bijoux *un hombre sobre otro,* dans ce diabolique et damnable acte de Sodome, tous deux d'or et en relief. J'ai vu un de ces bijoux du Diable, pesant vingt pesos d'or, non massif et d'un bon travail. On l'eut dans le port de Santa-Marta, sur la côte de Terre-Ferme, l'an mil cinq cent et quatorze, lorsqu'y vint toucher l'Armada que le Roi Catholique envoya avec Pedrarias Davila, son Capitaine Général, à la Castille d'Or. Et tout l'or pris là ayant été apporté pêle-mêle pour être fondu devant moi, comme Officier Royal et Contrôleur des fonderies d'or, je brisai cette pièce avec un marteau et la broyai de mes mains sur un *tas* ou enclume, dans la maison de la fonderie, en la ville de Darien...
Revenons à ce péché abominable contre nature. Il était fort usité parmi les Indiens de cette ile (Hispaniola), mais en horreur aux femmes, par intérêt bien plus que par scrupule de conscience. »
(Oviedo, lib. V, cap. III, pages 133 et 134. Édit. de la Real Acad. de la Hist., Madrid, 1851.)

Page 20, ligne 29. Copal. — Résine. — Vateria indica.

Page 22, ligne 9. Xaguey ou *Jaguey.* — « Et là, on prit toute l'eau nécessaire aux navires dans certains xagueys qui sont petites mares faites à la main. » — (Oviedo, lib. XVIII, cap. X, p. 508. — Acad, Hist.)

« Ce terrain (de San Juan de Nicaragua) a une faculté d'absorption tellement rapide, que même après une pluie torrentielle les rues sont instantanément sèches et toujours très-propres. Sous la surface, le sable est tellement imprégné d'eau, que les habitants se procurent l'eau nécessaire aux usages domestiques au moyen de tonneaux enfoncés en terre et qui deviennent pour eux des fontaines inépuisables. C'est également à l'aide de ce moyen élémentaire qu'on obtient l'eau potable. » — A travers l'Amérique, par Julius Fræbel, tome I, page 207. Paris, 1861. Lacroix et Jung-Treuttel.

A Carthagène des Indes, lorsque les citernes sont épuisées, les habitants se procurent de l'eau potable de la même manière, en creusant le sable de l'île qui s'étend entre Boca-Chica et Boca-Grande, en face de la ville.

Ce mot indien de xaguey a dans l'île de Cuba un sens tout différent, et désigne le Ficus radula (Xaguey macho), arbre dont l'écorce sert aux Indiens à faire des cordes. Il y a encore à Santiago de Cuba, derrière le théâtre, une rue del Jaguey. D'après la tradition locale, il y avait autrefois dans l'emplacement de cette rue un grand jaguey qui ombrageait un puits naturel. Il est possible que les Espagnols aient transporté au puits le nom de l'arbre.

Page 22, ligne 22. Cultures de maïs. — Maïs, du haïtien *mahiz.* — Hernandez, de Historiâ Plantarum Novæ Hispaniæ. Madrid, 1790.

Page 22, ligne 24. Champoton. — Ce nom a donné lieu à de singulières confusions de la part de tous les chroniqueurs qui, comme Bernal Diaz, écrivent tantôt Champoton et tantôt Potonchan. Le chapelain de Grijalva est le seul qui n'ait désigné ce point que sous son véritable nom de Champoton. (Itinéraire de l'île de Yucatan, traduit par Ternaux Compans, au tome X de ses relations et mémoires sur l'Amérique. — Voyez aussi l'atlas américain de Colton où le rio et le pueblo de Champoton sont encore marqués aujourd'hui.)

Page 23, ligne 1. Au milieu de ces estancias. — Établissement rural d'Amérique, affecté généralement à la culture des grains et

des légumes et à l'élève du bétail. Ce mot est dans Littré. Voy.
Dict. de la langue franç., page 1502.

Page 23, ligne 7. Épées. — Les Indiens fabriquaient leurs épées
en encastrant dans une lame de bois un tranchant de silex ou
d'obsidienne (itzli). Prescott, Conquête du Mexique, tome I,
pages 60 et 333. — « Voici comme ils font leurs épées : ils commencent par fabriquer une épée de bois, comme nos épées à deux
mains, à cela près que la poignée, qui n'est pas aussi longue que
les nôtres, est grosse de trois doigts; ils pratiquent une rainure à
l'endroit tranchant; ils y introduisent une pierre dure qui coupe
aussi bien qu'une lame de Tolède. » (Relation abrégée sur la
Nouvelle-Espagne, par un gentilhomme de la suite de Fernand
Cortès. — Voyages, relations et mémoires, par Ternaux-Compans. — Recueil de pièces relatives à la conquête du Mexique,
page 59.)

Page 26, ligne 29. Baie de Mala-Pelea. — Mauvaise bataille.

Page 29, lignes 2 et 3. El estero de los Lagartos. — L'estuaire
des lézards. C'est ainsi que les premiers Conquistadors nommaient
les caïmans.

Page 29, ligne 26. Juan Ponce de Leon. — Homme de bien et
hidalgo, dit Oviedo, né à Leon. Après avoir été, en Espagne, page
de don Pero Nuñez de Guzman, gouverneur du sérénissime Infant
don Ferdinand qui fut depuis roi des Romains, il fit l'apprentissage
des armes contre les Mores de Grenade et passa aux Indes avec
Christophe Colomb, lors de son second voyage, en 1493. Son expérience et son habileté militaires le firent choisir par Ovando pour
conquérir et gouverner la province d'Higuey à Santo-Domingo
(Hispaniola), Fué gentil soldado, dit Gomara (Hist. de las
Indias, p. 181.) En 1508, ayant visité l'île de Boriquen, aujour-
d'hui San-Juan de Puerto-Rico, il en obtint le gouvernement en
1509, malgré l'opposition de l'amiral don Diego Colomb qui avait
remplacé Ovando dans le gouvernement d'Hispaniola. Juan Ponce
fonda Caparra et soumit les naturels après une défense opiniâtre.
En 1512, sur le rapport de quelques Indiens, le vieil aventurier,
que hantaient de grands projets, résolut de partir à la recherche

d'une nouvelle fontaine de Jouvence qui coulait, disait-on, dans
l'île de Bimini, l'une des Bahamas. Le 3 mars 1512, Juan Ponce
sortit du port de San-German, de Puerto Rico, avec trois caravelles, et visita minutieusement l'archipel des Bahamas. Il but
l'eau de toutes les sources, de toutes les rivières, de tous les lacs
et même celle des mares saumâtres de l'île Turque, sans se rajeunir
d'un seul jour. (W. Irwing, Hist. des Compagnons de Colomb,
p. 30, 2e vol.) Enfin, le dimanche des Rameaux (Pascua Florida)
de la même année, il découvrit une terre verdoyante et fleurie
qu'il nomma la Floride. Il essaya vainement d'y débarquer, partout
il fut repoussé par des sauvages d'une stature et d'une férocité
extraordinaires. Le 14 juin il vira vers Puerto-Rico et, tout en continuant de chercher l'île de Bimini, découvrit l'île des Tortugas.

   A son retour en Espagne il fut bien accueilli par Ferdinand le
Catholique et nommé Adelantado de Bimini, et Gouverneur de la
Floride. En 1514, le Roi le mit à la tête d'une Armada de trois
vaisseaux et lui donna la commission d'aller dévaster les îles des
Caraïbes. Il partit de Séville en janvier 1515, débarqua à la Gua-
deloupe et fut battu par les Indiens. Humilié et malade, il rentra
dans son gouvernement de Puerto-Rico où il demeura jusqu'en
1521. Ayant alors tenté une nouvelle exploration de la Floride, il
fut grièvement blessé d'un coup de flèche à la cuisse et revint mou
rir à Cuba. L'épitaphe que voici fut gravée sur son tombeau :

   Mole sub hâc fortis requiescunt ossa Leonis
   Qui vicit factis nomina magna suis.

   Le licencié Juan de Castellanos a paraphrasé ainsi ce dis-
tique :

   Aqueste lugar estrecho
   Es sepulcro del Varon,
   Que en el nombre fué Leon,
   I mucho mas en el hecho.

   « Ce lieu étroit est le tombeau de l'homme qui fut Lion (Leon)
de nom et encore plus de fait. »

L'existence de la fabuleuse fontaine de Bimini fut affirmée non pas seulement par les simples Indiens, mais aussi par un des hommes les plus savants de cette époque. (Voy. Pierre Martyr de Angleria, déc. II, cap. x.) Il est vrai qu'Oviedo dit, en parlant de cette source qui rendait aux vieillards la jeunesse : « J'ai bien souvent vu (sans avoir besoin de la fontaine) les hommes se métamorphoser de telle sorte, par l'affaiblissement de leur virilité, qu'ils redevenaient des enfants de peu de cervelle. Juan Ponce fut un de ceux-là. »

(Oviedo, Hist. gen, y nat. de Indias, lib. XVI, cap. XIII, page 486, 1er volume.)

Page 35, ligne 16. Yucatan. — Gomara donne une autre étymologie que Bernal Diaz : « Un peu plus loin, ils rencontrèrent des hommes qui, interrogés sur le nom d'un grand pueblo qu'il y avait là tout proche, répondirent : Tectecan, Tectecan, ce qui veut dire : je ne te comprends pas. »

(Gomara, Historia de las Indias, page 185, col. hist. primit. Rivadeneyra, 1 vol.)

M. Waldeck, dans son *Voyage pittoresque,* a trouvé une nouvelle étymologie dans le mot indien *ouyouckatan,* écoutez ce qu'ils disent. (Prescott, Conquête du Mexique, 1er vol., page 175, note 8.)

Page 37, ligne 14. Parmi les ceborucos. — Récifs madréporiques connus aussi à l'île de Cuba sous le nom de *mucarales.* La description qu'en fait Bernal Diaz est très-exacte.

A la Havane, on prend les bains de mer dans de vastes piscines de *mucarales* taillés et creusés qui communiquent avec la mer par d'étroits canaux. Le choc des lames y renouvelle l'eau salée. De nombreux requins rôdent le long de cette barrière de madrépores qui doit singulièrement irriter leur gloutonnerie proverbiale.

Page 38, ligne 9. Que l'on nomme bejuco. — Nom générique des lianes parmi les Indiens. Il y a un proverbe cubain qui dit : « Donde nace el Indio, crece el bejuco. » — Là où naît l'Indien, croît la liane. Ce *refran,* pour les Espagnols, signifie que l'Indien a besoin, pour travailler, d'être stimulé à coups de bejuco.

Page 38, ligne 14. Padre Fray Bartolomé de Las Casas. — Ce
célèbre Religieux naquit à Séville en 1474. Antoine, son père, fut
un de ceux qui accompagnèrent Christophe Colomb à la découverte de l'Amérique. Bartolomé, ayant achevé ses études de phi-
losophie et de théologie et obtenu ses degrés de licencié dans
la ville de Séville, quitta l'Espagne avec son père, le 30 mai 1498,
âgé de 24 ans; il rentra à Cadix le 25 novembre 1500. Le
9 mai 1502, il s'embarqua, pour la seconde fois, avec Christophe
Colomb et arriva à Santo-Domingo le 29 juin suivant. En 1510,
le jeune licencié reçut l'ordre de la prêtrise du premier Evêque
de l'île espagnole et dit, selon Herrera (1er Déc., lib. VII,
cap, XII), la première messe haute chantée par un prêtre ordonné
dans les Indes. L'Amiral y assista en grande dévotion, ainsi que
nombre d'habitants de la Vega qui s'étaient rassemblés pour la
fonte de l'or. Faute du coin Royal, les habitants fabriquèrent des
castillans d'or, qu'ils offrirent au célébrant et à son parrain.
« Cette première messe, ajoute Herrera, eut une particularité
remarquable : c'est que les prêtres à simple tonsure qui y assistèrent ne bénissaient point. La raison de cela est qu'il ne s'y but
pas une seule goutte de vin, parce qu'il ne s'en trouva point dans
toute l'île. » (Herrera, trad. par N. de la Coste, Paris, 1660.)
Cette même année, les Dominicains envoyés dans l'île commencèrent à prêcher contre les mauvais traitements infligés aux
Indiens. Las Casas se joignit à eux. Quelque temps après,
don Bartolomé passa à l'île de Cuba en qualité de curé du pueblo
de Yaguarama dont parle Bernal Diaz. Nommé en 1512, par
Velazquez, aux fonctions de Consulteur près de Juan de Grijalva,
lieutenant-gouverneur de l'île, Las Casas se constitua le défenseur
des naturels; en 1513, il parcourut, avec Narvaez, les provinces
de Bayamo, Cueyba, Caonao et Camaguey, pacifiant et protégeant
les Indiens; il acquit ainsi l'affection de ces malheureux et la
haine de leurs tyrans. En 1515, il revint en Espagne, pour faire
à Ferdinand V de vives représentations contre le régime des *repartimientos*. Il rencontra le Roi à Plasencia, mais Ferdinand mourut
à Madrigalejos le 23 janvier 1516. Grâce à la faveur des cardinaux Ximenès et Adrien, Las Casas, nommé Protecteur Univer-
sel des Indiens, fut envoyé aux Indes ainsi que trois religieux
Hiéronymites et le licencié Zuazo, avec mission de faire rendre

la liberté aux Indiens esclaves. En décembre 1516, il arriva à Hispaniola pour la troisième fois, mais il n'y fit qu'un court séjour. Les Hiéronymites n'ayant pas osé abolir les Commanderies, il revint en Europe en mai 1517, pour porter plainte contre les Religieux dont il s'était fait des ennemis par son zèle emporté et qui l'avaient contraint à s'éloigner de Santo-Domingo. Il trouva, en arrivant en Espagne, le royaume gouverné par les Flamands. Le cardinal Ximenès, Charles-Quint et son conseiller Jean de Selvagio, entendirent ses doléances, malgré l'opposition de l'envoyé des frères Hiéronymites, Bernardin de Manzanedo, du grand Notaire des Indes, Lope de Conchillos, et de l'Evêque Fonseca. Il fut résolu, d'après le conseil de don Bartolomé, d'envoyer aux Indes des laboureurs castillans et des noirs esclaves. De là, le grave reproche qui a été fait à Las Casas d'avoir introduit le commerce des nègres en Amérique. Il faut dire à sa décharge que, dès l'an 1500, sous le gouvernement d'Ovando, l'autorisation d'importer des nègres d'Espagne avait été accordée. Toutefois, la mémoire de Las Casas n'est pas entièrement nette de cette tache ; il confesse lui-même, dans son Histoire des Indes, le cruel regret que lui causait l'avis qu'il avait donné en cette occasion par une erreur d'humanité, car, écrit-il, « la même règle morale s'applique aux nègres comme aux Indiens. »

Pour mettre à profit le bon vouloir du Conseil, il sollicita et obtint la concession d'un vaste territoire (400 lieues de côte jusqu'à Sainte-Marthe) qu'il espérait coloniser. Avec cinquante Dominicains et deux cents laboureurs emmenés d'Antequera et d'autres points d'Andalousie, il partit en 1520, débarqua à Santo-Domingo, d'où il fit voile dans le mois de juin 1521 pour la Terre-Ferme. Il tenta vainement de fonder un établissement à Toledo, puis à l'embouchure du rio de Cumana; les Indiens, exaspérés de la férocité espagnole, qu'ils connaissaient déjà par Ojeda et Ocampo, se révoltèrent; les laboureurs européens se dispersèrent, et Las Casas, désespéré, revint à Santo-Domingo s'enfermer dans le couvent des religieux dominicains dont il prit l'habit. Dans ce couvent, il commença en 1527 son Historia de las Indias, puis il repartit prêcher l'évangile aux Indiens de Nicaragua et de Guatemala, fit un voyage au Pérou, un autre en Espagne, et retourna pour la sixième fois en Amérique en 1537, auprès d'Antonio de Mendoza, vice-roi du Mexique, qu'il poussa à l'expédition de Cibola. En 1539 il rentrait en Espagne où, en attendant Charles-Quint qui était hors du royaume, il composa plusieurs traités en faveur des Indiens, entre autres sa « *Brevissima relacion de la destruycion de las Indias.* » Il la lut en 1542 devant l'Empereur et son Conseil. L'impression que Charles-Quint en reçut fut telle, qu'elle décida la promulgation des ordonnances de 1543. L'Empereur offrit alors au vénérable évangéliste l'Évêché de Cuzco qu'il ne voulut pas accepter, mais il ne put refuser en 1544 celui de Chiapa ; il avait alors soixante-dix ans.

Il fit son septième et dernier voyage en Amérique en 1544, mais, fort mal reçu par les Conquérants établis dans son diocèse, après trois ans d'ennuis et de déboires, il donna sa démission et rentra en Espagne (1547), pour répondre aux accusations qui avaient été portées contre lui devant le Conseil des Indes. Il comparut devant le Conseil, lut son *Apologie* et formula ses *Trente Propositions,* lors de sa fameuse controverse avec Juan Ginès de Sepulveda, aumônier et premier historiographe du Roi. Retiré dans un couvent de son ordre, il employa ses dernières années à travailler par ses écrits au soulagement de ses misérables enfants indiens. Enfin, en 1566, Fray Bartolomé de Las Casas, protecteur et défenseur des Indiens, mourut à Madrid, à l'âge de quatre-vingt-douze ans.

Las Casas a laissé de nombreux ouvrages, tant imprimés que manuscrits. Avec un noble courage, il a fait dans son *Historia de las Indias,* et surtout dans sa Relation abrégée de la destruction des Indes (Séville 1552), un formidable tableau des rapines et des cruautés des Conquérants. Aussi l'historien de Guatemala, descendant de notre Bernal Diaz, dit de lui : « Que escribia con sangre : qu'il écrivait avec du sang. » Le marquis de la Fuensanta a édité, en 1875-76 (Madrid, Ginesta), les quatre premiers tomes de la *Historia de las Indias.* Llorente a publié en français, en 1822, deux volumes contenant une faible partie des écrits de cet homme si opiniâtrement apostolique.

Page 39, ligne 20. Envoyer une Armada. — Oviedo a conservé les noms des navires de la flotte de Grijalva. La Nef Capitane se nommait le *San-Sebastian*, et, des trois autres caravelles, l'une portait ce même nom de *San-Sebastian*, les deux autres étaient la *Trinidad* et la *Santa-Maria de los Remedios*. — (Oviedo, lib. XVII, cap. VIII, p. 503.)

Page 41, ligne 5. Veedor. — Contrôleur.

Page 41, ligne 6. Un clerc qui se nommait Juan Diaz. — Ce Juan Diaz est l'auteur de l'exécrable relation connue sous le nom de *Itinéraire de l'Ile de Yucatan* et publiée au tome X des relations et mémoires sur l'Amérique, par Ternaux-Compans. L'original espagnol est perdu; la traduction de Ternaux-Compans a été faite sur une version italienne, insérée à la fin de l'*Itinerario de Ludovico de Varthema*, Venezia, 1522, in-8°.

Juan Diaz était un prêtre brouillon et insoumis. Dans sa relation, il attaque violemment Grijalva. Son insubordination ne lui réussit pas avec Cortés qui, plus énergique que Grijalva, voulait le faire pendre, comme son complice Escudero. Mais il était d'église, et Cortés se contenta de lui faire peur. Cf. Bernal Diaz cap. LVII.

Page 41, ligne 21. Adelantado. — Titre qui se donnait en Amérique au Cavalier qui avait avancé la domination espagnole par quelque découverte importante. Las Casas en a donné cette définition satirique : « Adelantados, porque se adelantaban en hazer males y daños tan gravisimos á gentes pacificas. — Avancés, parce qu'ils s'avançaient en malfaisant fort au détriment de gens paisibles. » — (Las Casas, *Hist. de las Indias*, lib. III, cap. 118, Madrid, 1876, t. IV.)

Page 43, ligne 24. L'île de Cozumel. — Corruption du nom indien Acuzamil ou Cuzamil. — L'île des Hirondelles. — (Cogolludo, lib. I, cap. III).

Page 45, ligne 10. Des bandes de porcs du pays. — Ces porcs sont des pécaris (genre dicotyles) et le nombril que Bernal Diaz a cru leur voir sur l'épine du dos est une glande dorsale qui secrète une liqueur infecte.

Page 47, ligne 4. Cobaco. — Il nous a été impossible de trouver la signification de ce mot.

Page 49, ligne 1. Et des cornes de cerf. — Cervus mexicanus.

Page 51, ligne 19. Diamants bleus. — Diamantes açules que son unos cañutos de vidro quadrados, del gordor de una peñola de escrebir. — Diamants bleus qui sont des cannetilles de verre taillé, de la grosseur d'une plume à écrire. — Oviedo, lib. XVII, cap. XIII, p. 520.

Page 51, ligne 21. Chalchihuites. — Ce sont, comme Bernal Diaz l'explique plus loin, des pierres vertes que les Indiens estimaient à un haut prix et que les Conquérants crurent faussement être des émeraudes. — Voyez Sahagun, Historia de Nueva-Espana, lib. II, cap. VIII.

Page 54, ligne 16. Rio de Fenole. — Il y a certainement une faute d'impression dans le texte, il faut lire Tonala et non Fenole. — Voyez p. 66, lignes 18 et 23.

Page 54, ligne 20. Rio de Guazacualco, aujourd'hui le Rio Coatzacoalcos. Voyez l'atlas de Colton.

Page 55, ligne 9. Qui en indien s'appelle Papalahuna. — C'est le Papaloapan de Gomara.

Page 56, ligne 8. Lequel prince se nommait Montezuma. — Bernal Diaz est le seul, avec Oviedo, des écrivains contemporains de la Conquête, qui ait donné au monarque Mexicain ce nom qui a été universellement adopté. Cortès, dans ses *Cartas de Relacion,* le nomme Muteczuma, Gomara, Moteczuma. Son véritable nom est Moctheuzoma ou Mocthecuzoma, qui signifie homme triste ou sévère.

Page 56, ligne 18. Étoffes de nequien qui est une sorte de lin. — L'écriture peinte des Mexicains se traçait soit sur des toiles de coton, soit sur des peaux apprêtées, soit sur une sorte de papyrus que fournissaient les feuilles de l'aloès. (Agave Americana, en

indien, maguey. — Voyez Lorenzana (Historia de Nueva España.)
Pierre Martyr (De orbe novo); — Humboldt (Vues des Cordil-
lères, p. 52), — et Prescott (Conquête du Mexique, 1er vol. p. 88).

Page 57, ligne 26. Volailles du pays. — Bernal Diaz veut sans
doute désigner par ces mots les dindons que tous les autres
chroniqueurs nomment gallipavos (coqs-paons). — « Ils ont un
grand nombre de poules semblables à des paons, et qui ont très-
bon goût. » (Relation d'un gentilhomme, p. 69, ap. Ternaux-
Compans.) — Les Mexicains élevaient aussi dans leurs basses-cours
des hoccos, des canards, des faisans, des poules d'eau et des aras
comestibles. (Humboldt, Essai polit., tome III, p. 62).

Page 57, ligne 28. Ananas, zapotes, mameyes. Bromelia ananas,
sapota achras, sapota mammosa. — (Voyez Oviedo, lib. VIII;
Acosta, lib IV, cap. XXIV et XXV. Humboldt, Essai polit. sur la
Nouvelle-Espagne, passim).

Page 58, ligne 22. Gonzalo Hernandez de Oviedo. — Origi-
naire de la vallée de Valdès, dans les Asturies d'Oviedo, Gonzalo
Hernandez naquit à Madrid au mois d'août 1478. Son père avait
été secrétaire du roi Enrique IV. Le jeune Gonzalo fut élevé
dans la maison du duc de Villahermosa, école de Minerve et de
Mars, dit-il à bon droit, si l'on en juge par lui-même. A treize
ans, Gonzalo Hernandez, par la protection du duc, entra chez
le prince don Juan, fils de Ferdinand et d'Isabelle, en qualité
de valet de chambre. Le prince était du même âge que lui.
Gonzalo suivit son jeune maître au siége de Grenade où, dans
l'automne de 1490, don Juan fut armé chevalier par Ferdinand,
sous les murs de la capitale des Mores. Durant ce siége mémo-
rable, Oviedo connut Christophe Colomb, obscur marin dont les
projets étaient la risée de toute la Cour. Le jeune courtisan
s'intéressa à ses efforts et l'accompagna de ses vœux lorsque,
après la reddition de Grenade, il partit de l'île de Saltes, le
3 août 1492, pour découvrir le Nouveau-Monde. Au mois
d'avril 1493, le pauvre marin rentrait triomphalement à Barcelone. Le prince don Juan reçut dans sa maison les deux
fils de Colomb, Diego et Fernando, avec lesquels Gonzalo se lia

étroitement. Le futur historien des Indes tira de précieux rensei-
gnements de Colomb, des Pinzon et surtout de Vicente, son
correspondant et son ami. Il connut aussi à Barcelone don
Frey Nicolas de Ovando, commandeur de Lares, qui fut depuis
(1502) gouverneur de l'île Espagnole.

En 1496, le mariage de don Juan et de doña Margarita,
sœur de l'Archiduc d'Autriche, fut décidé : Oviedo fut alors
chargé de la garde et des clefs de la chambre du prince. En 1497,
la princesse débarqua à Santander, don Juan la vit à Reinosa et
le mariage fut célébré à Burgos dans les premiers jours d'avril.
Le 4 octobre de la même année, don Juan, après treize jours
de fièvre, mourut à Salamanque. Il avait dix-neuf ans. Le désespoir de ses domestiques fut grand : il y en eut qui moururent de
chagrin, d'autres se firent moines ou quittèrent l'Espagne. Gonzalo Hernandez suivit ce dernier parti. Il gagna l'Italie et y
vécut tantôt en soldat, tantôt en voyageur, poursuivant le but de
ses désirs qui était, dit-il, d'approcher des hommes illustres et
bons de son temps. Il connut et pratiqua Léonard de Vinci,
Michel-Ange, Titien, Raphaël d'Urbin, Pontanus et Sannazar.
Après trois ans passés, soit dans les armées espagnoles, soit au
service du duc de Milan, soit dans le palais du marquis François
de Gonzague, lors du grand Jubilé de 1500, il alla à Rome pour
y gagner des indulgences. Après le Carême, il suivit la route de
Naples où il entra au service du roi don Fadrique. L'année suivante, ce malheureux prince, après avoir vu son royaume par-
tagé entre les Espagnols et les Français, fit de touchants adieux
à ses serviteurs et légua Oviedo à la reine doña Juana, sa sœur,
qui passait en Sicile (1501). Il y resta dix mois, durant
lesquels il se lia avec le Grand Capitaine Gonzalve de Cordoue.
Il accompagna ensuite doña Juana à Valence, où il quitta son
service et rentra à Madrid. Il s'y maria avec Margarita de Ver-
gara, une des plus belles femmes du Royaume de Tolède, dit-il.
Dix mois plus tard, elle mourait en couches. Gonzalo Hernandez,
désespéré, rentra dans l'armée et fit la campagne de Roussillon,
en 1503. Ferdinand, qui s'intéressait à l'ancien domestique de son
fils, le fit entrer au service du duc de Calabre, fils de don Fadrique,
et, en 1505, après la mort d'Isabelle, lui confia le soin d'écrire

l'histoire des rois d'Espagne. Il s'y employa. Après la bataille de Ravenne (1512), Ferdinand songea à renvoyer en Italie le Grand Capitaine depuis longtemps éloigné des armées. Gonzalve de Cordoue choisit comme secrétaire Oviedo qui, pour le suivre, vendit ses biens et fit de grandes dépenses, tant en armes qu'en chevaux. Peu de mois après, le Grand Capitaine, de nouveau disgracié, se retirait à Loxa. Oviedo était ruiné.

Ferdinand préparait alors la magnifique Armada que devait commander Pedrarias Davila. Gonzalo Hernandez résolut d'aller tenter l'aventure au Nouveau-Monde et partit pour Séville. La fortune l'y attendait. Le Contrôleur des fonderies d'or de Terre-Ferme, don Juan de Queicedo, venait de mourir. Ferdinand le remplaça par Oviedo qui, le 11 avril 1514, partit de San-Lucar. L'Armada de Pedrarias était composée de vingt nefs ou caravelles; l'une d'entre elles emportait aussi vers le Nouveau-Monde, parmi les plus jeunes soldats, Bernal Diaz, le futur chroniqueur de la conquête du Mexique. Oviedo avait alors trente-six ans.

Après une heureuse traversée, l'Armada aborda le 12 juin à Sainte-Marthe, où commençait le gouvernement de la Castille d'Or. Pedrarias fit descendre à terre une partie de ses gens et chargea le Contrôleur Oviedo, qui était aussi Notaire Général, de prendre possession de la terre et de lire aux Indiens la sommation Royale. Ceux-ci l'accueillirent à coups de flèches. Après la bataille, Gonzalo Hernandez dit à Pedrarias : « Il me semble, Monsieur, que les Indiens ne veulent pas écouter la théologie de cette sommation. D'ailleurs, vous n'avez personne pour la leur faire comprendre; il faut que Votre Grâce veuille bien attendre d'avoir quelque Indien en cage, qui aura tout le loisir de l'étudier et d'ouïr les explications du seigneur Évêque. » Le Gouverneur, peu satisfait de cette leçon, remonta à son bord. L'Armada entra le 30 juin dans le golfe d'Uraba et mouilla le lendemain dans le port de Santa-Maria-del-Antigua où Pedrarias fut reçu et mis en possession de son gouvernement, par l'illustre Vasco Nuñez de Balboa qu'il venait remplacer. Au bout de peu de mois, l'avarice et la cruauté du nouveau Gouverneur le firent exécrer. Son imprévoyance amena la famine et la plupart de ses compagnons l'abandonnèrent. Ce fut alors que Bernal Diaz quitta le Darien.

Oviedo, indigné, résolut de retourner en Espagne pour aviser le Roi et vivre, dit-il, dans une terre où sa conscience et sa vie pussent être en sûreté. Malgré l'opposition de Pedrarias, en octobre 1515, il quitta la Terre-Ferme, emportant de précieuses notes qu'il devait enrichir encore. Arrivé à Séville dans les premiers jours de décembre, il s'achemina à Plasencia où se tenait le Roi Catholique. Après lui avoir offert de la part de Miguel de Pasamonte, trésorier de Santo-Domingo, un présent d'Indiens, de sucre, de casse et de perroquets, le Contrôleur exposa le but de son voyage. Ferdinand l'entendit volontiers. Mais à Madrid, où Gonzalo Hernandez était allé voir sa famille (il s'était remarié), il apprit coup sur coup la mort du Grand Capitaine et celle de Ferdinand (23 janvier).

Oviedo, sans perdre courage, s'embarqua immédiatement pour les Flandres où demeurait don Carlos, qui fut depuis Charles-Quint. Rejeté deux fois par la tempête sur les côtes d'Espagne, il reprit intrépidement la mer, naufragea sur les Sorlingues, où il mena, dit-il, une vie pire que celle des Indes, traversa l'Angleterre, toucha barre à Calais et arriva enfin, vers le milieu d'août, à Bruxelles. Charles-Quint le reçut à merveille, mais il ne décida rien et le renvoya aux cardinaux Ximenès de Cisneros et Adrien d'Utrecht. Gonzalo Hernandez rentra en Espagne, vit les Cardinaux et n'en put même pas tirer une indemnité pour les dépenses de son voyage. Il était complétement découragé, quand, en 1517, Charles-Quint vint en Espagne. Ximenès, disgracié, mourut. En 1519, Oviedo rencontra à Barcelone, où il sollicitait, Fray Bartolomé de Las Casas. Leurs opinions sur les Indiens, exposées devant le Royal Conseil, furent diamétralement opposées; Las Casas en conserva une rancune éternelle. A la fin de 1519, Gonzalo Hernandez eut le plaisir de voir son ennemi Pedrarias remplacé dans son Gouvernement par Lope de Sosa. Il fut lui-même nommé Regidor perpétuel de Santa-Maria-del-Antigua et Notaire Général, avec ordre à tous les Gouverneurs et Adelantados de lui fournir des notes pour son *Histoire Générale des Indes,* qu'il avait déjà commencée. Il fut également chargé de recevoir les comptes et de recouvrer les biens de Balboa à qui Pedrarias venait de faire trancher la tête.

Il s'embarqua aussitôt, sans parvenir à rejoindre Lope de
Sosa. En arrivant, le 24 juin, au port de San-Juan, il apprit la
mort de ce Gouverneur. A cette nouvelle, il fut sur le point de
repartir pour l'Espagne; la honte seule le retint. Pedrarias le
reçut pourtant à merveille, mais peu de mois après il lui porta
un coup sensible en transférant la capitale à Panama. Oviedo
était Regidor de Santa-Maria-del-Antigua : sa place était réduite
à rien. Alors commença une lutte acharnée entre Pedrarias et
Gonzalo Hernandez. Les employés de l'administration et le clergé,
créatures du Gouverneur, haïssaient Oviedo, car il était d'une
morale sévère et d'une probité rigoureuse. Tout l'accablait. Sa
femme, saisie par la terrible fièvre des côtes, mourut en quelques jours. Enfin, ses ennemis tentèrent de l'assassiner; il fut
grièvement blessé d'un coup de poignard qui, le frappant derrière
l'oreille, lui fendit la joue et lui brisa les os de la mâchoire. On le
crut mort. Il guérit, et, après l'exécution de Simon Bernal, son
assassin, il put voir sur la place d'Acla le pied et la main de ce
traître fichés sur le même pieu où avait été exposée la tête du
grand Balboa. Las de tant de persécutions et de malheurs,
Oviedo s'embarqua le 3 juillet 1523, sous le prétexte d'aller à
Nombre de Dios, et, trompant la surveillance de Pedrarias, vint
aborder à Santiago de Cuba. Il y retrouva son compagnon d'enfance, l'amiral don Diego Colomb, qui lui offrit une place à bord
de sa caravelle. De Séville, où il prit terre après une rude traversée, il alla joindre le conseil des Indes à Vitoria; Charles-Quint
y reçut ses dépositions. Il suivit la Cour à Burgos et à Valladolid, travaillant toujours contre Pedrarias que défendait vaillamment doña Ysabel de Bobadilla, sa femme. Oviedo reçut dans
cette ville la récompense de ses longs services et fut nommé
Gouverneur et Capitaine Général de Carthagène des Indes. Mais il
ne voulut pas quitter la Cour sans avoir renversé Pedrarias. En
avril 1525, au moment de la bataille de Pavie, il était à Madrid
et vit arriver François Ier, prisonnier. Il a écrit une curieuse
relation de la captivité du roi de France. Enfin, pendant les Cortès tenues à Tolède, il parvint au but de ses désirs; Pedrarias
fut révoqué et remplacé par don Pedro de Los Rios. Durant
son séjour à Tolède, Oviedo, pour complaire à Charles-Quint, et

bien qu'il eût laissé toute ses notes à Santo-Domingo, écrivit de mémoire le *Sumario de la natural historia de las Indias,* qui fut imprimé en 1526, par ordre du César.

Le 30 avril, Gonzalo Hernandez prenait la mer avec don Pedro de los Rios et, débarqué le 30 juillet à Nombre de Dios, partait le 25 août pour Panama. Il y apprit que Pedrarias, profitant de son absence, avait, en 1524, fait embarquer de force tous les habitants de Santa-Maria. Les Indiens avaient incendié la ville dépeuplée. La maison que le Veedor y avait bâtie, la plus belle de toute la Terre-Ferme, et qui lui avait coûté 6,000 castillans d'or, n'était plus qu'une ruine. Le 3 janvier 1527, Pedrarias vint rendre ses comptes et, après avoir donné toute satisfaction à son opiniâtre rival, lui paya une indemnité et termina cette longue lutte par un accord solennellement conclu et juré. Mais tandis que Gonzalo Hernandez était à Panama, Rodrigo de Bastidas s'était emparé de son gouvernement de Carthagène. Dégoûté de voir ses plaintes mal accueillies en Espagne, Oviedo donna sa démission, et, ne gardant que sa charge de Contrôleur des fonderies, passa au Nicaragua, que gouvernait son parent Diego Lopez de Salcedo. Pedrarias devait l'y poursuivre. Doña Ysabel de Bobadilla venait d'obtenir pour lui ce Gouvernement, en compensation de la perte de la Castille d'Or. A l'arrivée de son octogénaire ennemi, Oviedo comprit que le Nicaragua serait bientôt inhabitable pour lui. Après avoir fait un voyage d'exploration scientifique dans cette province inconnue, il alla embrasser sa troisième femme et ses enfants à Santo-Domingo, et fit voile pour l'Espagne où il allait représenter Panama. Il venait aussi demander à la Cour d'être remplacé par son fils dans ses fonctions de Veedor. Il obtint, non-seulement cette grâce, mais fut nommé par Charles-Quint Chroniqueur Général des Indes et Alcade de la forteresse de Santo-Domingo avec ordre de demeurer dans sa maison et d'achever son histoire. Après un court voyage à Hispaniola, Oviedo revint en Espagne et présenta au Conseil ses premiers livres ; il avait aussi fort avancé la rédaction du *Catalogo Real,* que lui avait commandé Ferdinand. Ayant obtenu l'approbation du Conseil, il publia en 1535, à Séville, la première partie de la *Historia general y natural de Indias.* L'achevé d'imprimer est daté du 30 septembre. Le 11 janvier 1536, Oviedo rentrait à Santo-Domingo. Il y resta neuf ans, cultivant ses biens, rétablissant la forteresse démantelée qui lui avait été confiée et travaillant à l'achèvement de ses œuvres. La mort de son fils, qui suivait en qualité de Veedor l'armée d'Almagro au Chili, l'affligea profondément. En 1546, il fit encore un voyage en Espagne dans le but de faire imprimer la seconde partie de son grand ouvrage ; mais l'absence de Charles-Quint et les nouveaux documents qui venaient de toutes parts grossir ses notes lui firent ajourner cette publication. En 1549, il repartit avec le titre de Regidor perpétuel de Santo-Domingo où il demeura jusqu'en juin 1556.

Dans l'automne de 1556, il arrivait en Espagne et commençait l'impression de la seconde partie de *l'Historia general*. Mais à peine le vingtième livre était-il imprimé qu'il fut pris de la fièvre. C'est à Valladolid, dans l'été de 1557, que, ayant accompli sa soixante et dix-neuvième année, mourut Gonzalo Hernandez de Oviedo y Valdés, laissant manuscrite, avec quantité d'autres ouvrages, la plus grande partie de son Histoire des Indes, véritable monument dont la publication complète, achevée en 1855, sous la haute direction de don Amador de los Rios, fait le plus grand honneur à la Royale Académie de l'Histoire.

Cf. pour les autres ouvrages d'Oviedo le catalogue dressé par don Amador de los Rios à la suite de la remarquable notice que nous avons résumée dans ces pages.

Page 60, chapitre XIV. Titre. San-Juan de Culua ou Ulua. — Le Saint-Juan d'Ulloa des Français. La ville de la Vera-Cruz est aujourd'hui située en face du rocher de San-Juan de Ulua, dans les dunes dont parle Bernal Diaz. Culua, pour Colhua ou Acolhua.

Page 61, ligne 2. Une idole nommée Tezcatepuca. — Tescatlepoca. Le nom de ce dieu signifie âme ou créateur du monde. — « Ils appeloient cet idole Tezcatlipuca, et estoit fait d'une pierre fort reluisante et noire, comme jayet, estant vestu de quelques gentils affiquets, à leur mode. Il avoit des pendants d'oreilles d'or et d'argent, et en la lèvre d'enbas un petit canon de crystal, de la longueur d'un xeme, ou demy pied, dans lequel ils mettoient

quelques fois une plume verte et quelques fois une azurée, qui le
faisoit ressembler tantost une esmeraude, tantost une turquoise ;
il avoit les cheveux ceints et bandez avec un lizer d'or bruny, au
bout duquel pendoit une oreille d'or avec deux brandons de fumées
peintes en icelle, qui signifioient les prières des affligez, et péchez
qu'il oyoit, quand ils se recommandoient à luy. Entre les deux
oreilles pendoient un nombre de petits hérons. Il avoit un joyau
pendu au col si grand qu'il lui couvroit l'estomach. Aux deux
bras des bracelets d'or, au nombril une riche pierre verte et en
la main gauche un esventail de plumes précieuses, vertes, azurées
et jaulnes, qui sortoient d'un chaston d'or reluisant et fort bruny ;
tellement qu'il sembloit que ce fust un miroir, qui signifioit que
dedans ce miroir il voyoit tout ce qui se faisoit au monde. Ils
appeloient ce miroir, ou chaston d'or, Itlacheaya, qui veut dire,
son regardoir. Il tenoit en la main dextre quatre sagettes, qui
signifioient le chastiment qu'il donnoit aux mauvais pour les
pechez... Ils tenoient ce même idole Tezcatlipuca pour le dieu
de la sécheresse, de la famine, sterilité, et de la pestilence ; par-
quoy ils le peignoient aussi en une autre forme, assavoir, estant
assis avec beaucoup de majesté sur un escabeau, entouré d'une
courtine rouge, peinte et élabourée de testes et os de morts. En
la main gauche il avoit une rondelle avec cinq pines ou formes de
pin, faites de cotton; et en la droicte une dardille, comme d'un
geste menassant, et ayant le bras estendu, comme qui la voudroit
jetter, et de la rondelle sortoient quatre sagettes. Il avoit le
visage et apparence de courroucé, et de choleré, le corps oinct
tout de noir, et la teste pleine de plumes de cailles. » (Acosta,
Hist. nat. et morale des Indes, livre V, p. 224 et 225, trad. de
Robert Regnauld, Paris, Adrian Tiffaine, 1616).

Sahagun contient des détails curieux sur le culte de ce Dieu
(Hist. de Nueva España, lib. II, cap. 11 et suivant). Voyez aussi
la Relation d'un gentilhomme, Ternaux-Compans, t. X, p. 82, et
Prescott, Conquête du Mexique, t. I, p. 59.

Page 62, ligne 12. Gâté de vermine. — Ce sont des cancrelas
qui abondent à bord des navires. Le texte espagnol porte fátulas,
c'est fótulas qu'il faut lire. — Voyez Oviedo, lib. XV, cap v, De
las cucaraçhas que en Andaluçia llaman fótulas.

Page 62, ligne 24. Le capitaine Pedro de Alvarado. — Gomara dit que plusieurs des compagnons de Grijalva désiraient retourner à Cuba : « De ce nombre, ajoute-t-il, était Pedro de Alvarado qui se damnait pour une Isleña (femme des Canaries) qu'il avait laissée à Cuba. » Gomara, tome Ier, page 298. Hist. primit. de Indias Colec. Rivadeneyra.

Page 64, ligne 13. Joûtes de cannes. — Juegos de cañas. Divertissement d'origine moresque dans lequel des quadrilles de cavaliers se lançaient des javelots de roseaux qu'ils paraient avec des boucliers de cuir. — Voyez Mme d'Aulnoy, Mémoires de la cour d'Espagne, p. 87 et suiv., édit. de Moetjens, La Haie, 1691.

Page 67, ligne 23. Couteaux de pierre dure. — Les couteaux de sacrifice des prêtres aztèques étaient en itztli (obsidienne) et aussi tranchants qu'une lame de Tolède, dit la Relation du gentilhomme italien (trad. Ternaux-Compans, Relat. et Mém., tome X). Une mine d'obsidienne était exploitée à la Montagne des Couteaux (Cerro de las Navajas), près d'Atotonilco el Grande (Humboldt, Essai polit., t. III, p. 122).

Page 69, ligne 15. Il parut en froid avec le parent Grijalva. — Ce malheureux Capitaine, auquel Bernal Diaz rend justice, était un homme humble et modeste. Dédaigné de Velazquez, qui ne lui pardonna pas la timidité de son obéissance, rongé d'amers regrets, il erra quelque temps dans les Iles et en Terre-Ferme, et prit part en qualité de simple aventurier à l'expédition de Francisco de Garay à Panuco. En 1523, Las Casas le connut, vivant dans la misère, à Santo-Domingo. De là, Grijalva alla rejoindre Pedrarias à Nicaragua, où il fut tué dans une révolte d'Indiens, à Villahermosa, ville de la vallée d'Ulanche. Voyez Oviedo, lib. XVII, cap. xviii, p. 537. Las Casas, Hist. de Indias, lib. III, cap. 114 p. 445, t. iv. Madrid, 1876.

Page 80, ligne 23. Ne tarda pas à faire les provisions. — « Les pouvoirs et instructions que Diego Velazquez remit à Cortès lui furent octroyés et donnés en la cité de Santiago, port de l'île Fernandina (Cuba), le vingt-troisième jour d'octobre de l'an mil cinq cent et dix-huit, par devant Alonso de Escalante, notaire public, et du Conseil de ladite cité. (Oviedo, lib. XVII, cap. XIX, p. 639).

Page 83, ligne 7. Inscription en latin qui disait... : Exergue du Labarum de Constantin.

Page 83, ligne 27. Vendaient leurs haciendas pour acheter des armes et des chevaux. « Hacienda » veut dire, en espagnol, tout bien, domaine ou exploitation agricole. Il n'est pas surprenant que les compagnons de Cortès se trouvassent dans la nécessité de vendre leurs « Haciendas » pour acheter des chevaux. Car le prix d'un cheval variait alors entre 400 et 500 pesos d'or ; ce qui équivaut à plus de 25 ou 30,000 francs de notre monnaie actuelle. (Probanza en Villa Segura M. S., cité par Prescott, Conquête du Mexique, édit Didot, t. Ier, p. 204).

Page 90, ligne 21. Envoya deux estaffiers. — En espagnol « mozos de espuela », garçons d'éperon. Le mot qui nous a paru se rapprocher le plus de l'expression espagnole est estaffier, de l'italien *staffa,* étrier. « Tuants tous ceux qui le suivoient, sans espargner les staffiers, que l'on appelle en notre langue laquetz (il s'agit d'Espagnols.) (Carloix, cité par Littré.) — « Il y avait derrière elle deux suivantes et un estaffier qui me confirmait dans l'opinion que j'avais qu'elle ne pouvait être qu'une dame de condition. » (Le Sage, Gusman d'Alf., liv. VI, chap. III.)

Page 94, ligne 11. Perdu dans les Jardins, proche les îles de Pinos. Ce sont les Jardines ou Jardinillos de Pinos, hauts fonts verdoyants couverts de mangliers. Il ne faut pas les confondre avec les Jardines del Rey, situés entre Cayo Francès et le Monillo et les Jardines de la Reyna, situés entre Cayo Cruz et le port de la Trinidad. (Voyez Humboldt, Essai polit. sur l'île de Cuba, t. I, p. 356. Paris, Gide fils, 1826).

Page 97, ligne 10. Guatemuz. — Le vrai nom du second successeur de Montezuma est Quauhtemotzin, généralement connu sous le nom de Guatimozin. Il est à remarquer que les Espagnols ont changé le *Quau* au commencent des mots aztèques en *Gua*, comme ils avaient changé le *wad* arabe en *guad*. La désinence *tzin* s'ajoutait au nom, chez les Mexicains, comme marque de respect. Ainsi Nezahualcoyotl ou Nezahualcoyotzin. Guatimozin a conservé par hasard ou par euphonie la désinence *tzin* à son nom. (Cf. Prescott, Conq. Mex., t. II., pag. 363, notes).

Page 101, ligne 16. Que le lendemain il mettrait à la voile et resterait fort son serviteur. Las Casas, dans son récit du départ de Cortès, diffère grandement de Bernal Diaz. Fray Bartolomé est peu favorable à Cortès, qu'il accuse d'avoir appareillé de nuit et de s'être joué de Velazquez. Il lui prête ces paroles gaillardement cyniques : « A la mi fé ! anduve por alli como un gentil cosario. Par ma foi ! je m'en allai comme un gentil corsaire. » (Las Casas. Hist. de las Ind., cap. cxvi, p. 466, t. iv. Madrid, 1876.)

Page 110, ligne 18. Il y avait, paraît-il, à Cozumel des idoles de fort laide figure.

« Cette idole était grande, creuse, faite de terre cuite, et appliquée à la muraille avec de la chaux. Derrière son dos, il y avait une sorte de sacristie, pour le service du temple, de l'idole et de ses ministres. Les prêtres avaient une petite porte secrète pratiquée dans le mur contre l'idole. L'un d'eux y entrait, pénétrait dans la statue et parlait et répondait aux demandes des dévots. A l'aide de cette tromperie, ces hommes simples croyaient tout ce que leur disait le dieu. » (Gomara, Conquista de Mejico, p. 305, 1er vol., Hist. Primit. de Indias de la colec. de Rivadeneyra, Madrid, 1863.)

Page 116, ligne 6. Une vieille cutara chaussée. — « Une paire de souliers que les Indiens nomment *gutaras*. Ce sont de simples semelles garnies de courroies qu'ils attachent depuis les doigts jusqu'au cou-de-pied, autour des chevilles » (Oviedo, lib. XVII. cap. xv, p. 327.) Le mot de *cutara* est encore employé parmi les créoles de Cuba dans le sens de savate.

Page 116, ligne 17. Alpargate. — Sorte de sandale, dans le goût des espadrilles. La semelle est en tresses de chanvre. Le talon et les doigts de pieds sont protégés par des morceaux de grosse toile d'où partent des lacets qui servent à maintenir la chaussure. Tous les paysans du nord de l'Espagne portent encore les alpargates, et dans les guerres de montagne, les soldats espagnols préfèrent à toute autre cette chaussure primitive.

Page 116, ligne 26. *Entre Enciso et Valdivia.* —Vasco Nuñez de Balboa avait expulsé de Darien le bachelier Enciso. Le malheureux Valdivia, qui fut mangé par les sauvages lors de son naufrage avec Aguilar, était envoyé par Balboa et portait dix mille pesos d'or destinés à éclairer la justice du Trésorier d'Hispaniola, Miguel de Pasamonte.

Page 116, ligne 29. *Récifs des Alacranes.* —. Les Scorpions, en espagnol Alacranes, au nord de la presqu'île de Yucatan.

Page 117, ligne 24. *Cortès le questionna sur Gonzalo Guerrero.* — Cortès avait raison de craindre ce Gonzalo Guerrero. En 1528, lors de l'expédition de l'Adelantado Francisco de Montejo à Yucatan, ce renégat trahit et fit massacrer les Espagnols. Il fut tué depuis dans une bataille livrée par Alonso de Avila, lieutenant de Montejo, au Cacique de Chitemal. (Oviedo, 2ⁿ parte, lib. XXXII. cap. II, p. 227 du t. III. de l'éd. de l'Acad.)

Page 126, *ligne 4. Atabales.* — Atabal, de l'arabe *tabal.* — « Certain tambour de guerre dont la caisse est de cuivre ou laiton et n'a peau que d'un costé. » (César Oudin, Tesoro de las dos lenguas. Bruxelles, Juan Mommarte 1660). C'est une sorte de timbale.

Page 128, *lignes 9 et 10.* — *Dans un grand arbre nommé Ceiba.* — Bombax ceiba, famille des Sterculiacées; dans les colonies françaises vulgairement nommé Fromager. Au Nicaragua, le ceiba ou ceyba est connu sous le nom de *poxot* (Oviedo, lib. IX., cap. XI).

Page 141, *ligne 23. Mangés des tigres et des lions.* — Les tigres de Bernal Diaz sont des jaguars et les lions des pumas, ou lions sans crinière. — « Il y a en l'Amérique beaucoup de bestes sauvages, comme des lyons, encore qu'ils ne soient semblables en grandeur, fierté, ny en la mesme couleur de roux, aux renommés lyons de l'Afrique. Il y a aussi grand nombre de tygres qui sont fort cruels. » (Acosta, Hist. nat. et morale des Indes. liv. I., p. 43., trad. de R. Regnauld, Paris, Adrian Tiffaine, 1616.)

Page 144, ligne 3. Et ils étaient épouvantés. — Les Indiens de Tabasco, malgré leur épouvante, ne poussèrent pas la terreur aussi loin que ceux de Yucatan, en pareil cas. Dans une fête qu'ils donnèrent à Montejo, l'Adelantado leur présenta un cheval qui portait des sonnettes au poitrail. — « Leur épouvante fut telle, qu'en le voyant les uns s'enfuirent, les autres, plus pusillanimes, se laissèrent choir, pâmés, à terre. Et lorsqu'ils l'ouïrent hennir, il y en eut qui n'eurent besoin ni de pilules ni d'autre meilleure purgation, pour se lâcher par le bas en telle manière qu'était insoutenable la puanteur avec laquelle s'acheva cette fête. » (Oviedo 2ª parte, lib. XXXII, cap. 11., p. 227 du t. III de l'éd. Acad. de la Historia, Madrid, 1854).

Page 145, ligne 4. De simulacres de petits chiens. — « Ils ont des chiens à museau de renard qu'ils châtrent et qu'ils engraissent pour manger : ces chiens n'aboient point. » (Gomara, Conq. de Mejico, p. 305, tome I, Hist. primit. de Indias). — « De vrays chiens, il n'y en avoit point premièrement ès Indes, mais quelques animaux semblables à des petits chiens, lesquels les Indiens appellent alco; c'est pourquoy ils appellent du mesme nom d'alco les chiens que l'on y a portés d'Espagne, à cause de la ressemblance qui est entr'eux, et sont les Indiens si amis de ces petits chiens, qu'ils espargneront leur manger pour leur donner : tellement que quand ils vont par païs, ils les portent avec eux sur leurs épaules ou en leur sein, et quand ils sont malades ils tiennent ces petits chiens avec eux, sans se servir d'eux en autre chose que pour l'amitié et compagnie. » (Acosta, Hist. nat. et mor. des Indes, liv. IV, p. 191, trad. de Robert Regnauld, Paris, Adrian Tiffaine 1616.)

Page 145, ligne 14. Qui se nommait doña Marina. — « Hermosa como diosa. » Belle comme une déesse, dit, sans doute avec quelque exagération, Camargo dans son Histoire de Tlascala.

Page 151, ligne 16. Vois la France, Montesinos. — Ainsi débute la deuxième romance chevaleresque de Montesinos. Voy. Romancero general publié par don Agustin Duran, t. I, p. 257., t. X. de la Bibl. de autores esp. de Rivadeneyra, Madrid, 1851.

Page 155, ligne 19. Les grandes canoas sont nommées piraguas. — Telle est l'étymologie du mot pirogue. L'Amérique a fourni plusieurs autres vocables à la langue française, entre autres le mot *ouragan*, autrefois orthographié *houragan* et qui vient du haïtien *houracan*. — « Ovo una tormenta que los Indios llaman huracan. » (Oviedo, lib. III, cap. x, p. 82.)

Page 156, ligne 14. Boire du vin. — C'était sans doute de ce vin de Guadalcanal qu'appréciaient si fort les Indiens. (Oviedo, lib. XVII, cap. ix.)

Page 156, ligne 26. La messe fut dite. — Étrange erreur de la part de Bernal Diaz. On ne dit pas de messe le vendredi saint. Il s'agit sans doute de l'Office de la Passion.

Page 157, ligne 10. Des prunes dont c'était la saison. — Ce fruit, que Cortès (*Cartas, De relacion*) et Bernal Diaz ont nommé prune, en espagnol *ciruela*, est produit par un bel arbre qui n'a aucun rapport avec le prunier d'Europe. Ce fruit est un drupe ovoïde, très-parfumé, de saveur aigre-douce. On en faisait du vin à Nicaragua où l'arbre se nommait *Xocot*. Oviedo, d'où nous tirons ce renseignement, avance que le *ciruelo* n'est qu'une variété du *hobo* ou *spondias monbin*. Humboldt, dans son Essai politique sur la Nouvelle-Espagne (t. II, p. 480, Paris, Renouard, 1827) confirme cette assertion. Voy. Oviedo, lib. VIII. cap. 11. et xxi, et Du Tertre, Hist. nat. des Antilles, p. 179. Paris, Thomas Jolly, M DC LXVIII.

Page 160, ligne 3. Tendile menait avec lui de grands peintres. — Le véritable nom de ce Cacique est Teuthille. Quant à l'écriture peinte, voy. plus haut page 56, ligne 18, note.

Page 161, ligne 8. Leur idole Huichilobos. — Huitzilipochtli, dieu de la guerre. Le nom de ce dieu signifie oiseau mouche et gauche, parce que sa statue portait au pied gauche les plumes de cet oiseau (Clavigero : Storia del Messico, tome II, p. 17). Lors de la dédicace du grand temple de Huitzilipochtli en 1486, 72,344 prisonniers furent sacrifiés, dit Torquemada (Monarchia Indiana, lib. II, cap. LXIII.) Ixtlilxochitl (Hist. Chichimeca, trad. par Ternaux-Campans) porte ce chiffre à 80,400. La fête dura plusieurs jours.

« Le principal idole de Mexique estoit, comme l'ay dit, Vitzilipuztli. C'estoit une statüe de bois, taillée en semblance d'un homme assis en un escabeau de couleur d'azur posé sur un branquard, de chaque coin duquel sortoit un bois, ayant la forme d'une teste de serpent : l'escabeau dénotoit qu'il estoit assis au ciel ; cet idole avoit tout le front azuré, et estoit lié par dessus le nez d'une bande de couleur d'azur qui prenoit d'une oreille à l'autre ; il avoit sur la teste un riche plumage, en façon d'un bec de petit oyseau, qui estoit couvert par le haut d'un or bien bruny ; il avoit en la main gauche une rondelle blanche avec cinq formes de pommes de pin faites de plumes blanches qui y estoient posées en croix, et du haut sortoit un gaillardet d'or, ayant aux costez quatre sagettes, lesquelles, au dire des Mexiquains, avoient été envoyées du ciel, pour faire les actes et proüesses qui se diront en son lieu. Il avoit en la main dextre un baston azuré, qui estoit taillé en façon d'une couleuvre ondoyante. Tout cet ornement et le reste qu'il avoit, portoit son sens, ainsi que le déclaroient les Mexiquains. Le nom de Vitzilipuztli, main gauche de plume reluisante. » (Acosta, Hist. nat. et morale des Indes, liv. V, p. 224, trad. de Robert Regnauld, Paris, Andrian Tiffaine, 1616).

Page 161, ligne 22. Le plus agile courrier. — Les Mexicains comme les Péruviens avaient des postes à pied parfaitement organisées par relais. — « Pour cet effect il y avoit des hommes fort vistes et dispos qui servoient de courriers, pour aller et venir, lesquels ils nourrissoient en cet exercice de courir dès leur enfance, et prenoient peine qu'ils fussent de longue haleine, afin qu'ils peussent monter en courant une montagne fort haute sans se lasser. » (Acosta, Histoire naturelle et morale des Indes, liv. VI, p. 287, trad. par

Robert Regnauld, Paris, Adrian Tiffaine, 1616). Voy. aussi Torquemada, Monarch, Ind., lib. XIV, cap. 1.

Page 163, ligne 25. Fit déballer le présent. — Oviedo, à la fin de
1519, à Séville, où il était au moment de retourner à la Côte-
Ferme, vit les procurateurs de Cortès et le présent. « Des joyaux
d'or et de beaux panaches et broderies de plume, présent fort riche
de choses très dignes d'être vues et de grande valeur. » (Oviedo,
lib. XVII, cap. xix, p. 540.)

— « Aurum gemmasque non admiror quidem, quâ industriâ, quove
studio superet opus materiam, stupeo. Mille figuras et facies mille
prospexi quæ scribere nequeo. (Pierre Martyr, De orbe novo,
Dec. IV, cap. ix, Parisiis, 1567).

« Choses si riches, si artificieusement et bellement faites, n'ont
oncques été vues, dit Las Casas (Hist. de las Indias, lib. III,
cap. cxxi, p. 486. t. IV. Madrid, 1876.)

*Page 184, ligne 9. Ce nom de Culua est employé comme celui de
Romains.* — Le texte porte *Romanos hallados*. L'excellent *Trésor*
de Oudin nous a seul donné le sens de cette expression. *Hallado*
signifie étranger domestiqué, apprivoisé. Ces Romains appri-
voisés sont évidemment, dans l'esprit de Bernal Diaz, les Bar-
bares qui, faisant partie de l'Empire, étaient compris dans
l'appellation générique de Romains. Caracalla les fit citoyens.

Page 188, ligne 10. Pommes de pin du pays. — Ce sont des ananas. — « Les pines ou pommes de pin... un fruit qui a l'odeur fort
excellente, et est fort savoureux et délicieux au goust. Il est plein
de suc et a la saveur d'aigre-doux. Ils le mangent l'ayant coupé
en morceaux, et laissé tremper quelque temps en de l'eau et du
sel. Quelques-uns disent qu'il engendre la cholère... (Acosta,
liv. IV, p. 166, Paris, 1616). — « Le goûter est chose si appétissante
et suave, que la parole manque, dit Oviedo (lib. VII, cap. xiv,
p. 280) dans le long chapitre qu'il a consacré aux perfections de
l'ananas.

Page 191, ligne 6. Un poids de deux arrobas. — L'arroba pèse
25 livres espagnoles. La livre espagnole étant de 460 grammes,
le poids de deux arrobas équivaut à 23 kilogrammes.

Page 195, ligne 2. Cacao. — Le breuvage exquis dont parle Bernal Diaz est le *Chocolatl* dont nous avons fait chocolat. Le Mexicains le préparaient en ajoutant au cacao de la farine de maïs, de la vanille et du piment. Ils savaient le réduire en ablettes et en solidifier la mousse. C'était la boisson favorite de Montezuma.

Les amandes de cacao servaient de monnaie parmi les Indiens. — « Ces arbres sont extrêmement estimés, parce que les semences sont la principale monnaie du pays ; chacune équivaut à un demi-marchetto de Venise ; c'est la monnaie la plus commune, mais elle est fort incommode. » (Relat. d'un Gentilh. ap. Ternaux-Compans, p. 73).

— « A Nicaragua un esclave vaut cent amandes. Dans ce pays, il y a des femmes qui vendent leur corps, comme parmi les chrétiens les publiques courtisanes, et en vivent. Une telle femme se nomme là *Guatepol*. Celui qui la veut pour en user libidineusement lui donne, pour une poste, huit ou dix amandes, suivant le prix convenu. » (Oviedo, lib. VIII. cap. xxx, p. 316.)

— « Encore aujourd'hui (1808) le cacao sert de boillon à Mexico. Un sol est représenté par six grains. » (Humboldt, Essai polit. sur la Nouvelle-Espagne, t. III, p. 36. Paris, Renouard, 1827.) Voyez aussi Hernandez, De hist. plantarum, lib. II et suiv.

Page 201, cap. XLVIII. Titre. La Villa-Rica de la Vera-Cruz. — Ce premier établissement, situé à trois lieues de Cempoala, près du petit port de Chiahuitzlan, fut abandonné, au bout de trois ans, pour un emplacement voisin de l'embouchure du Rio de l'Antigua (Bernal Diaz, p. 186 de notre traduction.) Cette seconde ville est Vera-Cruz la Vieille. Le comte de Monterey, vice-roi du Mexique, à la fin du xvie siècle, bâtit la ville actuelle en face de l'ilôt de San-Juan de Ulua, dans les sables de Chalchiuhcuecan, où Cortès avait débarqué le 21 avril 1519. (Voyez Humboldt, Essai politique, t. II, p. 210. Paris, Renouard, 1827.)

Page 205, chap. XLIX. Titre. Cingapacinga. — Ce nom de lieu est écrit de deux ou trois façons différentes par Bernal Diaz. Nous avons constamment adopté la forme qui se rapproche le plus de l'orthographe de Gomara qui écrit *Tizapancinca.*

Page 219, ligne 16. Les oreilles déchiquetées. — « Cette scarifi-
cation des oreilles est considérée parmi les Indiens comme une
purgation canonique ou cérémonie pour apaiser le démon, et est
tenue pour chose fort religieuse et sainte. » (Oviedo, lib. XVII,
cap. XVII, p. 532.)

Page 221. Roses naturelles à cette terre. — Acosta dit qu'il n'y
avait point de roses en Amérique. (Hist. nat. des Indes, liv. IV,
p. 179. Paris, Tiffaine, 1616).

Page 224, ligne 23. Faire un présent à Sa Majesté. — Nous traduisons d'après Gomara la liste des objets envoyés en présent à
Charles-Quint :

— La roue d'or et la roue d'argent.

— Un collier d'or fait de huit pièces où étaient enchâssées
cent quatre-vingt-trois petites émeraudes et deux cent trente-
deux petites pierres, comme rubis, de peu de valeur, et d'où
pendaient vingt-sept clochettes d'or et des perles baroques.

— Un autre collier de quatre torsades avec cent deux petits
rubis, cent soixante-douze petites émeraudes, dix bonnes perles
bien serties, et pour orle vingt-six clochettes d'or. Ces deux colliers étaient à voir pour maintes autres choses que je n'ai point
dites.

— Quantité de grains d'or tel qu'il se trouve dans la terre.
Nul d'entre eux n'était plus gros qu'un pois chiche.

— Un petit casque plein de grains d'or non fondu, tout grossier, au naturel et non chargé.

— Un morion couvert de feuilles d'or et de force pierreries
au dehors, et à la barbute vingt-cinq clochettes d'or, et au cimier
un oiseau vert avec des yeux, un bec et des pattes d'or.

— Un cabasset de lames d'or, ayant des clochettes autour et
sur le chef des pierreries.

— Un bracelet d'or très-mince.

— Une verge, comme sceptre royal, avec deux anneaux 'd'or
aux bouts, garnis de perles.

— Quatre fourches fières à trois pointes ou tridents couverts de
plumes versicolores : aux pointes, des perles baroques liées avec
du fil d'or.

— Plusieurs souliers en façon de sandales de sparte, de peau de cerf, cousus de fil d'or ; leur semelle était faite de certaine pierre blanche et bleue, fort mince et transparente.

— Six autres paires de souliers de peau, de couleurs variées, garnis d'or ou d'argent ou de perles.

— Une rondache de bois et de cuir, garnie tout alentour de clochettes de laiton morisque : au centre, une feuille d'or où était ciselé Vitcilopuchtli, dieu des batailles, et, en sautoir, quatre têtes, avec leur plume ou poil, écorchées d'après le vif, de lion, de tigre, d'aigle et de hibou.

— Quantité de peaux d'oiseaux et d'animaux, apprêtées avec leur plume ou poil.

— Vingt-quatre rondaches d'or, de plumes et de semence de perles, belles à voir et de grande délicatesse.

— Cinq rondaches de plumes et d'argent.

— Quatre poissons d'or, deux canards et autres oiseaux en or creux et moulé.

— Deux grands coquillages d'or, comme il n'y en a point ici, et un épouvantable crocodile, avec quantité de gros fil d'or tout alentour.

— Une masse de laiton, et quelques haches de même, et d'autres en façon de hoües.

— Un grand miroir garni d'or, et d'autres petits.

— Plusieurs mitres et couronnes élabourées de plume et d'or, de mille couleurs, et de perles et de pierreries.

— Quantité de plumes fort jolies et de toutes couleurs, non point teintes, mais naturelles.

— Quantité d'objets en plumes et de panaches, grands, beaux et enrichis d'orfévrerie d'or et de semence de perles.

— Quantité d'éventails et de chasse-mouches d'or et de plumes, ou tout en plumes, petits et grands, de toute sorte, mais tous fort beaux.

— Une mante, sorte de cape, en coton tissu de couleurs variées et de plumes, ayant une roue noire au milieu garnie de ses rayons, et à l'intérieur unie.

— Quantité de surplis et vêtements de prêtres, pales, corporaux, devant d'autels et ornements de temples.

— Quantité d'autres mantes de coton, ou toutes blanches, ou

blanches et noires, en échiquier, ou rouges, vertes, jaunes, bleues
et d'autres couleurs : à l'envers sans poil ni couleur et au dehors
velues comme peluche.

— Quantité de chemisettes, jaquettes, coiffes de coton, à l'usage
des hommes.

— Quantité de couvertures de lit, courtines et tapis de coton.

« Ces choses, ajoute Gomara, étaient plus belles que riches...
les pièces moulées excédaient le jugement de nos orfévres. On
ajouta à ce présent quelques livres écrits en figures, tels qu'en
usent les Mexicains, cousus sur remplis, et écrits de tous côtés.
Mais comme on n'y entendit rien, on ne les estima point. (Gomara, Conquista, p. 322 et 23, t. I, Hist. primit. de Indias).

Page 225, ligne 16. Cortès écrivit de son côté. — C'est la première lettre de Cortès, qui a échappé jusqu'à présent à toutes les
investigations. Robertson et Prescott l'ont vainement fait rechercher à Vienne, à Paris et à Madrid.

Page 241, ligne 20. Fit pendre Pedro Esculero. — Cet Escudero
était alguazil à Cuba et avait, quelques années auparavant, arrêté
Cortès lors de ses démêlés avec Diego Velazquez.

Page 241, ligne 27. Oh! que je voudrais ne pas savoir écrire...—
« Et cum de supplicio cujusdam capite damnati, ut ex more sub-
scriberet, admoneretur : Quàm vellem, inquit, nescire litteras! » —
C. Suetonii Tranquilli XII Cæsares, Nero Claudius Cæs., p. 317,
Lyon, Gryphius, 1548.

Page 242. Faire échouer tous les navires. — Cortès eut encore,
en cette conjoncture, l'art de se faire demander ce qu'il avait à
l'avance arrêté dans son esprit. Cela ressort clairement de sa
seconde lettre à l'Empereur et du récit naïf de notre chroniqueur.
Bernal Diaz n'a pas fait mention du rapport des pilotes qui, gagnés
par Cortès, vinrent lui déclarer publiquement que les navires
étaient criblés par les vers et incapables de tenir la mer. — « A
cette nouvelle, Cortès fit montre d'un grand ennui, car il savait
feindre à merveille, quand il y trouvait son profit. Il répondit
aux pilotes qu'il fallait bien remercier Dieu, puisqu'il n'y avait

rien autre à faire. » (Las Casas, Hist. de las Indias, lib. III, cap. CXXIII, p. 497, t. IV. Madrid, 1876.)

Page 245, cap. LIX, Titre. D'une harangue que nous fit Cortès. — Bernal Diaz ne dit pas que Cortès prononça cette harangue pour calmer ses soldats qui, à la nouvelle de la perte de la flotte s'étaient mutinés. — « Ils disaient, écrit Gomara, que Cortès voulait les mener à l'abattoir. (Conquista de Mejico, p. 324)

Page 248, ligne 14. Francisco de Garay, gouverneur de la Jamaïque. — La Jamaïque avait été découverte en 1494, par Christophe Colomb. Ses premiers gouverneurs furent Juan de Esquivel, Perrea et Camargo. Francisco de Garay, qui s'était fort enrichi sans l'administration des biens que Ferdinand le Catholique avait dans les Iles, y fut nommé, en 1513, lieutenant du second amira don Diego Colomb, duc de Veragua et marquis de la Jamaïque Ses tentatives sur Panuco, qui contrariaient les desseins de Cortès, coûtèrent à Garay la fortune et la vie, comme le conte plus loin Bernal Diaz. Voyez aussi Oviedo, lib. XVIII, cap. I.

FIN DES NOTES ET ÉCLAIRCISSEMENTS.

TABLE

ACHEVÉ D'IMPRIMER

LE VINGT OCTOBRE MIL HUIT CENT SOIXANTE-DIX-SEPT

PAR A. QUANTIN

POUR

ALPHONSE LEMERRE, ÉDITEUR

A PARIS.

Imprimé en France
FROC021532200120
23227FR00018B/203/P